増補改訂

戦国北条家一族事典

黒田基樹［著］

戎光祥出版

はしがき

筆者は先に、戦国大名北条氏（小田原北条氏・後北条氏ともいう）の通史として『戦国北条氏五代』（中世武士選書第八巻）を刊行した。同書は、最新の研究成果をもとにまとめた北条氏五代の通史であったが、内容は当主五代の政治動向が中心になっている。しかし、北条氏五代の歴史には、五代の当主を支えた多くの一門・家臣の存在があった。そうした一門・家臣の動向についても、最近はかなり詳しくわかってきている。そこで本書では、近年の最新の研究成果をもとに、一門・家臣の動向を中心にまとめてみることにした。

本書の内容は、大きく①初代伊勢宗瑞《いせそうずい》から五代北条氏直《うじなお》にいたる当主五代の妻子、②有力支族の玉縄《たまなわ》北条氏・久野《くの》北条氏、③主要な家臣の概略、によって構成した。

最初の①では、当主五代の妻子のそれぞれについて、できるだけ詳しく取り上げている。妻子の動向は、婚姻や養子縁組にみられるように、北条氏の政治動向と密接に関わっており、どの時期にどの勢力との関係が中心になっていたのか、といったことを端的に知ることができる。これらをみていくことで、当主五代の政治動向を別の角度からみていくことができる。

なお、そのうち初代「宗瑞の妻子」、五代「氏直の妻子」の部分、および二代氏綱《うじつな》・三代氏康《うじやす》・四代氏政《うじまさ》の妻の部分については、前書にも収めている。内容も前書と基本的には変わらないが、体裁を整えるためもあり、本書にもあらためて収めることにした。ただ、その後に新事実が判明した場合には、それをもとに書き改めている。これにより、なによりも五代の妻子を通覧することができるであろう。

②では、有力支族の玉縄北条氏と久野北条氏について、まとめて取り上げている。玉縄北条氏は、二代氏綱の三男為昌《ためまさ》に始まる家系で、代々相模玉縄城（神奈川県鎌倉市）を本拠にしていた。北条氏の戦争では常に前線に配備されるなど、軍事面で大きな役割を担っていた一門である。久野北条氏は、初代伊勢宗瑞の四男宗哲《そうてつ》に始まる家系で、代々小田原城下の久野に居住するとともに、北条氏にとって守護神の一つである箱根《はこね》権現社《ごんげんしゃ》（神奈川県箱根町）を管轄していた。その関係から京都との関係が密接で、文化・宗教面で大きな役割を担っていた一門である。ともに異なる側面から、五代を支え続けた重要な一門であった。

最後の③では、北条氏の家臣のうち、「一族」という一門に次ぐ地位にあった、宿老《しゅくろう》の松田《まつだ》氏・遠山《とおやま》氏・大道寺《だいどうじ》氏の歴代、各地域で領域支配を管轄する郡代《ぐんだい》・城代《じょうだい》・城主《じょうしゅ》の地位にあった重臣、各支城に配属された軍団「衆」の寄親《よりおや》（指揮官）を務めた重臣、御馬廻衆《おうままわりしゅう》で評定衆《ひょうじょうしゅう》を務めた重臣を中心に、四〇人を取り上げた。

このように、本書は前書『戦国北条氏五代』では触れることができなかったが、北条氏五代の歴史を知るうえで欠かすことができない、重要な内容についてまとめている。前書の姉妹編として、あわせてお読みいただきたい。

なお、本書は二〇〇七年に新人物往来社から刊行した『北条早雲とその一族』を元本とし、そのうちの二〜六・八をもとに再構成したものになる。再刊にあたっては、この一〇年の新たな研究成果を反映させた。そのため、旧版から大きく書き改めたところがいくつも出ている。おそらく、これからも関連史料の出現にともなって、そのつど書き改める必要が生じることも予想されるが、本書は現段階における研究成果を集約したものとして位置するものとなろう。

旧版は、刊行後しばらくして絶版となったが、刊行後にも新たな事実の解明がすすんでいた。とくに近年では、三代氏康・四代氏政の妻子について、多くの情報が書き改められるようになっていて、筆者としてもそれらの成果を集約しておきたいという思いを強めていた。そうしたなか、戎光祥出版株式会社には、前書『戦国北条氏五代』に引き続いて、本書刊行の労をとっていただくことになった。

また、本文では、前書と同様に、逐一史料典拠を示した部分もあるが、これはあくまでも専門的に調べようとする方々のためのものである。そのため、一般の読者には煩雑であろうから、遠慮なく読み飛ばしていただくようお願いしたい。ちなみに、史料典拠を示している場合は、北条氏関係の基本史料集である『戦国遺文後北条氏編』『小田原市史史料編』中世に収録されているものについては、その史料番号を「戦〜・小〜」によって示している。

二〇一八年三月

黒田基樹

凡例

編集部

一、『増補改訂 戦国北条家一族事典』は、『戦国北条家一族事典』（戎光祥出版、二〇一八年）を元本とし、新たな研究成果を増補改訂し刊行するものである。

一、人名や歴史用語には適宜ルビを振った。読み方については、各種辞典類を参照したが、歴史上の用語、とりわけ人名の読み方は定まっていない場合も多く、ルビで示した読み方が確定的なものというわけではない。

一、史料の出典等は、脚注部分に掲載した。また、増補改訂にあたり、元本以降の成果は適宜、補注を加えた。

一、本書掲載の写真のうち、クレジットを示していないものについては、当社編集部撮影のものである。

目次

第二部　北条氏を支えた御一家と重臣

北条家一族略系図

- 初代 盛時（宗瑞 早雲庵）
  - 二代 氏綱
    - 三代 氏康
      - 四代 氏政
        - 五代 氏直
        - 某（氏直兄（早世））
        - 氏房
        - 直定
        - 源五郎
        - 直重
        - 源蔵
        - 勝千代
      - 氏親（氏政兄（早世））
      - 氏照
      - 氏規
      - 氏邦
      - 三郎（上杉景虎）
      - 氏忠
      - 氏光
    - 為昌
    - 氏堯
      - 氏忠
      - 氏光
  - 氏時
  - 氏広
  - 宗哲（幻庵）

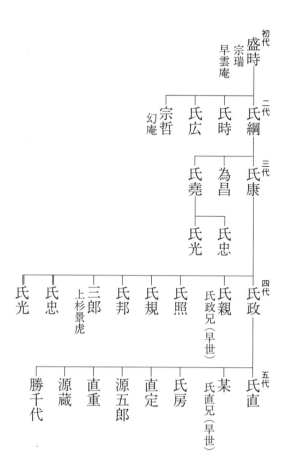

第一部　北条氏五代とその一族

第一章　初代宗瑞とその妻子

一、戦国大名化した初代・宗瑞

■幕府出仕から駿河への下向　すでに周知のように、「北条早雲《ほうじょうそううん》」という名は後世におけるものであり、当時は伊勢《いせ》盛時《もりとき》、出家後は伊勢宗瑞《そうずい》を称していた。したがって、ここでも盛時・宗瑞の名で記すことにする。盛時は、康正二年（一四五六）の生まれである。このことは最近になって確定された事実である。父は、室町幕府奉公衆《ほうこうしゅう》*1の伊勢盛定《もりさだ》（備中守・備前守）、母は、伊勢氏本宗家で室町幕府政所頭人《まんどころとうにん》*2（執事《しつじ》）の伊勢貞国《さだくに》の娘である。盛時は次男として生まれたようだが、兄貞興《さだおき》は当時の活躍が知られないので、盛時は事実上、盛定の嫡男の立場にあったとみられる。仮名《けみょう》*3は新九郎《しんくろう》を称した。また、姉に駿河国守護今川義忠《いまがわよしただ》の妻になる北川殿《きたがわどの》がいた。その子が、戦国大名今川氏の初代になる今川氏親《うじちか》であった。

父盛定は、伊勢氏庶流の備中伊勢氏のそのまた庶家の出身であったが、伊勢氏本宗家の婿であったため、本宗家の有力一族の立場にあり、本宗家で№2の立場にあるものが称する備中守を名乗っているように、まさに№2の立場にあった。なかでも、駿河今川氏への

---

*1　奉公衆　室町幕府において、将軍の側近くに仕えた御目見以上の御家人。足利義満から義教の頃に制度として確立。五番に編成され、戦時には将軍の親衛軍として出陣した。

*2　政所頭人　頭人は長官のこと。政所は主に財政と裁判を司った室町幕府の政務機関。頭人（執事）は伊勢氏が世襲した。

*3　仮名　江戸時代以前、諱（実名）の呼称を避けて用いられた通称のこと。

取次《とりつぎ》を担当しており、その関係から娘が今川義忠に嫁ぐことになる。そのため、盛時も本宗家一族の一員の立場にあった。盛時は、文明三年（一四七一）の十六歳のときに初めて史料に登場し、菩提寺の備中国荏原郷《えばらごう》の長谷法泉寺《ほうせんじ》（岡山県井原市）に禁制《きんぜい》＊4を与えている。その後、同十五年十一月の二十八歳のときに、室町幕府将軍足利義尚《あしかがよしひさ》の申次衆《もうしつぎしゅう》になった。今でいう秘書官のようなものであり、青年官僚として出発したといえる。そして、その活動は長享元年（一四八七）四月まで確認されている。

　その間の文明八年、今川氏で大きな事件が起きた。姉婿の今川義忠が不慮の死去を遂げてしまい、その家督をめぐる争いが家中を二分して展開したのである。江戸時代に成立した軍記物語類では、盛時はこのときに駿河に下向し、今川氏の内乱を調停し、その功績により、駿河国興国寺《こうこくじ》城（静岡県沼津市）と下方庄（同富士市）を与えられたとされる。しかし、駿河で盛時の活動が確認されるのは、長享二年九月のことである。

　実は、今川氏ではその間の長享元年十一月にも内乱があった。それは、文明八年の内乱によって今川氏当主になっていた今川小鹿範《おしかのり》満《みつ》（義忠の従兄弟）を、義忠の遺子竜王丸（氏親）

北条早雲画像　神奈川県箱根町・早雲寺蔵

興国寺城跡の堀切　静岡県沼津市

＊4　禁制　権力者が寺社などに対して、境内における軍勢の乱暴狼藉の禁止、山林竹木伐採の禁止などを公示した文書。

が滅ぼし、氏親が実力で今川氏当主の地位に就いた事件である。盛時の駿河での活動がその後からしか確認されないところからすると、盛時が今川氏の内乱で活躍したのは、この長享元年十一月のことと考えられる。

　盛時は、姉北川殿からの支援の要請をうけて駿河に下向し、氏親によるクーデターを主導したのであろう。時に三十二歳であった。そして、クーデター後もそのまま駿河に在国し、今川氏の御一家（一門）の立場を得て、氏親の補佐役としてその領国支配を支えていった。

■伊豆を平定し戦国大名になる　駿河の隣国・伊豆国は、室町幕府足利将軍家の御連枝である堀越公方《ほりごえくぼう》＊5足利政知《まさとも》（義尚の伯父）の領国になっていた。足利政知と今川氏親は親しい関係にあったらしい。また、それだけでなく盛時自身も、最近判明した事実であるが、京都出身ということで、駿河在国後に政知の奉公衆となり、伊豆国で田中郷（静岡県伊豆の国市）・桑原郷（同函南町）を所領として与えられていたらしいのである。＊6これらのことから、盛時は今川氏御一家として今川氏の一門の立場にあったとともに、堀越公方足利家の奉公衆として、その家臣の立場にもあったことがわかるのである。

　延徳三年（一四九一）四月、足利政知が死去し、閏七月にその長男茶々丸《ちゃちゃまる》が継母と実弟を殺害して、自ら堀越公方家の家督を継ぐというクーデターが起きた。これにより、堀越公方家の家中で内乱が生じたらしい。これにあたって盛時は、政知死去直後に上洛し、クーデター直後の八月に駿河に帰国している。そこでは幕府首脳部との間で、堀越公方家の今

伊勢盛時の花押

＊5　堀越公方　伊豆国堀越に本拠を置いた室町幕府の東国支配機関。長禄二年（一四五八）、古河公方足利成氏に対抗するため将軍足利義政は弟政知を関東に下向させたが、成氏を支持する勢力が根強く、鎌倉に入ることができなかった。

＊6　「伊勢盛時と足利政知」（『戦国史研究』七一号、二〇一六年）

後の在り方について協議があったものと思われる。また、この内乱で、盛時の伊豆国内の所領も失われていた可能性もあろう。

そして明応二年（一四九三）四月、中央政界では幕府重臣細川政元《ほそかわまさもと》のクーデターがあり、将軍足利義材《よしき》を廃立し、政知の次男義澄《よしずみ》が新将軍に擁立された。これに連動して、盛時は伊豆国に侵攻し、堀越公方足利茶々丸を攻撃するのである。侵攻にあたっては、今川氏から加勢を得、さらに関東の扇谷上杉《おうぎがやつうえすぎ》氏と連携したという。この頃、関東では山内《やまのうち》上杉氏と扇谷上杉氏の抗争（長享の乱）[*7]が展開しており、足利茶々丸は山内上杉氏と連携し、今川氏はそれと対抗関係にあったため、扇谷上杉氏との連係をすすめたと考えられる。

伊豆に侵攻した盛時は、堀越御所の攻略には成功したらしい。これにより、宗瑞は韮山《にらやま》城（伊豆の国市）を構築し、ここを本拠としたと考えられる。しかし、茶々丸を没落させるまでには至らず、その後、伊豆では長享の乱の展開とも連動しながら、茶々丸方との抗争が展開されていくことになる。そうしたなか、盛時は同三年までに出家して、「早雲庵《そううんあん》宗瑞《そうずい》」を称している。この出家は、幕府への出仕の停止、あるいは主家筋の堀越公方家への敵対を契機としたものであったろうか。以後は、出家後の法名宗瑞の名で記していくことにしたい。

明応四年に、宗瑞はようやく茶々丸を伊豆から没落させることに成功するが、国内ではその与党勢力による抵抗は継続しており、翌年には駿河御厨《みくりや》地域・相模西郡を領国とする大森《おおもり》氏が山内上杉方となったため、伊豆北部の確保も難しい事態になっている。しかし

*7　長享の乱　長享元年（一四八七）から永正二年（一五〇五）にかけて、関東管領山内上杉顕定と扇谷上杉定正・朝良との間で行われた一連の合戦を指す。当時今川氏の客将であった伊勢盛時にとっては、関東進出の足がかりとなった。

韮山城跡　静岡県伊豆の国市

同七年八月、ついに茶々丸を切腹に追い込み、伊豆を領国化したのである。こうして宗瑞は、伊豆一国を領する戦国大名となった。

■小田原城の奪取と今川氏からの自立へ　宗瑞が伊豆を攻略した時期、北接する駿河御厨・相模西郡を領する大森氏は、山内上杉方であった。一方、宗瑞が同盟する扇谷上杉氏は、相模中郡以東を領国としていた。具体的な経緯は不明だが、宗瑞は、明応九年から翌文亀元年（一五〇一）三月までのうちに、大森氏の本拠・小田原城を攻略し、大森氏を没落させた。そして、大森氏の領国のうち相模西郡を新たに領国に加え、宗瑞の領国は相模に拡大することになった。

このように、宗瑞は独自の領国を所有する存在になったとはいえ、その立場は基本的には今川氏御一家のままであった。伊豆経略の過程でも、今川軍の総大将の役割を務め、明応三年九月の遠江攻め、同四年八月の甲斐攻めを行っている。また、その後も、文亀元年八月に遠江攻め、十一月に三河攻め、同二年九月に甲斐攻めを行っている。この時期、今川氏は遠江の領有をめぐって元守護家の斯波《しば》氏と抗争していたが、斯波氏は今川氏への対抗のため、山内上杉氏と連携していた。

そうした関係から、永正元年（一五〇四）正月、宗瑞は山内上杉領国の武蔵西部に侵攻したらしく、同時期に山内上杉氏も今川領国になっていた駿河御厨に侵攻している。続けて宗瑞は、七月頃に遠江に侵攻している。八月になって、山内上杉氏が扇谷上杉氏への侵

足利茶々丸の墓　静岡県下田市

攻を展開すると、宗瑞は九月、扇谷上杉氏の支援要請をうけて、今川氏親とともに武蔵に進軍した。そして同月二十七日、武蔵立河原《たちがわら》（東京都立川市）で山内方と合戦になり、今川氏親・宗瑞の援軍を得た扇谷上杉氏が勝利している（立河原合戦）。その後では、永正三年八月から閏十一月にかけて、再び三河に侵攻、さらに同五年十月にも三河に侵攻している。

このように宗瑞は、伊豆経略、小田原城経略などによる自己の領国の確立・拡大を行っていた一方で、基本的には今川氏の軍事行動のほとんどで当主氏親に代わって総大将を務めていたのであり、今川氏の軍事行動を中心的に担っていた。こうした宗瑞の存在は、今川氏の御一家衆であるだけでなく、軍事・行政を中心的に担う、家宰《かさい》*8という存在にあり、いわば当主の後見、代行役であった。宗瑞のこの性格は、最後まで変わることはなかった。宗瑞は、その後もしばしば今川氏の本拠の駿府《すんぷ》（静岡市）に滞在し、自らをあくまでも今川氏御一家衆と認識していたとみられるからである。

しかし、永正六年から宗瑞が今川氏の軍事行動を担うことはなくなっていく。その年から、宗瑞は山内・扇谷両上杉氏との抗争を展開していくからである。そしてその抗争は、最晩年まで継続された。宗瑞がその後、今川氏の軍事行動に参加しなくなるのは、自らをめぐる両上杉氏との抗争に追われ、その余裕が生じなかったためといえるであろう。それが結果として、今川氏とは別個の大名権力としての確立をもたらすことになる。

＊8　家宰　武家において、家政や領国支配を取りしきった筆頭重臣。山内上杉家では長尾氏、扇谷上杉家では太田氏が世襲した。

伊勢宗瑞の花押

■相模を平定し二ヶ国を領する　永正六年（一五〇九）八月、宗瑞は山内・扇谷両上杉氏に敵対し、以後、その領国への侵攻を展開していく。そのうち、扇谷上杉氏とは明応二年（一四九三）の伊豆侵攻以来、十七年におよんで同盟関係にあった。ではどうして、扇谷上杉氏と敵対関係になったのであろうか。

背景には、伊豆諸島を経由した太平洋海運*9の権益をめぐる争いがあったらしい。明応七年八月、宗瑞は伊豆経略を果たすと同時に、伊豆半島から伊豆諸島への窓口になっていた下田《しもだ》（静岡県下田市）を押さえ、伊豆諸島支配のための代官御簾《みす》氏を派遣している。同時に、扇谷上杉氏の領国下にあった武蔵側で、伊豆諸島との窓口にあたっていた武蔵神奈川《かながわ》郷の奥山《おくやま》氏も代官を派遣している。両者で八丈島《はちじょうじま》支配をめぐる対立があり、奥山氏の代官は永正四年に下田に出仕している。

同五年には、奥山氏の代官に同行していた、扇谷上杉方の有力国衆《くにしゅう》*10で相模三浦《みうら》郡を領国とした三浦道寸《どうすん》の家臣朝比奈《あさひな》氏が、下田から八丈島に帰還しようとするが、宗瑞は拘束し、神倉島（御蔵島）に逗留させている。こうしたところに、太平洋海運をめぐる、宗瑞と扇谷上杉氏との対立が生じていたことがうかがわれる。

宗瑞は永正六年八月、両上杉氏に敵対する越後長尾為景《ながおためかげ》の支援要請を容れて、扇谷上杉領国に侵攻した。そして、神奈川を支配する重臣上田《うえだ》氏を離叛させ、扇谷上杉氏の本拠武蔵江戸城（東京都千代田区）近くまで迫った。翌七年には、山内上杉領国の武蔵西部にも

伊勢宗瑞が創出した虎の印判

伊勢宗瑞の印判「纓」

*9　太平洋海運　中世には、紀伊半島・東海地方と関東をむすぶ太平洋海運が重視され、さまざまなものが運ばれた。こののち、北条氏は太平洋海運の江戸湾内の拠点であった品川も支配するようになる。

侵攻している。もっとも七月、山内上杉氏から援軍を得た扇谷上杉氏の反撃をうけ、小田原城近くまで攻められてしまい、やむなく扇谷上杉氏と和睦を結んだ。しかし同九年八月、山内上杉氏の内乱、山内・扇谷両上杉氏の抗争の展開に乗じて、再び扇谷上杉氏と敵対し、その領国への侵攻を開始する。そして、同月中に相模中郡・東郡を経略、十二月には武蔵久良岐《くらき》郡南部を経略した。

このとき、扇谷上杉方で前面で抗争したのが三浦道寸であった。翌永正十年正月、道寸との合戦に勝利し、道寸を三浦郡に後退させると、そのまま追撃して、四月には道寸の本拠三崎新井《みさきあらい》城（神奈川県三浦市）を攻撃している。しかし攻略を果たせず、そのまま攻囲を続けた。同十三年中頃には、扇谷上杉氏が道寸支援のための援軍を進軍させてきたが、宗瑞はこれを撃退し、そのまま三崎新井城を攻撃、ついに七月に攻略を遂げ、三浦氏を滅亡させた。これにより、宗瑞は相模の領国化を遂げ、伊豆・相模二ヶ国を領することになった。

その後は、同年十一月・同十四年十月と相次いで房総に侵攻、同十五年二月には、武蔵西部の山内上杉領国の境目に出陣している。しかし、これが宗瑞の最後の軍事行動であった。そして、同十六年四月には、末子宗哲（菊寿丸《きくじゅまる》）に所領を譲与しているので、その頃に家督を嫡子氏綱に譲って隠居したのかもしれない。七月にはその氏綱が、房総に進軍している。そして八月十五日、宗瑞は韮山城で死去する。享年六四であった。

＊10　国衆　一定の地域を独立的に支配した武家領主。戦国大名には国衆の安全を保障する義務があり、それができなかった場合、国衆の離反によって大名領国の存立が危機に陥ることもあった。

戦国北条氏五代の墓　一番手前が宗瑞の墓である　神奈川県箱根町・早雲寺

二、宗瑞の妻と子ども

■宗瑞の妻　宗瑞の妻は、現在のところ三人ほど存在が伝えられている。正室《せいしつ》は、「京都小笠原備前守」の娘であろう。[*11] この「小笠原備前守」は、室町幕府奉公衆《ほうこうしゅう》小笠原政清《おがさわらまさきよ》のことであり、その次男六郎・兵部少輔の子元続《もとつぐ》（氏綱の従兄）が、後に氏綱を頼って相模に下向している。永正三年（一五〇六）七月十八日に、宗瑞の「後御前《のちごぜん》」と注記される、南陽院殿《なんよういんでん》華渓宗智大禅定尼が死去しているが、[*12] 彼女はこの小笠原氏の可能性が高い。嫡子氏綱は、小笠原氏の所生である。

四男宗哲の母は、天正二年（一五七四）七月五日に死去した、法名を善修寺殿《ぜんしゅうじでん》梅嶺（宗）意公大姉といった人物である。宗哲の菩提寺である金竜院《きんりゅういん》（静岡県伊豆市）の位牌に、[*13] 彼女について「幻庵《げんあん》（宗哲）母」と記されている。おそらく宗瑞の側室であろう。

なお、宗哲の母について、これまでの研究では天文二十三年（一五五四）に死去した栖《せい》徳寺殿《とくじでん》と考えられることが多かった。彼女は、「北条家過去帳」[*14]に「相模北条新三郎殿御老母」とあり、宗哲の子新三郎氏信《うじのぶ》の母と記されているが、「伝心庵過去帳」[*15] には「北条幻庵公母」と、宗哲の母と記されていること、善修寺殿よりも早い死去であるという両者の死去年の前後性などから、宗哲の母が栖徳寺殿で、善修寺殿は宗哲の妻であり、「北条家過去帳」と「金竜院位牌」の記事は誤記であると考えられたのである。筆者も、これまではそのように考

＊11　「異本小田原記」

＊12　「伝心庵過去帳」小I三二一　伝心庵は現在の神奈川県小田原市中町にある臨済宗寺院。もと旧谷津村にあったが、近世の稲葉氏小田原藩主時代に旧荻窪村（現所在地）に移建された。

＊13　小I四〇七

＊14　杉山博『北条早雲』（小田原文庫4、名著出版、一九七六年）所収・小I三七一

＊15　小I三七二

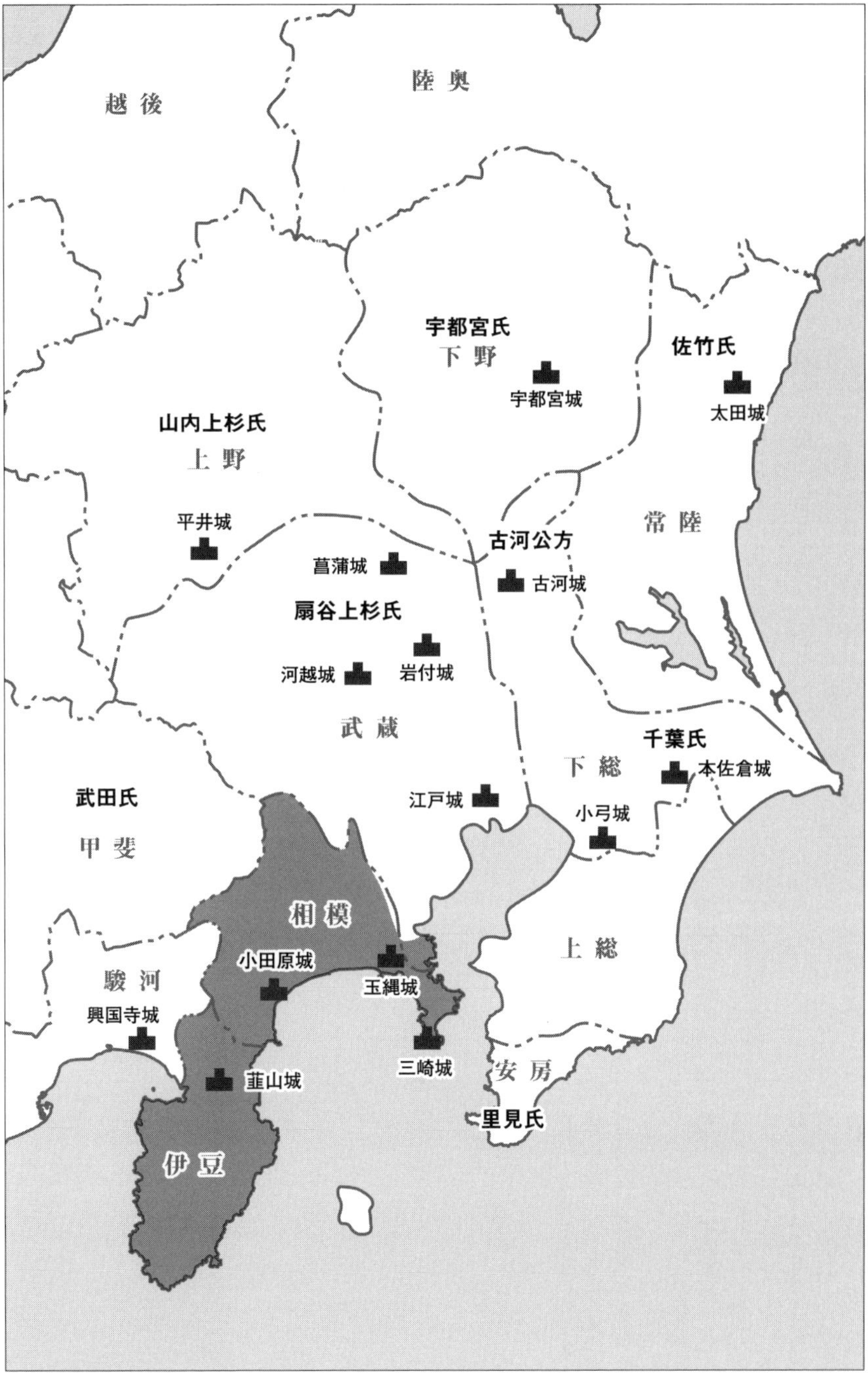

図1　宗瑞時代の勢力範囲

盛時
新九郎・早雲庵宗瑞
永正16・8・15没（64）
早雲寺殿天岳宗瑞大禅定門

＝小笠原政清娘
永正3・7・18没
南陽院殿華渓宗智大禅定尼
・葛山氏娘
・善修寺殿
天正2・7・5没
善修寺殿梅嶺宗意大姉

- 氏綱
  新九郎・左京大夫
  母小笠原政清娘
  天文10・7・17没（55）
  春松院殿快翁宗活大居士
- 氏時
  新六郎・左馬助
  享禄4・8・18没
  大虚院殿了翁宗達大禅定門
- 氏広
  葛山氏養子
  葛山八郎・中務少輔
  天文7～8没
  竜光院殿大円登雲大居士
- 三浦氏員室
  母善修寺殿
  宗哲姉
  天正13・6・14没
  長松院殿月渓宗珊大姉
- 宗哲
  菊寿丸・長綱・幻庵
  箱根権現別当
  母善修寺殿
  天正17・11・1没カ
  金竜院殿明岑宗哲大居士
- 青松院殿
  母善修寺殿
  宗哲妹
  青松院殿天光貞修大姉

系図1　伊勢宗瑞とその妻子

えていた。[*16]

しかし、「北条家過去帳」では明確に氏信の母と記されていること、「金竜院位牌」は、善修寺殿を筆頭にして、宗哲とその姉妹が合わせて記載されており、これは善修寺殿とその子たちを記載していると考えられるので、それらの所伝通り、善修寺殿が宗哲の母で、栖徳寺殿は妻であったと考えるのが正しいだろう。善修寺殿所生の子は、三浦氏員《うじかず》室（長松院殿《ちょうしょういんでん》）、宗哲、青松院殿《せいしょういんでん》の一男二女である。

善修寺殿の出自については、「駿河大宅高橋家過去帳一切」[*17]に、「狩野氏女」と記されて

＊16　「久野北条氏に関する一考察」（『戦国大名北条氏の領国支配』〈戦国史研究叢書1〉岩田書院、一九九五年）

＊17　拙編『伊勢宗瑞』〈シリーズ・中世関東武士の研究第一〇巻〉（戎光祥出版、二〇一三年）所収。駿河高橋氏は紀姓大宅氏の末流。武内宿禰の末裔という。同族には由比氏、西山氏がいる。

いることにより、近年、伊豆狩野《かの》氏とみなされている。狩野氏は宗瑞の伊豆侵攻の際、堀越公方足利茶々丸に従って、中伊豆の柿木城《かきき》（静岡県伊豆市）を本拠に抵抗を続けており、狩野氏が宗瑞に従ったのは、宗瑞の伊豆経略が成った明応七年（一四九八）八月のことと推測される。善修寺殿は、柿木郷の隣郷・大平郷に一期分《いちごぶん》*18の所領を有しており、*19死後、宗哲によって菩提寺の金竜院が建立されることになる。

彼女が狩野氏の出身であるとすれば、これらはすべて整合的に理解できるので、その記載は信用できると考える。そうであれば宗瑞は、狩野氏を従えるに際し、その娘を側室に迎えることによって、狩野氏との協調を図ったことが想定される。ただし、具体的な系譜関係については不明である。宗瑞に抵抗した狩野氏は、狩野道一であったが、その娘もしくは宗瑞に味方した一族の娘とみるのが妥当だろう。その後の北条家の重臣として狩野介《かののすけ》が存在しているが、その一族の可能性が高いと考える。

この他、駿河国駿東《すんとう》郡の有力国衆の葛山《かつらやま》氏の娘も、宗瑞の妻の一人として伝えられている。*20なお、父の名を「備中守惟貞《これさだ》」とする系図類もあるが、当時の史料で存在を確認することはできない。彼女については具体的なことがまったく伝えられていないが、宗瑞の子の一人に氏広《うじひろ》がおり、彼はのちに葛山氏を継承しているから、葛山氏の娘が宗瑞に嫁いだことは事実とみていい。そして、その間に生まれたのが氏広で、彼がのちに母の実家を継承することになった、と考えられる。

*18　一期分　一期（一生涯）に限り領有を認められた所領を指し、死後は惣領に返還された。所領の分散を防ぐための措置で、特に他家に嫁ぐ女子に対してこの方法が取られた。

*19　「箱根神社文書」戦三七

*20　「豆相記」（『新編埼玉県史資料編8』所収）

狩野氏の拠点・柿木城（狩野城）跡本郭　静岡県伊豆市

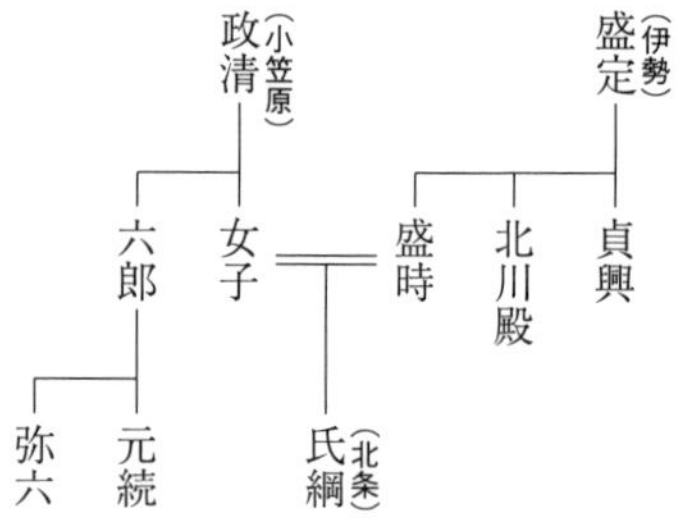

系図２　北条氏・小笠原氏関係系図１

■宗瑞の子女　宗瑞の子女としては、四男二女の存在が確認できる。男子は、氏綱・氏時《うじとき》・氏広・宗哲、女子は、三浦氏員室（長松院殿）・青松院殿である。長幼の順ははっきりしておらず、確実とみられるのは、長男が氏綱、四男が宗哲で、宗哲の姉に長松院殿、宗哲の妹に青松院殿があったことぐらいである。氏時と氏広の長幼の関係についてはわかっていない。

長男の氏綱は、長享元年（一四八七）生まれで、母は小笠原氏。仮名は宗瑞と同じ新九郎を称し、北条氏二代当主となる。氏時は相模東郡の拠点玉縄《たまなわ》城（神奈川県鎌倉市）の城主を務めた。氏広は駿河国駿東郡の国衆葛山氏に養子に入り継承した。四男宗哲は、明応二年（一四九三）生まれといわれているが、疑問が多い。幼少から僧界に身を置いて箱根《はこね》権現別当職《ごんげんべっとうしき》を継承する。なお、宗哲については、第二部第二章の項で詳しく述べるので、ここではその他の子女についてまとめておくことにしたい。

■北条氏時　氏時は、仮名新六郎・官途名左馬助を称し、兄氏綱のもとで相模東郡の玉縄城の城主を務めた。享禄二年（一五二九）からその活躍が確認され、五月十五日付で伊豆三島社護摩堂《みしましゃごまどう》に、陣僧《じんそう》・飛脚《ひきゃく》役の免除や茶園等の領有について安堵《あんど》している。*21 氏時が、

---

*21　「小出文書」戦八八

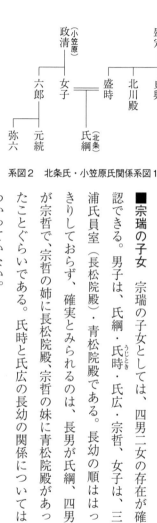

これをどのような立場から出したのかはわからないが、こうした内容のものを出せるのは、少なくとも三島社支配を担当する立場にあったとみられ、具体的には伊豆郡代《ぐんだい》ないし韮山《にらやま》城主といった立場が考えられる。

そうであるとすれば、氏時は兄氏綱が小田原城を本拠としたのち、宗瑞の本拠であった韮山城を継承し、伊豆支配を担当したことが推測される。こうした立場からみると、氏時は宗瑞の次男で、氏綱と同腹の兄弟であった可能性がある。

次いで、その年の八月十九日に玉縄城下の二伝寺《にでんじ》に対し、諸公事《しょくじ》等[＊22]の免除や竹木伐《ちくぼく》採禁止を保証している。[＊23]そして、十月作成の鎌倉円光寺《えんこうじ》の毘沙門天立像《びしゃもんてんりゅうぞう》に、檀那《だんな》として「北条新六郎殿氏時」の名がみえている。[＊24]これらは、玉縄城主としての動向とみることができる。氏時が玉縄城主となった時期は不明だが、先の三島社護摩堂に宛てた文書が、韮山城主などのような立場によるものであったとすれば、それから八月までの間のことと考えられる。

この頃、氏綱は扇谷上杉氏と抗争を展開していたが、多摩川《たまがわ》から鎌倉が主たる戦場となっていたから、氏綱にとってはやや劣勢の展開にあった。そうした状況を考えると、氏綱は、相模と武蔵の国境地域における重要な軍事拠点である玉縄城に弟氏時を配置して、武蔵南部の防衛体制を強化しようとしたのであろう。

北条氏が玉縄城を築城したのは、鎌倉進出直後の永正九年（一五一二）十月のことという。[＊25]同城は、長享の乱の際に、山内上杉氏が東郡における軍事拠点として構築した玉縄要

＊22　諸公事　年貢以外の諸税・夫役（労働役）の総称。諸役とも。年貢が直轄領からしか徴収できないのに対し、領国全体に賦課が可能であった諸公事は、戦国大名にとって貴重な財源であった。

＊23　「相州文書」戦八九

＊24　「毘沙門天立像銘」戦九〇

＊25　『寛永諸家系図伝』所収北条系図

北条氏時の花押

害を、再築城したものである。この頃、扇谷上杉氏の東郡の拠点として、大庭《おおば》要害（神奈川県藤沢市）が存在しており、玉縄要害はこれに対抗して構築されたものであろうか。同要害は、明応三年（一四九三）九月に扇谷上杉氏方の攻撃によって落城している。

なお、大庭要害がいつまで存在したのかは明らかではないが、永正九年の宗瑞の鎌倉進出に際しては、軍事拠点としての同城の存在はみえないので、すでに存在していなかったとみられる。そして宗瑞は、三浦氏の住吉《すみよし》要害（同逗子市）に対抗して玉縄要害を再興したのであろう。以後、同城は東郡周辺の軍事拠点として機能した。

その後、氏時については、享禄三年に鎌倉代官大道寺盛昌《だいどうじもりまさ》が連歌師《れんがし》宗長《そうちょう》に宛てたと推測される書状のなかに、「左馬佐殿」とみえている。[*26]ここから、前年十月以降に、氏時が仮名新六郎から官途名左馬助に改称したことが確認される。この官途成《かんとなり》[*27]は、あるいは玉縄城主化を契機としたものであったろうか。

そして、翌四年八月十八日に死去した。[*28]法名は大虚院殿《だいきょいんでん》了翁宗達大禅定門といった。[*29]なお、「北条家過去帳」は忌日を天文十一年（一五四二）十月十八日としているが、享禄五年（天文元年）から次代城主の為昌《ためまさ》（氏綱の三男）が登場してくるので、氏時の死去は享禄四年とみて間違いない。[*30]氏時には実子がなかったようで、玉縄城主の地位は兄氏綱の三男為昌に継承された。

■葛山氏広　氏広は、駿河葛山氏の養子となり、その家督を継承した。このことから、母

＊26　「幼童抄紙背文書」戦四二五三

＊27　官途成　官職に就くこと。ただし、戦国期における仮名（通称）としての官職は、正式に朝廷から任官されたわけではなく、あくまでも自称であることがほとんどであった。

＊28　「三伝寺位牌」

＊29　「北条家過去帳」

＊30　佐脇栄智「北条早雲・氏綱の相武経略」（拙編『北条氏綱』〈シリーズ・中世関東武士の研究第二一巻〉所収、戎光祥出版、二〇一六年）

は葛山氏の娘であったと推測され、いわば母方の実家を継承したこととなる。宗瑞の子が葛山氏を継承したことは江戸時代から知られていたが、それが誰であるかはわかっていなかった。各種の北条氏系図には、宗瑞の子は氏綱・氏時・宗哲の三人しか記載されていなかったからで、そのため氏時とする説や宗哲とする説が長らく提示されてきたのである。

最近になって、それまで葛山氏としてしか知られていなかった氏広が、北条氏出身であるとする所伝が確認された。*31 氏広の花押形《かおうけい》は北条氏様であること、氏時や宗哲の動向から彼らによる葛山氏の継承は想定できないことなどから、葛山氏を継承した宗瑞の子とは、氏広に推定することができる。*32

さらに最近、そのことを決定付ける史料が見いだされた。それは、公家冷泉為広《れいぜいためひろ》の「為《ため》広駿州下向日記《ひろすんしゅうげこうにっき》」*33である。冷泉為広が永正十年（一五一三）に駿河に下向した際の記録で、そのなかの「今川一家」、すなわち今川氏の御一家《ごいっか》が列記されている部分に、「三、早雲子也、葛山八郎」と、宗瑞の子と注記された「葛山八郎」の名が記されている。仮名八郎は、氏広の養嗣子氏元《うじもと》も称したものであるから、この八郎は氏広その人に比定されることは疑いない。

すなわちこれにより、氏広が宗瑞の子であることが証明されるだけでなく、仮名が八郎であったこと、永正十年には葛山氏の家督を継いでいたこと、氏広は基本的に駿府《すんぷ》（静岡市）に在住してい

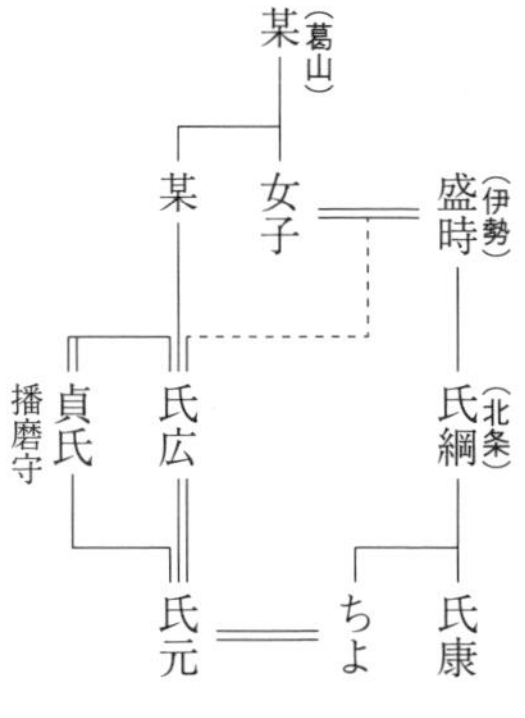

系図3　北条氏・葛山氏関係
系図1

*31　有光友學「葛山氏の系譜」（同著『戦国史料の世界』〈中世史研究叢書14〉岩田書院、二〇〇九年）

*32　「久野北条氏に関する一考察」（『戦国大名北条氏の領国支配』〈戦国史研究叢書1〉岩田書院、一九九五年）

葛山氏の本拠・葛山城跡の堀切
静岡県裾野市

たこと、さらには今川氏御一家の家格《かかく》に位置付けられていたことなど、実に貴重な事実を知ることができる。

しかも、そこで今川氏の御一家としてみえているのは、筆頭が今川民部少輔（のち安房守、瀬名《せな》一秀《いっしゅう》・堀越貞基《ほりこしさだもと》の妹婿か、今川小鹿範満の甥か）、二番に瀬名源五郎（氏貞《うじさだ》、一秀の子）、三番に葛山氏広、四番に関口《せきぐち》刑部少輔（氏兼《うじかね》、瀬名一秀・堀越貞基の妹婿か）、五番に新野《にいの》、となっている。氏広以外はすべて今川氏の庶流なので、氏広が御一家に列しているのは、宗瑞の子であることによるだろう。

このことからさらに、宗瑞も今川氏御一家に列していたと考えて間違いない。今川氏の外戚《がいせき》として、宗瑞はその御一家に列し、その子らも同様に御一家という政治的立場にあったことがわかる。葛山氏は、本来は今川氏に従属する国衆という立場にあったが、氏広の継承によってその立場は今川氏の御一家に転身した。そしてそれは、養嗣子氏元にいたっても同様であったと考えられる。

氏広が葛山氏の養子となった時期はわからないが、少なくとも永正十年以前のことになる。年齢的な面から考えても、永正年間（一五〇四～二一）初め頃のこととみられる。その頃から、葛山氏は宗瑞の軍事行動に従っているから、それはこの養子縁組の成立に基づいたものだった可能性もある。また、元服は今川氏のもとで行われたと推測され、実名の「氏」も、今川氏親から与えられたと考えられる。

大永四年（一五二四）正月十九日に、家臣関孫九郎に新恩所領を与えているのが、初見

葛山氏広の花押

＊33　『冷泉家時雨亭叢書』六二巻所収（朝日新聞社、二〇〇一年）室町後期の歌人冷泉為広（一四五〇～一五二六）が駿河を訪れた際に記した自筆の日記。和歌を中心に当時の京都と地方の文芸交流の様子が具体的に描かれている。

の発給文書《はっきゅうもんじょ》になる。[*34] その後、天文元年（一五三二）四月十三日には、官途名中務少輔を称している。[*35] 北条氏が今川氏から政治的自立を遂げた後も、氏広は今川氏の御一家として存在し続け、今川氏の本拠駿府に屋敷を構え、今川氏に出仕し、さらに今川氏を「御屋形《おやかた》様《さま》」と呼んで、自らの主人として扱っている。[*36]

　天文六年から駿河国河東《かとう》地域の領有をめぐって、氏綱と今川義元《よしもと》（氏親の子）との間で、河東一乱《かとういちらん》という抗争が展開されるが、氏広は実兄の氏綱に味方した。その翌年の同七年九月十九日には、鎌倉鶴岡八幡宮《つるがおかはちまんぐう》から、祈願のために大般若経《だいはんにゃきょう》を転読《てんどく》してもらっている。[*37] おそらく、氏広は重病にあったため、その快復を祈願したものであったと推測される。しかし、翌八年四月には法号竜光院殿《りゅうこういんでん》の名でみえているから、[*38] 氏広は祈祷《きとう》のかいなく、その間に死去したと推測される。法名は竜光院殿大円登雲大居士といった。[*39]

　氏広には実子がなかったようで、養子としていた氏元が家督を継承した。氏元は、葛山氏の一族御宿《みしゅく》氏の出身で、氏広と同じく葛山氏の養子となっていた播磨守貞氏《さだうじ》の子と伝えられている。[*40]

■長松院殿と青松院殿　長松院殿と青松院殿は、先に触れた「金竜院位牌」にそれぞれ「同（幻庵）姉」「同妹」と記載されているから、宗哲の同母の姉妹であり、長松院殿は宗哲の姉、青松院殿は妹であったことがわかる。さらに、長松院殿については高野山高室院《たかむろいん》「相《そう》州日牌帳《しゅうにっぱいちょう》」に、

*34 「関文書」戦四三五〇
*35 「為和集」（『私家集大成』中世Ⅴ上所収。明治書院、一九七三年）
*36 「為和集」他
*37 「快元僧都記」
*38 「山田文書」戦四三五三

葛山氏の墓　静岡県裾野市

相州北条幻庵御姉、早雲寺殿御息女
長松院殿　　同（天正）十三年六月十四日、為三浦三休老母
取次西光院

とあり、「三浦三休」の母であったことがわかる。「三浦三休」は、今川氏の宿老《しゅくろう》三浦次郎左衛門尉氏満《うじみつ》のことと考えられるから、彼女はその父三浦上野介氏員の妻であったことがわかる。婚姻時期はわからないが、年齢的に考えると、永正年間後半頃のこととみていいだろう。もともと宗瑞は、今川氏の政治勢力を構成する存在であったから、娘が今川氏の宿老に嫁ぐのは、家格的にも妥当といえる。

今川氏は、永禄十一年（一五六八）十二月の甲斐武田信玄《たけだしんげん》の攻撃によって没落し、当主氏真《うじざね》（義元の子）とその家族は、本拠駿府館から遠江懸川城《かけがわ》（静岡県掛川市）に逃避した。しかし、懸川城も翌十二年五月に、武田氏と同盟した三河徳川家康《とくがわいえやす》から包囲された末に開城し、氏真らは北条氏のもとに引き取られることとなる。

そのとき、当時の当主氏政は宗哲にその状況を知らせている。そのなかで、「又三浦しんさう、是又以前承候条、昨日かん原迄着城候」と、「三浦新造（三浦氏の妻）」が、氏真等とともに北条氏方の蒲原城《かんばら》（静岡市）に着城したことを伝えている。*41「三浦新造」は、宗哲の姉の長松院殿のこととみて間違いない。そして宗哲は、彼女の保護をあらかじめ氏政に依頼していたのであろう。そのため氏政は、結果を宗哲に伝えている、とみることができる。その後、彼女は宗哲のもとで余生を送ったとみられる。そして、天正十三年

＊39　『駿河志料』（静岡郷土研究会、一九三一年）

＊40　「為和集」。なお氏広と貞氏の義兄弟の関係については、その後、拙著『戦国「おんな家長」の群像』（笠間書院、二〇二一年）において、葛山氏娘を通じての相婿の可能性が高いことを推測している。

＊41　「色色証文」戦一二二二

（一五八五）六月十四日に死去した。法名は長松院殿月渓宗珊大姉といった。[*42]

その妹の青松院殿の動向は、現在のところほとんどわかっていない。わずかに、法名を青松院殿天光貞修大姉といったことが知られるにすぎない（同前）。

*42　「金竜院位牌」

第二章　二代氏綱とその妻子

一、大大名への道をつくった二代・氏綱

■関東最大の大名になる　北条氏綱は、戦国大名北条氏の初代・伊勢宗瑞（盛時）の嫡男として、長享元年（一四八七）に生まれた。元服後は、父の仮名を襲名して新九郎を称した。史料に登場するのは、永正九年（一五一二）の宗瑞の相模経略のときからで、宗瑞とともに活躍するようになる。そこでは、相模西郡小田原城を拠点に相模支配を担当したとみられている。そして、同十六年四月頃に、隠居した宗瑞に代わって伊勢家の当主になった。

その後しばらくは、伊豆・相模の領国支配の整備をすすめたとみられるが、大永三年（一五二三）七月から九月までの間に、それまでの伊勢名字から、関東縁《ゆかり》の北条名字に改めている。ここに、戦国大名としての北条家が誕生することになる。そしてこれと同時に、それまで同盟関係にあった扇谷上杉家と敵対したと考えられる。

翌大永四年正月から、関東最大の勢力であった山内・扇谷両上杉家の領国の経略をすすめていった。この時点で、多摩川南岸域の小机《こづくえ》領*1を経略しており、これにより多摩川を越えて江戸地域の経略を遂げている。また、山内上杉家に従っていた武蔵西部の勝沼三田《かつぬまみた》

小田原城跡八幡山古郭　初期小田原城の中心地だったとされ、土塁や堀跡が残る　神奈川県小田原市

*1　小机領　武蔵国橘樹郡にあった小机城を中心とした領域。小机城は北条氏綱の代に本格的に整備され、小机衆（衆は軍団の意）が組織された。

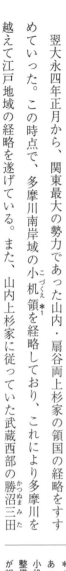

家を服属させた。対して扇谷上杉家は、それまで敵対関係にあった山内上杉家と同盟を結び、甲斐武田家とも同盟を結んだ。さらに同五年には、房総の小弓公方《おゆみくぼう》*2勢力とも連携を成立させて、氏綱包囲の体制を整えていった。そのため氏綱は、同年には相模まで反撃をうけるようになり、小弓公方足利義明《よしあき》と和睦を成立させたとみられる。

享禄二年（一五二九）から古河公方家*3と山内上杉家で同時的に内乱が発生し、これに連動してか、氏綱と扇谷上杉家の抗争も再開されたが、扇谷上杉家との抗争は劣勢を強いられた。ところが天文二年（一五三三）から、小弓公方勢力の安房里見《さとみ》家と上総真里谷《まりやつ》武田家で相次いで内乱が展開し、氏綱はともに介入した。また、同四年には駿河今川家とともに甲斐に侵攻して武田家と抗争している。同五年に今川家で内乱*4が生じ、氏綱は軍勢を派遣して義元を支援した。ところが、同六年に義元は武田家と同盟を結んだため、氏綱は今川家と全面戦争を展開することとなり、駿河河東地域（富士川の東側地域）を制圧するのである。

同六年七月、武田家と同盟を結ぶ扇谷上杉家が、氏綱の駿河出陣の隙をついて武蔵に侵攻すると、帰陣後に氏綱は反撃を展開し、ついにその本拠であった武蔵河越城《かわごえ》（埼玉県川越市）の

北条氏綱画像　神奈川県箱根町・早雲寺蔵

＊2　小弓公方　足利義明（?～一五三八）の敬称。父政氏や兄高基（両者とも古河公方）と対立した義明は、永正十四年（一五一七）下総小弓城に入り、古河公方から独立。しかし、第一次国府台合戦で北条氏綱と争い、敗死した。

＊3　古河公方　下総古河を本拠とした足利氏の敬称。成氏・政氏・高基・晴氏・義氏の五代を指す。もと鎌倉公方であった成氏は、対立していた関東管領上杉憲忠を殺害したことで幕府に攻められ、康正元年（一四五五）に古河に逃れた。

北条氏綱の花押

攻略に成功するのである。また、このときには、氏綱と連携していた下総千葉家・上総真里谷武田家・安房里見家からも援軍を得ていた。さらに同七年二月には、扇谷上杉家の重要拠点の一つであった下総葛西《かさい》城（東京都葛飾区）を攻略し、下総までの進出を遂げた。この時点で、氏綱には房総の勢力以外は味方がいないという状態になっていたが、その領国は、相模・伊豆に加えて、武蔵南部・駿河半国・下総の一部に及ぶものとなっていた。ここに北条家は、早くも氏綱の代に、関東最大の大名の立場を築くことになった。

■関東管領に任じられる　天文七年（一五三八）十月、氏綱は下総国府台《こうのだい》合戦*5（千葉県市川市・松戸市）で小弓公方足利義明を滅亡させると、その功賞として、古河《こが》公方足利晴氏《はるうじ》から関《かん》東管領《とうかんれい》職*6に補任された。同八年には娘が晴氏の正妻として嫁ぐことが取り決められ、古河公方家の姻戚になった。関東管領はそれまで山内上杉家の家職であったが、ここに氏綱は同家とまったく同等の政治的地位を得たのである。これにより氏綱は、実力でも、身分でも、関東最大の大名の位置に立った。

さらに同九年、足かけ九年に及んだ鎌倉鶴岡八幡宮修造事業が一区切りし、上宮の正遷宮式を行った。源頼朝《みなもとのよりとも》以来の関東の守護神であった同寺の修造を主宰し、ほぼ独力で成し遂げた氏綱は、「関東八ヶ国の大将軍」の資格を備えるものと、同寺の僧侶から賞賛された。こうして氏綱は、周囲の勢力とはほとんど敵対関係にあったものの、実力といい、身分といい、さらに名声といい、関東で他に並び立つものはいないほどの勢威を誇った。

北条氏綱の印判「郡」

*4　花蔵の乱　天文五年（一五三六）に勃発した駿河今川氏のお家騒動。当主氏輝の死後、その弟にあたる栴岳承芳（後の今川義元）・玄広恵探が家督を巡って対立。内乱は北条氏の支援も得た承芳が勝利し、家督を継承した。

*5　国府台合戦　下総国府台で行われた北条氏と里見氏との合戦。天文七年（一五三八）と永禄六・七年（一五六三・一五六四）の二度行われたが、ここでは前者の第一次国府台合戦を指す。古河公方足利晴氏・北条氏綱と小弓公方足利義明（晴氏の叔父）・里見義堯ら房総勢力が争い、晴氏側が勝利して義明は敗死した。

ところで、天文十年の春（一月から三月）の東国は大飢饉《ききん》であった。隣国甲斐では百年となない大飢饉、といわれているから、氏綱の領国もかなり深刻な飢饉になっていたであろう。そうしたなかの五月二十一日、嫡子の氏康に五箇条の覚書を与えている。

一つは、義理を重んじること。二つは、家臣から百姓に至るまで気遣いし、適材適所で用いること、役に立つかはどうかは大将の心次第であること。三つは、家臣は分限相応の振る舞いをするのがいいこと、分不相応の者は百姓・町人に無理な税金を賦課しており、やがて村は潰れて百姓は他国に逃げ、留まる百姓も領主に恨みをはらそうとし、国中は貧しくなり、結局は戦争に勝てないこと。四つは、倹約を心がけること。華美を好めば百姓に重い負担を負わせざるをえない。倹約を守れば、村も豊かになり、戦争に勝てること。五つは、大勝利すると油断しがちなので、勝って兜の緒を締めよ。村の豊かさが、戦争の勝利にかかっているという。氏綱は、飢饉のなか、次代を担う氏康に、何よりも村を大事にしなければならない、と伝えている。

『北条五代実記』に描かれた国府台合戦　当社蔵

＊6　関東管領　鎌倉公方の補佐役。正平十八＝貞治二年（一三六三）に上杉憲顕就任後は上杉氏が世襲し、山内・犬懸の二家が交代で就任。関東管領は鎌倉公方の目付的役割を幕府から期待されていたため、次第に鎌倉公方と対立するようになり、たびたび内乱へと発展した。

北条家の菩提寺・早雲寺　神奈川県箱根町

そしてこの年の夏（四月から六月）、氏綱は病にかかったらしい。[7] 氏康に教訓を与えた時期との関係はわからないが、この前後、氏綱の動向はまったく知られていないから、病気がなかなか快復しないため、教訓を与えたとも思われる。病気は、祈祷や霊薬の治療も甲斐なく、次第に重さを増していった。快復は見込めないため、七月四日に出家を遂げ、十七日、五十五歳で死去した。遺骸はすぐに菩提寺の箱根湯本の早雲寺に運ばれ、荼毘《だび》にふされた。法名は春松院殿《しゅんしょういんでん》快翁宗活大居士とおくられた。四十九日に、氏康は小田原中の僧綱《そうごう》（役付きの僧侶）に法華経《ほけきょう》一千部の頓写《とんしゃ》をさせ、結願《けちがん》の願文《がんもん》は自筆で草案した。導師富楼那《ふるな》の弁舌を借りて、氏綱を偲ぶ演説をした。すると聞く者は、一門・家臣だけでなく、聴聞のために参集した民衆も涙したという。

二、氏綱の妻と子ども

■氏綱の前妻・養珠院殿　氏綱には、二人の妻の存在が確認されている。前妻の出自は不明で、法名を養珠院殿《ようじゅいんでん》春花宗栄大禅定尼といった。享禄元年（一五二八）七月にはすでに死去しており、[8] 命日は十七日であったことが確認される。[9] 天文九年（一五四〇）七月に十三回忌法要が行われているから、[10] 忌日は大永七年七月十七日であることがわかる。[11] 彼女については、それ以外のことはわかっていない。

ただし、注目されるのは「駿河大宅高橋家過去帳一切」に、「横井北条相模守女」とあ

＊8　「宗刊阿毘達磨大毘婆沙論巻廿九墨印記」戦八七

＊9　「伝心庵過去帳」小Ⅰ四四二

＊10　「以天《いてん》和尚《おしょう》語録《ごろく》補遺《ほい》」

＊11　立木望隆「北条氏綱夫人養珠院殿と後室近衛殿について」（拙編『北条氏綱』〈シリーズ・中世関東武士の研究第二一巻〉所収、戎光祥出版、二〇一六年）

ることである。これは、養珠院殿の出自に関する唯一の所伝となる。横井氏は、鎌倉北条氏の末流と伝えられる尾張の武家とみられ[*12]、「異本小田原記」巻一（「国史叢書」刊本）にも、氏綱期の重臣として横井越前守があり、それについて「本国尾州の住人なりしが、弓矢修行に東国に下りて、北条殿に所縁ありて、一方の大将を承る」とあって、氏綱と特別な関係にあったことが記されている（前掲刊本三一七頁）。

室町時代における横井氏の存在が明確でないため、検証は難しいが、横井越前守が「一方の大将」を任せられたのは、姻戚関係の存在を想定すれば理解できることといえる。その場合、越前守は氏綱の義兄弟であった可能性が想定される。いまだ確証は得られない段階であるが、「横井相模守女」とする所伝は魅力的である。

これにともなって、「異本小田原記」巻一にみえる堀越公方足利政知の被官に、宗瑞には「母方の伯父」にあたる「北条殿」がいる。後継者がなく死去したため、政知の要請によって宗瑞がその後家を妻にし、さらにその娘を氏綱の妻にしたという所伝（前掲刊本三〇四頁）も、無視しえないものとなってくる。仮に、氏綱の妻養珠院殿が「横井相模守」の娘であったとした場合、「横井相模守」はここにみえる「北条殿」にあたることになり、しかも彼は宗瑞の「母方の伯父」というから、伊勢貞国の子で、貞親《さだちか》・貞藤《さだふじ》らの弟にあたる存在であったことになる。

これに関連して、江戸時代の軍記物「北条盛衰記」[*13]に宗瑞の母を尾張横井掃部助の娘とする記述がある。これをうけてのものとみられるが、静嘉堂文庫所蔵「百家系図」（鈴木

＊12　『寛政重修諸家譜』など

＊13　北条盛衰記　「北条五代記」のうち、内閣文庫本等を「北条盛衰記」という。

真年編纂）一三所収「横井系図」には、「横井掃部助時永《ときなが》」の娘として「伊勢備中守貞藤室」があげられている。これは、江戸時代には「異本小田原記」巻一（前掲刊本三〇〇頁）にみられるように、宗瑞の父は伊勢貞藤とみられていたから、その関係を表現したものと思われる。しかし、ここで宗瑞の親族に横井氏との姻戚関係が伝えられていることは興味深い。ここでは、横井氏の娘が伊勢貞藤の妻であったことを前提に考えてみることにしたい。

伊勢貞藤は、宗瑞にとってまさに「母方の伯父」にあたる人物となるが、貞藤が「北条殿」を称したというのは想定できないから、彼がそのまま「母方の伯父」にあたるとは考えがたい。しかし、横井氏の娘が外伯父の伊勢貞藤の妻であったとすると、「北条殿」は外伯父貞藤の姻戚関係者であり、例えばその義兄弟、すなわち妻の兄弟にあたる可能性を見いだせる。その場合、「横井相模守」はまさにそれに該当しよう。

なお、「横井系図」では横井時永の没年を、宗瑞と同じ永正十六年と伝えているから、彼は宗瑞と同世代とみられので、その娘が伊勢貞藤妻というのは世代的に無理があり、世代の混乱がみられる。横井時永の没年が正しいとするならば、彼は伊勢貞藤の妻の甥にあたる存在とみられる。

ちなみに「横井系図」は、時永の父を時利《ときとし》、祖父を時任《ときとう》と伝えており、それに合わせれば伊勢貞藤の妻の父は時任であるとも考えられるが、横井氏の系図には世代的に省略があるとみざるをえないので、これ以上の推測は意味がなかろう。それはともかく、横井時永が伊勢貞藤の妻の甥であれば、その父が氏綱岳父とされる「横井相模守」「北条殿」にあ

伝堀越御所跡　静岡県伊豆の国市

たるとも考えられる。ただし、「異本小田原記」の記述をふまえると、「横井相模守」「北条殿」は堀越公方足利政知の奉公衆として伊豆に在国していたと考えられるので、むしろ時永の父の兄弟とみるのが妥当であろう。

ここまでのところを整理しておくと、氏綱の岳父とされる「横井相模守」「北条殿」は、宗瑞の母方の伯父伊勢貞藤と姻戚関係にあった存在で、貞藤の妻の兄弟であった可能性が想定される。その場合、貞藤の妻の兄弟に、尾張横井氏を継承した人物と、堀越公方足利政知の奉公衆になった「横井相模守」「北条殿」があったことになる。そしてその死後、宗瑞がその後家を娶り、氏綱がその娘を妻に迎えた、という経緯を復元できるかもしれない。なおその場合、氏綱の重臣になった横井越前守は、「異本小田原記」では氏綱岳父「北条殿」には後継者がいなかったとしていることからすると、氏綱の義兄弟ではなく氏綱妻の従兄弟など近親であったことになる。

もっとも、以上のことは、他の良質な史料によって検証されうるものではなく、あくまでも江戸時代に残された伝承に基づいた想定にすぎない。しかしながら、養珠院殿が宗瑞の実家にあたる伊勢氏関係者の出身であったとすれば、氏綱との婚姻も理解しやすいことは確かといえる。

■氏綱の後妻・「北の藤」　後妻は、関白近衛《このえ》尚通《ひさみち》の娘（稙家《たねいえ》の姉）である。「為和集」天文二年（一五三三）三月十一日条に、「氏綱女中は近衛殿、関白殿（稙家）御姉にてまします」

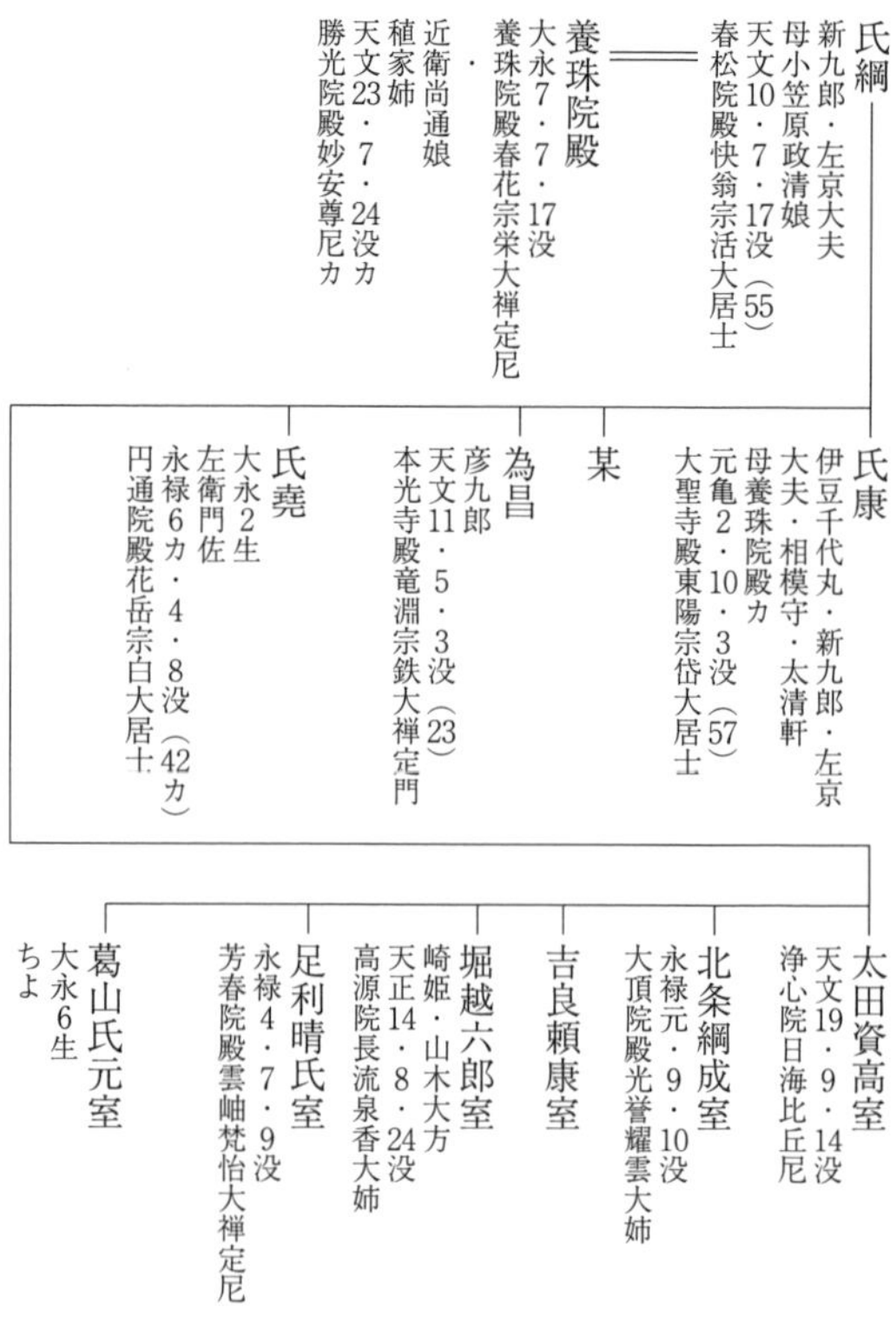

系図４　北条氏綱とその妻子

とあり、「北の藤」と称されていたことが知られる。婚姻時期は明らかでないが、柴田真一氏は、氏綱と近衛尚通の交流の推移から、享禄四年（一五三一）七月から翌天文元年三月までのことと推測している。[*14] ただ、弟稙家が享禄四年に三十一歳なので、彼女はそれ以上の年齢であったことになる。

このことから、この婚姻は多分に名目的なものであったことがうかがえる。氏綱としては、京都政界への強力なパイプを形成すること、摂関家と婚姻関係を結びうるほどの家格の上昇を図って、行われたものであったとみられる。

＊14　柴田真一「近衛尚通とその家族」（拙編『北条氏綱』〈シリーズ・中世関東武士の研究第二一巻〉所収、戎光祥出版、二〇一六年）

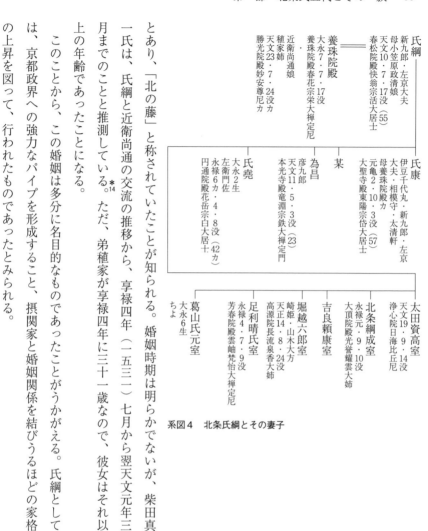

その後は、天文十九年（一五五〇）三月までの生存が確認される。すなわち、同年三月二十四日付の北条家朱印状《しゅいんじょう》写[*15]の文中にみえる「御大方様《おんおおかたさま》」が、彼女を指すと考えられる。これによって彼女は、氏綱の死後も正室であったことにより、「御大方様」として存在していたことが知られる。

なお、小田原板橋妙安寺《みょうあんじ》には、近衛家の墓三基があった。尚通の父政家《まさいえ》・尚通・勝光《しょうこう》院殿《いんでん》のものとされる。このうち勝光院殿は、天文二十三年七月二十四日に死去、法名を勝光院殿妙安尊尼といったが、同寺の伝えでは、近衛氏の妻で、北条氏政室の母にあたり、晩年に小田原に下向してきたものとされている。[*16]

氏政室とは、前妻は武田晴信《はるのぶ》の娘（黄梅院殿《おうばいいんでん》）であるから、出自不明の後妻鳳翔院殿《ほうしょういんでん》のことを指しているのだろうか。しかし、死去年から考えると、氏政室の母とするには無理があり、この寺伝には何らかの錯誤があるとみられる。近衛氏の関係者であることは間違いないだろうから、むしろ氏綱後妻その人である可能性も考えられる。これに関して、「駿河大宅高橋家過去帳一切」では、彼女は勝光院殿にあてられていることからも、その可能性が高いと考えられる。

■氏綱の子女　氏綱の子女は、現在のところ四男六女の存在が確認されている。男子は、氏康《うじやす》・某・為昌《ためまさ》・氏尭《うじたか》である。長男は嫡子氏康で、永正十二年（一五一五）生まれ。母は養珠院殿であろうか。北条氏三代当主となる。次男は早世したようである。三男が為昌で、

*15 「本朝武家諸姓分脈系図」「小田原北条氏文書補遺」補遺七八

*16 「新編相模国風土記稿《しんぺんさがみのくにふどきこう》」

妙安寺の近衛家の墓　神奈川県小田原市

永正十七年生まれ。相模玉縄城主・武蔵河越城代を務めた。四男は氏堯といい、大永二年（一五二二）生まれ。武蔵小机城主を務めた。

なお、これまで養子として娘婿の綱成《つなしげ》があったとみられてきた。旧版ではそのように扱っていたが、その後の検討により、養子にはなっていなかったと考えるのが妥当である。[*17] 氏康と同年齢で、のちに為昌の後を継承して玉縄城主を務めた。

女子は、太田資高《おおたすけたか》室（浄心院《じょうしんいん》）、北条綱成室（大頂院殿《だいちょういんでん》）、吉良頼康《きらよりやす》室、堀越《ほりこし》六郎室（高源院《こうげんいん》）、足利晴氏《はるうじ》室（芳春院殿《ほうしゅんいんでん》）[*補注1]、葛山氏元室（ちよ）である。生年が明らかなのは、最後の葛山氏元室のみで、大永六年である。そのため、長幼の順は明らかではないが、それぞれの子の生年を勘案すると、およそ右に記した順であったと推測される。

三男為昌および娘婿の綱成については、第二部第一章で詳しく述べるので、ここではそれ以外の子女についてまとめておくこととしたい。

■北条氏堯　氏堯が氏綱の子であることについては、各種の北条氏系図や軍記類にも記されていないが、その動向から考えて、氏綱の子で、氏康の弟であったと推定することができる。[*18]

氏堯は、大永二年（一五二二）三月十五日の生まれで、[*19] 官途名左衛門佐を称した。この官途名は、永禄元年（一五五八）四月の「鶴岡八幡宮社参記」から確認できる。父氏綱の死去時には二十歳で、翌年に兄為昌が死去している。

＊17　「北条綱成の父母」（浅倉直美編『玉縄北条氏』〈論集戦国大名と国衆9〉岩田書院、二〇一二年）

＊補注1　初版では、足利晴氏室・堀越六郎室の順にしていたが、その後の検討により、堀越六郎室・足利晴氏室の順の可能性が高いと推定した（『戦国「おんな家長」の群像』笠間書院、二〇二一年）。

＊18　「久野北条氏に関する一考察」（『戦国大名北条氏の領国支配』〈戦国史研究叢書1〉岩田書院、一九九五年）

＊19　「兼右卿記《かねみぎきょうき》」

為昌の死去により、氏康の弟としては唯一の存在となったため、為昌に代わって北条氏の領域支配等において、多くの役割を果たすことを期待されたとみられるが、年少のためか、すぐにはその役割を与えられなかったようである。為昌に代わる存在として登場したのは、叔父宗哲であった。氏堯は宗哲から後見をうけて、兄氏康を補佐しうる力量を身につけるべく、修養を積んだとみられる。

そして、三十歳を過ぎた弘治元年（一五五五）から活躍がみられるようになる。この年六月十二日付で武蔵仁見《ひとみ》（埼玉県深谷市）の長吏《ちょうり》太郎左衛門に対し、上野平井《ひらい》（群馬県藤岡市）の長吏源左衛門が敵方に与同したため、その権益を太郎左衛門に与えるという北条家朱印状の内容を、あらためて保証している。*20 まったく同内容のものを、同時に宗哲も出しているから、*21 氏堯と宗哲は、このとき平井周辺に在陣していたと推測される。

次いで同年七月五日付で、安房妙本寺《みょうほんじ》（千葉県鋸南町）に対して、軍勢による濫妨《らんぼう》・狼藉《ろうぜき》の禁止を保証する禁制を出している。*22 それらには、「有虞宝昍陶唐《ゆうぐほうえんとうとう》」

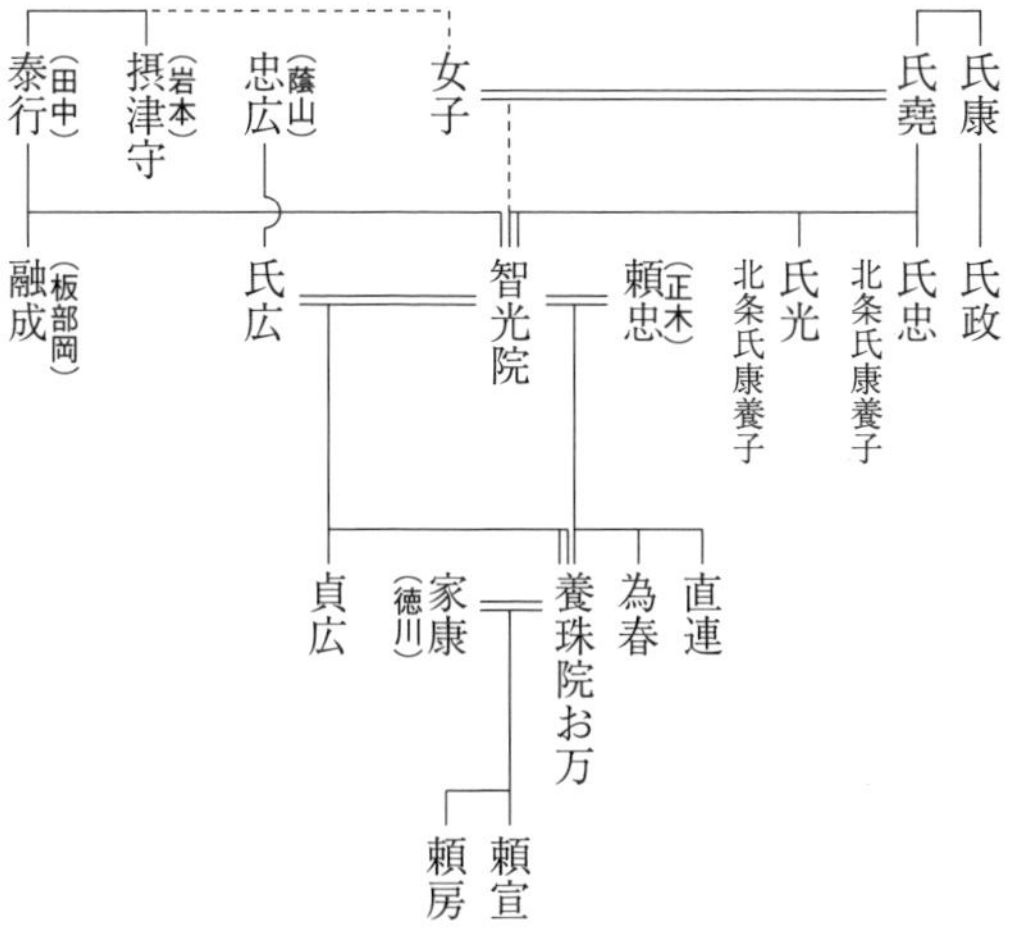

系図5　北条氏堯関係系図

*20 「平井文書」戦四九〇
*21 「平井文書」戦四八九
*22 「妙本寺文書」戦四九一

の印文が刻まれた朱印を用いている。これらから、この頃には一軍を率いて、各地で軍事行動を展開するようになっていたことが知られる。

さらに永禄年間（一五五八〜七〇）に入ると、北条氏の外交関係においても大きな役割を果たすようになった。まず、永禄二年五月における京都の吉田兼右との交流が、その日記「兼右卿記」にみえる。このとき氏尭は病気であったため、その平癒のための祈祷を依頼している。次に翌三年七月二日に、出羽米沢《よねざわ》（山形県米沢市）の伊達《だて》晴宗《はるむね》に書状を出している。[*23] これは、伊達氏との外交関係で取次《とりつぎ》を務めたことを示している。

同二年の「北条《ほうじょう》家《け》所領《しょりょう》役帳《やくちょう》」[*24] によると、西郡飯田岡分《いいだおかぶん》（小田原市）一六〇貫文をはじめ一一六八貫文の知行高《ちぎょうだか》と四人の同心《どうしん》を有している。この知行高は、「役帳」中では十位にあたる。同四年閏三月には、前年に死去した宗哲の嫡子三郎（宝泉寺殿《ほうせんじでん》）に代わって小机城主を務めており、[*25] 以後は、小机領支配を展開していく。為昌の死去後、小机領は宗哲の管轄するところとなり、その嫡子三郎の死去をうけて、後見していた氏尭に譲渡されたとみられる。こうして氏尭は、北条氏の領国支配の一部を担うこととなった。

また、同年初めからの越後長尾景虎《ながおかげとら》（上杉謙信《うえすぎけんしん》）の来攻に際しては、河越城に籠城して守将を務めている。上杉氏方が正月に近隣の松山城（埼玉県吉見町）を攻略した際、河越城も攻撃されたが、同城を死守している。[*26] 三月十八日には、近辺の高麗《こま》郡で上杉氏方と合戦し、戦功をあげた、武田氏から援軍として派遣されていた雨宮《あまみや》与十郎に対し、次のような感状《かんじょう》を与えている。[*27]

北条氏尭の印判「有虞宝昈陶唐」

＊23　「伊達文書」戦六三六

＊24　『戦国遺文後北条氏編別巻』。以下では「役帳」と略す。北条氏康が作らせた、一門・家臣の諸役賦課の基準となる役高を記した帳簿。小田原衆所領役帳とも。永禄二年（一五五九）二月十二日の奥書がある。北条氏は氏綱以降、領国内で数度の検地を実施しており、その結果をもとに作られた。

＊25　「雲松院文書」戦六九二

＊26　「福田文書」戦六九三

＊27　「藻塩草《もしおぐさ》」「小田原北条氏文書補遺」一族・家臣発給文書八

昨日十八日、於高麗之郡無比類走廻、高名無是非候、本意之上、氏政（北条）へ取合為可申、
以証文与判形出置者也、仍状如件、
（永禄四年）辛酉三月十九日　氏堯（北条）
雨宮与十郎殿

このように、氏堯は文字通り有力御一家衆（一門）の一人として、軍事面・行政面の双方で重要な役割を担うようになっていた。

しかし、永禄五年八月に所領伊豆河津《かわづ》郷（静岡県河津町）の林際寺《りんさいじ》に宛てた文書[*28]を最後として、史料上から姿を消す。おそらく、その後数年のうちに死去したとみられる。死去年は明確でないが、忌日は四月八日で、法名を円通院花岳宗白大居士といった。[*29]

なお、死去年は永禄六年の可能性を想定できる。永禄七年正月の第二次国府台合戦（市川国府台合戦）の際、「川越」から参陣したものに「新太郎」（氏康五男氏邦《うじくに》）があったが、[*30]同文書をもとに記述されたとみなされる「北条五代記」[*31]などの当該部分では、「新三郎」（宗哲次男氏信《うじのぶ》）となっており、状況的にはこちらが妥当と考える。

これにより、永禄七年正月の時点で氏信が河越城将の地位にあったことが想定される。同四年には同城将を氏堯が務めていたことからすると、氏信は氏堯に代わって務めたとみなされ、それは氏堯の死去をうけての可能性が高いだろう。よって、氏堯の死去はそれ以前のこととみなされ、すなわち永禄六年のことである可能性が高い。

ちなみに、河越城は為昌城主期の後には、宿老大道寺氏（盛昌・周勝《かねかつ》・資親《すけちか》）が城代を

＊28　「林際寺文書」戦七七八・七七九

＊29　「早雲寺記録」（早雲寺史研究会編『早雲寺』、一九九〇年）

＊30　「江間文書」「小田原北条氏文書補遺（二）」補遺一三一

＊31　『改訂史籍集覧第五冊』所収（近藤出版部、一九二五年）。北条氏五代に関する記事をまとめたもの。編者は不明であるが、北条旧臣三浦茂正（法名浄心）の著書『慶長見聞集』から北条氏関連の記事を抄出して作られた。

北条氏堯の花押

務めていたとみなされる。[32] しかし、このうち周勝・資親の所見は、それぞれ永禄四年四月・同六年三月の一例のみにすぎない。これは、氏堯・氏信在城時には彼らが大道寺氏よりも優越的立場にあったためと思われる。そうであれば、氏堯は永禄四年以降は、その死去時まで同城将の地位にあった可能性も想定される。

■北条氏堯の妻子　氏堯の妻については、ほとんどわからない。子女については、確実なところでは娘（智光院《ちこういん》）一人が存在し、上総勝浦《かつうら》（千葉県勝浦市）の正木時忠《まさきときただ》の五男権五郎時長《ときなが》（のち左近大夫頼忠《よりただ》）の妻となっている。ただし、智光院は実は伊豆出身と推測される北条氏家臣田中越中守泰行《やすゆき》（岩本摂津守の末弟）の娘で、氏堯の養女とされたとする所伝も存在する。[33]

田中氏は、宗瑞の伊豆侵攻以前からの伊豆における家臣とみなされる存在で、[34]「役帳」以前は約五〇〇貫文に及ぶ所領を有していたようである。泰行の子で智光院の兄とされる江雪斎融成《こうせつさいゆうせい》は、初め伊豆下田の禅寺に入っていたが、のちに重臣板部岡《いたべおか》氏の名跡を継承して家老に列していることをみると、この所伝が事実であった可能性は十分に考えられる。ただし、氏堯が家臣筋の娘を養女に迎えるとみることには違和感もある。智光院と板部岡融成が親戚関係にあったことは事実であろうから、そのことをもとに推測すると、例えば融成の叔母が氏堯室で、智光院はその所生であったのかもしれない。もっとも、この点については、今後の関係史料の出現をまつほかない。

＊32　「河越城将大道寺氏に関する考察」（『戦国大名北条氏の領国支配』〈戦国史研究叢書1〉岩田書院、一九九五年）

＊33　『南紀徳川史』第五冊（清文堂出版、一九九〇年）

＊34　「伊勢盛時と足利政知」（『戦国史研究』七一号、二〇一六年）

正木時長は、永禄九年に、父時忠から北条氏への人質として小田原に送られてきており、智光院との婚姻は、小田原滞在中になされたものであった。その間の子として、長男十郎直連《なおつら》（幼名菊松）・次男為春《ためはる》（天正元年生まれ）・娘養珠院《ようじゅいん》お万（同三年生まれ）があった。しかし天正四年（一五七六）頃、時長は父時忠の死去をうけて単身で上総に帰国し、家督を継承した。そのため、智光院とは事実上の離別となり、その子たちも北条氏のもとに残された。

同八年閏三月二十日に、時長は「河津人々御中」宛てに出した書状で[*35]、長男菊松の返還を懇望している。内容から、義母にあたる氏堯後室《こうしつ》か、妻の智光院に宛てたものと推測される。このことから、氏堯の死後、その家族は氏堯の所領の一つであった河津郷を継承し、同地に居住したことがうかがえる。

ちなみに菊松は、その後、時長のもとに返還されたが、実名の「直」は、北条氏直の偏諱《へんき》を与えられたものとみられるから、氏直のもとで元服した後に、時長のもとに返還されたとみられる。仮名十郎は、勝浦正木氏の嫡子の通称である。

その後、智光院はそのまま次男為春・娘養珠院お万を養育し、天正十八年の北条氏滅亡後に、北条氏旧臣で徳川家康家臣となった蔭山《かげやま》長門守氏広《うじひろ》に再嫁した。そして、慶長十六年（一六一一）六月二十九日に死去した。法名を智光院妙経日種といった[*36]。

なお、為春・養珠院お万はともに家康に仕えた。とくに養珠院お万は、家康の側室となって、紀伊徳川氏の祖頼宣《よりのぶ》と水戸徳川氏の祖頼房《よりふさ》の生母として知られている。そして兄の為

＊35　「正木文書」戦四四八八

＊36　『南紀徳川史』他

春は、養珠院お万の長子の徳川頼宣の家老となっている。

この他、現存の北条氏系図ではすべて氏康の子息として記載されている氏忠《うじただ》・氏光《うじみつ》は、その動向などからみて、実は氏堯の子であった可能性がある。

彼ら三者の事績は、系図・軍記類でしばしば混同されているとともに、氏忠は官途名左衛門佐、氏光は小机城主をそれぞれ継承しているから、彼ら三者が密接な関係にあったことは間違いない。彼らは氏堯の死去により、伯父氏康の養子とされた可能性が高い。*37 彼らの動向については後に述べることとする。

■太田資高の室（浄心院）

太田資高は、もと扇谷上杉氏の重臣で、江戸城の留守を務めるなど、同城在城衆の代表的立場にあったが、大永四年（一五二四）正月十三日に氏綱に内応し、これにより氏綱は同城の攻略に成功した。

資高は氏綱の家臣化し、江戸衆に編成されたが、江戸城攻略の際の功績から、江戸城内の香月亭《こうげってい》に据えられ、所領・家臣はほぼそのまま安堵されたとみられる。所領は江戸地域・小机領にわたって展開し、知行高は二〇〇〇貫文余にものぼっていた。とくに、江戸地域では最大の領主であった。

このように、江戸地域の旧勢力を代表する存在であったことから、氏綱は資高との密接な関係の形成を図り、娘浄心院を嫁がさせたとみられる。子の新六郎康資《やすすけ》が享禄四年（一五三一）生まれなので、婚姻はその数年前のことであったと推測される。

養珠院お万の墓　東京都大田区・池上本門寺

*37「北条氏堯と氏忠・氏光」（『戦国大名北条氏の領国支配』〈戦国史研究叢書1〉岩田書院、一九九五年）

資高は、天文十六年（一五四七）七月二十四日に死去した。資高には、すでに長男源七郎（のち左衛門尉）景資《かげすけ》があったが、浄心院の所生のため、次男ではあったが康資が家督を継承した。

浄心院は、それから三年後の同十九年九月十四日に死去し、法名は浄心院日海比丘尼といった。*38

■北条綱成の室（大頂院殿）　北条綱成は、駿河今川氏の宿老福島《くしま》氏の出身で、氏綱の娘大頂院殿を妻として、御一家衆に加えられた存在である。綱成については、後に別に取り上げる。大頂院殿は、天文五年（一五三六）に長男康成《やすしげ》（のち氏繁《うじしげ》）を生んでいるから、綱成に嫁いだのは、その数年前のことと推測される。

永禄元年（一五五八）九月十日に死去し、法名を大頂院殿光誉耀雲大姉といった。*39　東郡岩瀬《いわせ》郷（鎌倉市岩瀬）の大頂寺（現大長寺）がその菩提寺である。

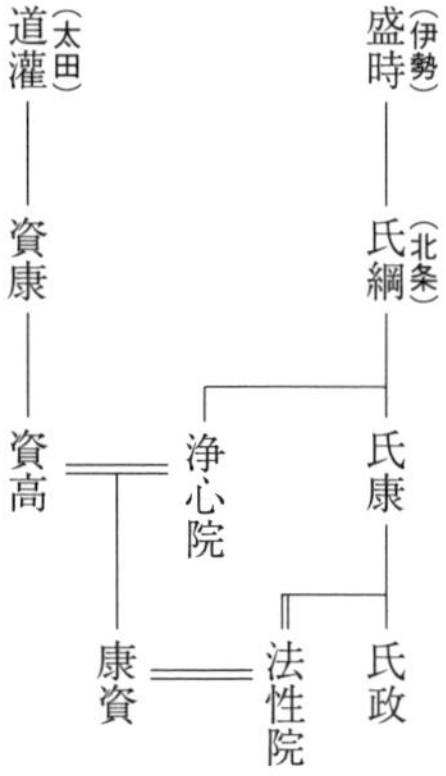

系図6　北条氏・江戸太田氏関係系図1

■吉良頼康の室　吉良氏は、武蔵世田谷《せたがや》郷（東京都世田谷区）を本拠とする関東足利氏の御一家である。氏綱が江戸地域に進出する大永四年（一五二四）には、氏綱に従っていたと推測される。

*38　「太田家記」『北区史古代中世資料編2』所収

*39　「新編相模国風土記稿」

北条領国下における動向は、天文二年（一五三三）からみられるようになる。このとき、吉良氏は「蒔田殿《まいたどの》」と称されているから、この頃は武蔵久良岐《くらき》郡蒔田郷（神奈川県横浜市）を本拠としていたことが知られる。享禄三年（一五三〇）正月六日に、世田谷城は扇谷上杉氏によって攻略されているから、[*40] これにより世田谷から一時的に離れ、氏綱から堪忍分《かんにんぶん》[*41]として蒔田郷を与えられて、同地に居住した可能性がある。

なお、この時期の吉良氏当主は頼康とされることが多いが、年代的に考えると、その父某（成高《しげたか》の子にあたる）であったと考えられる。[*42]

天文八年六月七日に、吉良氏の「御曹司《おんぞうし》」（嫡子）が安産祈願をしており、[*43] これが頼康であったと推測される。その妻は氏綱の娘とみられるので、同年には両者は婚姻していたことがわかり、婚姻時期はその数年前のことと推測される。ちなみに、頼康は初め実名を頼貞《よりさだ》といった。同十五年八月には当主としてみえ、同十七年九月から翌十八年九月の間に、実名を頼康に改名している。「康」は氏康から与えられたものであろう。

吉良氏は、領主としての規模は大きくなかったが、足利氏御一家[*44]という極めて高い家格を有していたため、当初、北条氏からは対等以上の待遇を与えられていた。北条氏も後に足利氏御一家並の家格を獲得して、吉良氏とは対等となったが、それはあくまでも対等であり、他の国衆のように、自身の従属下に編成することはできなかった。氏綱が吉良氏に娘を嫁がせたのは、こうした高い家格にある吉良氏を自身の姻戚とすることで、北条氏の内部に取り込もうとしたものとみられる。氏康から頼康に与えられた一字が偏諱とはなら

＊40　「石川忠総留書《いしかわただふさとめがき》」（『北区史資料編古代中世2』一四三頁）

＊41　堪忍分　武家で、客分の者や討ち死にした家臣の遺族などに与える俸禄。

＊42　「北条宗哲と吉良氏朝」（『戦国大名領国の支配構造』岩田書院、一九九七年）

＊43　「快元僧都記」（『新編埼玉県史資料編8』）

＊44　足利氏御一家　吉良・渋川・石橋の三氏を指す。足利一族中の別格的存在で、中でも吉良氏は筆頭に位置づけられた。

ず、下の一字に充てられているのも、こうした対等の家格によるものであった。

同十七年五月の「泉沢寺阿弥陀仏像札銘写」*45に、頼貞（頼康）に続いて「妻平氏女《にょ》」がみえているが、これは氏綱娘のこととみられる。また、そこには嫡男太郎・次男次郎・三男辰房《たつぼう》（丸か）がみえているから、頼康との間に男子が生まれていた可能性がある。

しかし、頼康生前の永禄三年（一五六〇）十二月には、妹山木大方《やまきおおかた》（高源院《こうげんいん》）の子氏朝《うじとも》が養子となっており、*46同四年二月には家督を継承している。*47そして、同年十二月五日には頼康が死去し、氏朝の家督継承後は「大方殿《おおかたどの》」と称された。なお、氏朝は同九年までの間に、宗哲の娘鶴松院《かくしょういん》を妻に迎えている。その際、宗哲が娘にさまざまな心得等を記し与えた「宗哲覚書《おぼえがき》」*48に「大方殿」がみえているので、その頃までの生存が確認される。

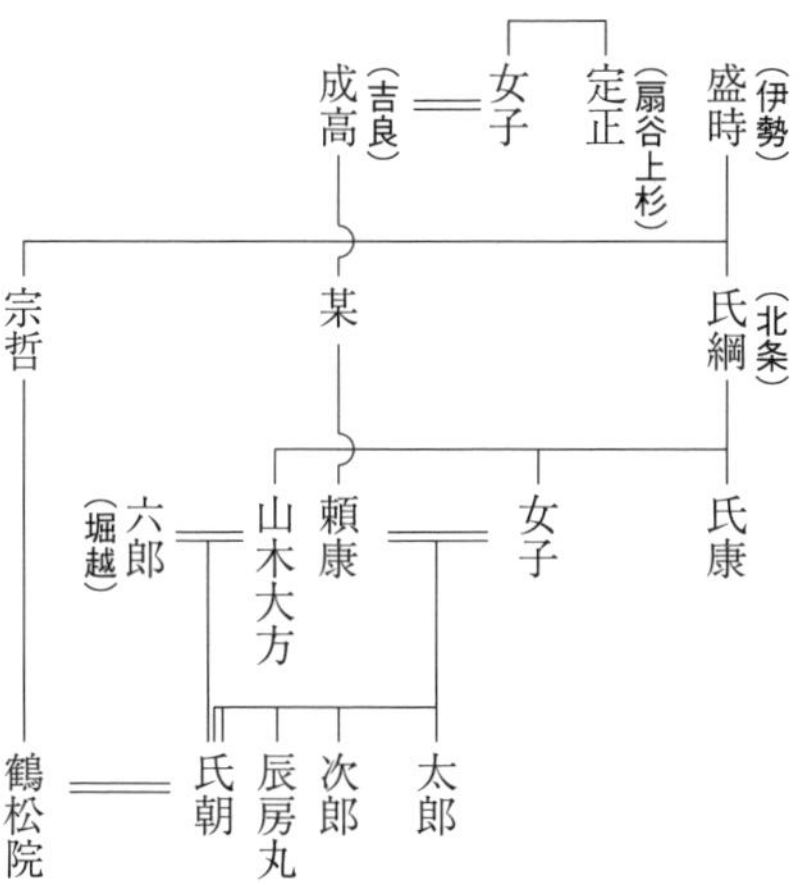

系図７　北条氏・吉良氏関係系図

ちなみに、氏朝の婚姻については、その後に、養子入りが確認される永禄三年十二月のことと推定されており、*49そこで「大方殿」とみえていることからすると、氏朝は養子入りと同時に家督を継いだ可能性も想定される。なお、「大方殿」のその後の動向はまったく不明で、死去年や法名についても現在のところ不明である。

＊45　戦三三六。泉沢寺は現在の神奈川県川崎市中原区上小田中にある浄土宗寺院。武蔵世田谷吉良氏の菩提寺として、延徳三年（一四九一）武蔵国多摩郡烏山に創建されたが、五世心参上人のときに焼失、天文十九年（一五五〇）吉良頼康によって現所在地に再興された。本寺の銅造阿弥陀如来立像は南北朝期の製作である。

＊46　「東光寺文書」戦六五七

『江戸名所図会』に描かれた世田谷城跡

■堀越六郎の室（高源院）　高源院は、子の氏朝が吉良氏を継承したため、吉良頼康室と混同されることが多かったが、別人である。*50　名は崎姫《さきひめ》と伝えられる。*51

堀越氏は遠江今川氏の嫡流で、夫の六郎は、大永二年（一五二二）から天文七年（一五三八）まで所見される六郎氏延《うじのぶ》の嫡子と推測される。*52 高源院は同十一年に氏朝を生んでいるから、婚姻はその数年前のことと推測される。

これより先の同六年から河東一乱が展開されており、堀越氏延は氏綱に味方したから、この婚姻は同六年から同八年頃の間に、両者の関係の強化を図って行われたとみられる。同十年には、堀越氏は今川氏に制圧されたと考えられるが、同十三年十一月に「遠州今川殿」が所見されるから、*53 堀越氏は滅亡は免れたようである。これが氏延を指すのか、その子六郎を指すのかは定かではなく、これを最後に堀越氏は史料上から姿を消す。

弘治三年（一五五七）九月に、高源院は伊豆山木《やまき》郷（静岡県伊豆の国市）に居住し、夫六郎の菩提寺を建立しようとしているから、*54 これ以前に六郎は死去し、高源院は実家の北条氏に引き取られ、堪忍分として山木郷を与えられて、同地に居住したことがわかる。この後、「山木御大方」と称された。

また、ここで彼女は、「軍勝《ぐんしょう》」の文字を刻み、上部に猪を据えた朱印を用いている。これは、伊豆移住後から使用し始めたものとみられる。六郎の死去年は不明だが、それほどさかのぼらない時期のことであったとみられる。菩提寺は正覚院《しょうがくいん》といったことがみえているが、これは早雲寺《そううんじ》山内に存在した正覚院にあたるとみられる。同寺開基の正覚院殿大円宗忠大

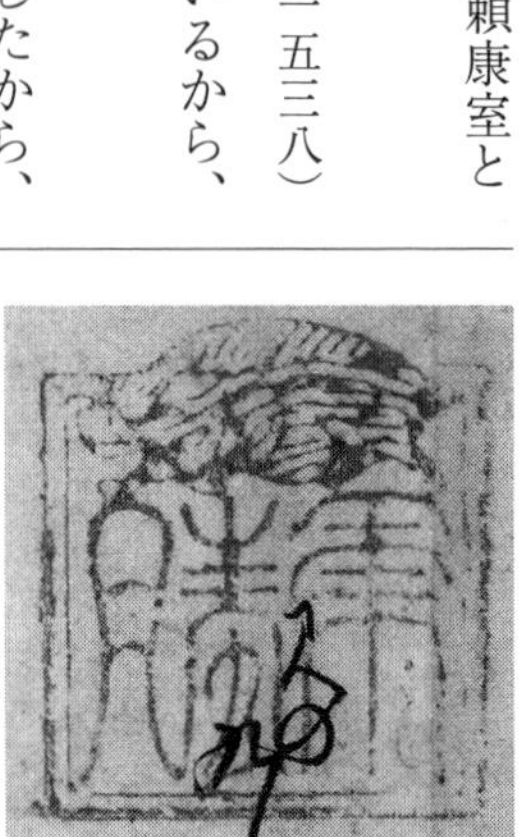

山木大方の朱印

*47 「江戸文書」戦六六六

*48 「宮崎文書」戦三五三五。本文中にもある通り、伊勢宗瑞の四男幻庵宗哲が、武蔵世田谷城主吉良氏朝に嫁ぐ自身の娘に与えた心得書。親族に対する呼び方や年中行事の作法など、戦国期武家の生活模様が知られる貴重な史料である。

*49 武田庸二郎「「北条幻庵覚書」の作成年代について」（『世田谷区立郷土資料館資料館だより』二七号、一九九七年）

*50 「北条宗哲と吉良氏朝」（『戦国大名領国の支配構造』岩田書院、一九九七年）

禅定門というのが、[*55] すなわち六郎の法名と考えられる。

高源院は、天正十四年（一五八六）八月二十四日に死去し、[*56] 法名は高源院長流泉香大姉といった。菩提寺として小田原谷津《やつ》に高源院が建立された。[*57] 同地は宗哲の所領でもあったから、彼女はその庇護下にあったのだろう。

子は氏朝と娘香沼《かぬま》姫の二人があり、氏朝は永禄三年（一五六〇）には吉良氏の養子となった。香沼姫は未婚のまま過ごし、北条氏滅亡後も谷津村に居住し、元和三年（一六一七）四月二十日に死去、法名を天桂院《てんけいいん》梅林祐香大姉といった。[*58] なお、早雲寺所蔵の「平姓北条氏系図」には天正十五年生まれと後注されているが、これは誤りである。しかし、「天正」が「天文」の誤記で、天文十五年生まれのことであるならば、その可能性は十分にある。

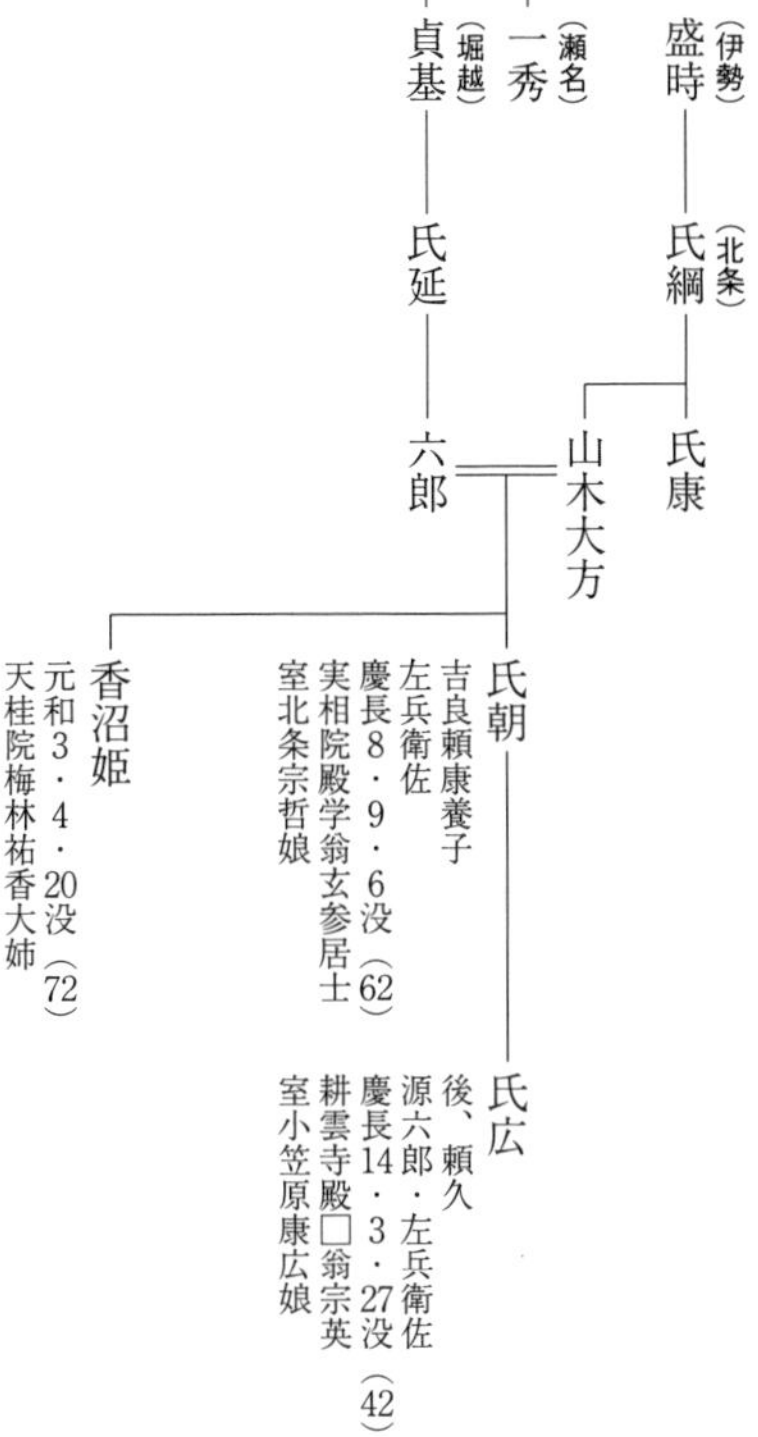

系図8　山木大方関係系図

*51　「石井家本吉良系図」『世田谷区史料第二集』所収

*52　「吉良氏朝の系譜」（『戦国大名領国の支配構造』岩田書院、一九九七年）

*53　「私日記」（『戦国遺文今川氏編』七四五号）。その後、この「今川殿」は氏延の弟貞朝にあたること、堀越氏は永禄七年（一五六四）に今川氏への叛乱にともない滅亡したことを推定した（拙著『徳川家康と今川氏真』〈朝日選書一〇三三〉朝日新聞出版、二〇二三年）。

*54　「修禅寺文書」戦五五四

*55　「早雲寺記録」（早雲寺史研究会編『早雲寺』、一九九〇年）

*56　「石井家本吉良系図」

*57　「新編相模国風土記稿」巻二五

*58　「新編相模国風土記稿」巻二五

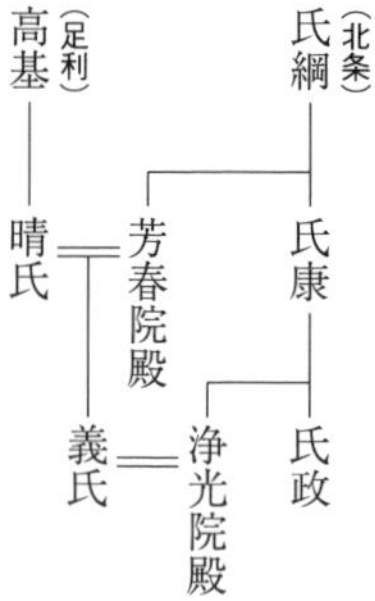

系図９　北条氏・古河公方足利氏関係系図１

その場合、享年は七十二となる。

■足利晴氏の室（芳春院殿）　足利晴氏は、古河《こが》公《く》方《ぼう》足利氏四代である。天文八年（一五三九）八月に晴氏に嫁ぎ、以後は「御台様《みだいさま》」と称された。*59 同十二年に、晴氏の末子梅千代王丸《うめちよおうまる》（のち義氏《よしうじ》）を生んでいる。なお、義氏の生年は、通説では後世の系図類によって同十年とされているが、「鎌倉公方御社参次第」*60 に同十二年生まれであることが明記されている。

同十九年閏五月に下総葛西《かさい》城への移座が計画されており、同年七月には実現していたとみられる。*61 そして、同二十一年十二月に義氏は晴氏から家督を譲られている。その後、同二十二年二月に古河公方足利氏の本拠下総古河城に移座し、同二十三年五月頃には、再び葛西城に移座したようである。

なお、義氏はこの頃「葛西様」と呼ばれている。その「葛西」は、これまでは鎌倉葛西ヶ谷とみられていたが、下総葛西城であることが明らかになっている。*62

同二十三年七月に、父晴氏・兄藤氏《ふじうじ》は古河城に移って北条氏に謀反したが、同年十一月に鎮圧され、晴氏は相模波多野《はたの》（神奈川県秦野市）に幽閉される。これにより、義氏の家督としての地位は安泰となり、芳春院殿は北条氏と年少の公方義氏との仲介役を果たした。

永禄三年（一五六〇）五月二十七日に晴氏は死去し、芳春院殿も翌四年七月九日に死去

足利晴氏の墓　千葉県野田市・宗英寺

*59 「雀神社鰐口銘写」戦四三五五
*60 『北区史資料編古代中世２』所収
*61 『戦国「おんな家長」の群像』（笠間書院、二〇二一年）
*62 「古河公方足利義氏についての考察」（同著『中世東国政治史論』塙書房、二〇〇六年）
*63 「鎌倉殿并古河・喜連川御所様御代之盃名帳」『古河市史資料中世編』所収
*64 「兼右卿記」
*65 「山田文書」戦四三五三

した。法名は芳春院殿雲岫宗怡大禅定尼といった。[*63]

■葛山氏元の室　名は「ちよ」といい、大永六年（一五二六）生まれ。[*64] 葛山氏元は叔父氏広の養嗣子で、氏広の義弟播磨守貞氏《さだうじ》の子と伝えられている。永正十七年（一五二〇）生まれで、天文四年（一五三五）には氏広の養子となっており、仮名八郎を称している。同七年頃に氏広が死去した後、その家督を継いだ。

氏元の発給文書は同十一年からみられるが、その間の同八年四月に、氏広の死去にともなう代替わり安堵を行った朱印状が出されている。[*65] 朱印は方形で、上部に動物図案が据えられている北条氏様のものであるから、これは氏広後室のものと推測される。[*66] 氏広の死後、しばらくは後室が領域支配にあたったことがうかがわれる。

「ちよ」は、同十四年に長女「ちやち」（瀬《せ》名《な》氏詮《うじあき》＝信輝《のぶてる》室）を生んだとみられるから、婚姻はその数年前のことであろう。[*補注2] それは、河東一乱の時期にあたっている。葛山氏は当初から氏綱に味方しており、氏元に家督継承された後も同様であった。しかし、氏広の死去により姻戚関係は断絶することとなったため、その継続を図って婚姻が結ばれたとみられる。

その後、氏元には同十九年に長男松千世、同二十二年に次女「おふち」（葛山信貞《のぶさだ》室）、弘治二年（一五五六）に次男竹千世、永禄四年（一五六一）に三男久千世が生まれているが、「ちよ」の所生は、次女「おふち」までであろうか。[*67]

＊66　「北条宗哲と吉良氏朝」（『戦国大名領国の支配構造』岩田書院、一九九七年）

＊補注2　その後、天文十一年の可能性を推定した（『戦国「おんな家長」の群像』笠間書院、二〇二一年）。

葛山氏広後室の朱印

葛山氏元の朱印

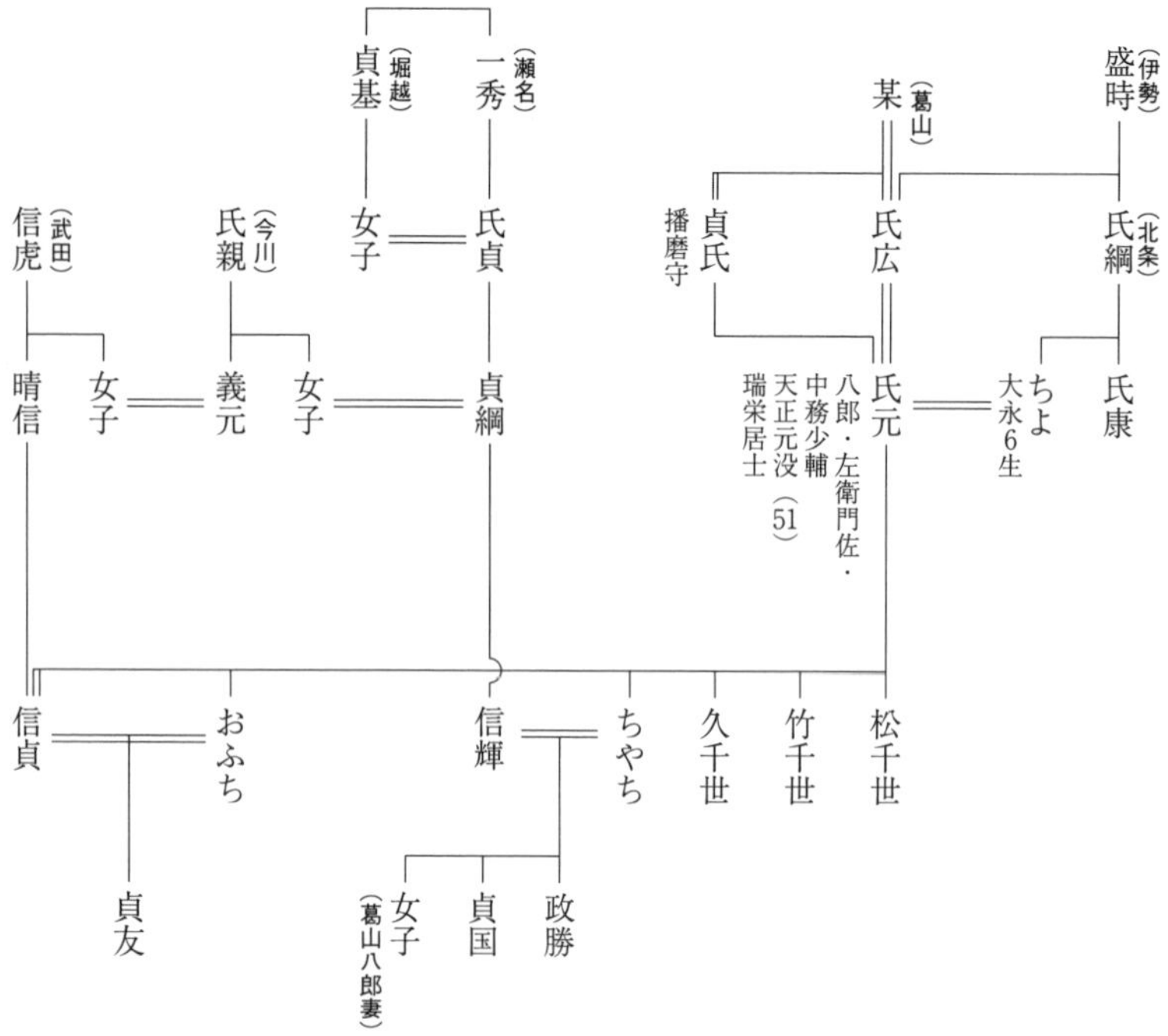

系図10　北条氏・葛山氏関係系図2

永禄九年十二月に、「ちよ」は京都の吉田兼右にお守りの付与を依頼しているが、[*68] これが「ちよ」に関する唯一の史料上の所見である。死去年や法名についても、現在のところはまったく不明である。

なお、氏元は天文十四年に今川義元に従属し、その功績によって北条氏領であった御《み》厨《くりや》地域（静岡県御殿場市周辺）などを獲得したとみられる。以後は、今川氏の御一家として

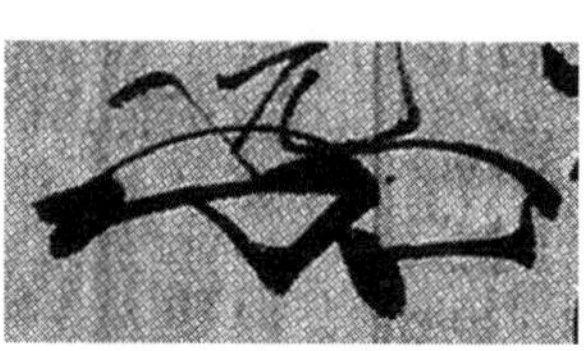
葛山氏元の花押

*67 「葛山氏元とその妻子」（『戦国大名領国の支配構造』岩田書院、一九九七年）

*68 「兼右卿記」

存在した。

弘治三年からは官途名左衛門佐を称し、さらに養父と同じ官途名中務少輔を称したとみられる。[*69]

永禄十一年十二月に、武田氏の駿河侵攻の際に同氏に従属したが、本領地域は今川氏支援のために駿河に進軍した北条氏によって経略されている。そのため武田氏から、富士郡に替地《かえち》を与えられている。しかし、元亀元年（一五七〇）三月を最後に動向はみられなくなり、同三年には武田信玄の子信貞が婿養子となってその家督を継承している。

そして天正元年（一五七三）二月、氏元は武田氏によって自殺させられた。[*70] 謀反を企てたためといい、家族ともに自殺させられたというから、「ちよ」がこれまで生存していたとすれば、このときに同時に自殺させられたとみられる。ただし、次女「おふち」が葛山信貞室であったことから、その生母である「ちよ」が自殺されられることは考え難い。[*71]

＊69　池上裕子「戦国時代の葛山氏」（『小山町史』第六巻、小山町、一九九六年）

＊70　「仏眼禅師語録《ぶつげんぜんじごろく》」（『裾野市史第二巻』七八四号）

＊71　『戦国「おんな家長」の群像』（笠間書院、二〇二一年）

第三章　三代氏康とその妻子

一、武田信玄・上杉謙信とわたりあった三代・氏康

■家督継承直後に訪れた危機　北条氏康は、北条氏二代氏綱の嫡子で、永正十二年（一五一五）に生まれた。母は氏綱の正室養珠院殿とみられる。幼名は伊豆千代丸《いずちよまる》と称し、大永三年（一五二三）六月の「箱根権現宝殿造営棟札銘」に、父氏綱に続いてその名がみえている。当時、氏綱は伊勢名字を称していた。氏綱はこの年の九月までの間に、伊勢名字から北条名字に改称するが、氏康は同五年八月の時点でも「伊勢伊豆千代丸」とみえていて、いまだ伊勢名字を称している。北条名字への改称は、当初は当主氏綱のみであり、氏綱は一族に対して順次、北条名字を与えていったと思われる。氏康は、おそらく元服などを機に、北条名字を称するようになったのだろう。

元服の時期は明確ではないが、享禄二年（一五二九）末頃のことと推測され、歴代の仮名新九郎を称した。なお、その後では天文二十年（一五五一）末頃に、嫡子新九郎氏親の元服にともなって左京大夫に任官し、永禄九年（一五六六）五月頃に、四代氏政の左京大夫任官にともなって、相模守を称している。

北条氏康の花押（1）　天文六年のもの

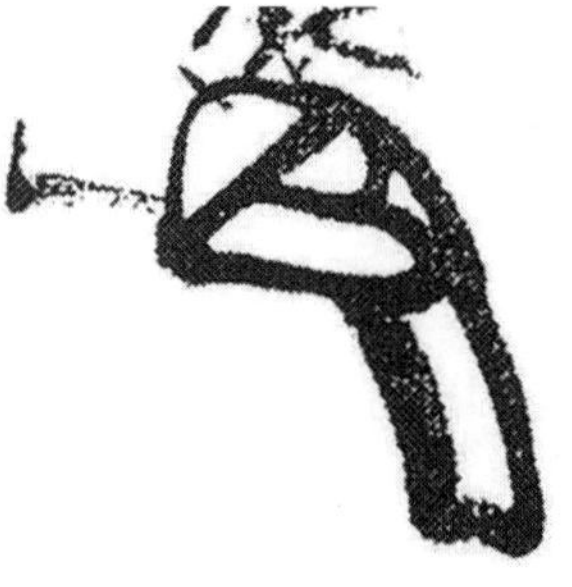

北条氏康の花押（2）　天文十年のもの

氏康は、天文十年（一五四一）七月に父氏綱の死去をうけて、家督を継承した。その頃の北条氏は、関東管領の地位にあるとともに、伊豆・相模・武蔵南部・駿河河東（富士川の東側）・下総の一部を領国とした、関東随一の戦国大名になっていたが、周囲を敵対勢力に囲まれていたという状態にあった。

　氏康は家督継承直後から、扇谷上杉氏や安房里見氏との抗争を展開したが、同十四年八月、駿河今川義元が駿河河東に進攻、九月には義元の要請をうけた甲斐武田晴信（信玄）も進軍してきた。さらにこの今川・武田両軍の進攻に合わせて、関東では山内上杉憲政《のりまさ》・扇谷上杉朝定《ともさだ》の両上杉氏が河越城（埼玉県川越市）を攻めてきた。氏康は、両面において大軍による進攻をうけ、家督継承後、最初の大きな危機を迎えた。

　これに対して氏康は、義元とは晴信の調停をうけて和睦し、河東地域を義元に割譲した。これは駿河からの明確な撤退であった。一方、河越ではさらに、古河公方足利晴氏が両上杉氏の要請を受け入れ、氏康と断交して同城の包囲に加わってきた。氏康は河東地域から帰陣すると、晴氏に対して翻意を促したが、受け入れ

北条氏康画像　神奈川県箱根町・早雲寺蔵

北条氏康の花押（3）永禄十二年のもの

北条氏康の印判（1）「武栄」

北条氏康の印判（2）「機」

られなかった。そして翌十五年四月中旬、氏康はついに河越城の後詰めのために出陣し、二十日に両上杉軍を攻撃、三〇〇〇余人を討ち取る大勝利をおさめた。いわゆる河越合戦である。

山内上杉憲政や足利晴氏はそれぞれ本拠に退却し、扇谷上杉朝定は戦死して、扇谷上杉氏は滅亡した。こうして氏康は、最初の危機にあたって、河東地域の放棄と引き換えに扇谷上杉氏を滅亡させ、また、かつての関東管領山内上杉氏に軍事的勝利をおさめたことにより、同氏の衰退を決定付けるという、大きな成果を得たのである。

■関東両上杉氏を打倒する　河越合戦後の九月末、扇谷上杉氏旧臣の太田資正《すけまさ》が、武蔵松山城（埼玉県吉見町）を奪取、さらに翌天文十六年には岩付《いわつき》城（同さいたま市）を攻略した。こうして扇谷上杉氏勢力が復活したが、氏康は同年十二月に松山城を攻略、翌十七年正月に太田資正を服属させて、旧扇谷上杉氏領国のすべてを併合した。

続いて氏康は、山内上杉氏領国の経略をすすめ、天文十七年（一五四八）には上野国峰《くにみね》城（群馬県甘楽町）の小幡憲重《おばたのりしげ》を、同十八年には武蔵天神山《てんじんやま》城＊補注1（埼玉県長瀞町）の藤《ふじ》田《た》泰邦《やすくに》を旗下に従えている。さらに同十九年八月には、軍勢を山内上杉氏の膝元にあたる西上野まで進軍させ、十一月初めには、山内上杉氏の本拠平井城（群馬県藤岡市）を攻めるまでになっている。

同二十年冬には、氏康は再び山内上杉氏攻略のための軍備を整えて、翌二十一年二月に

河越夜戦跡の碑　埼玉県川越市・東明寺

＊補注1　初版では藤田氏の本拠を花園城（埼玉県深谷市）としていたが、その後の検討により、通説のように天神山城とみなす。

入って武蔵北西部へ進軍した。そして、山内上杉氏の武蔵における唯一の拠点であった御《み》獄《たけ》城（埼玉県神川町）を攻撃、三月初めに攻略した。御獄城の落城は、山内上杉氏に大きな動揺をもたらし、西上野の国衆や東上野赤石《あかいし》城（群馬県伊勢崎市）の那波宗俊《なわむねとし》らが氏康に応じてきた。さらに、上杉憲政の馬廻衆のなかからも離叛者が続出することとなった。

そのため憲政は、本拠の平井城から退去し、味方の新田金山《にったかなやま》城（群馬県太田市）の横瀬《よこせ》成繁《なりしげ》や、家宰筋の下野足利《あしかが》城（栃木県足利市）の長尾当長《まさなが》を頼ったものの、彼らも氏康に応じた周辺の国衆から攻撃をうけたため、両城に入ることができず、重臣筋の白井《しらい》長尾憲《のり》景《かげ》の本拠、北上野の白井城（群馬県渋川市）に逃れた。

さらに五月初めには、越後の長尾景虎を頼って越後に没落した。憲政は景虎に関東侵攻を要請し、景虎はその要請を容れて、五月には越後勢を関東に進攻させ、さらに七月から十月頃まで、景虎自身も関東に進軍してきた。これに対しては氏康も、九月上旬に上野に進軍し、味方の館林《たてばやし》城（群馬県館林市）の赤井《あかい》氏の救援を図っている。氏康は十二月頃まで在陣を続けていたらしい。結局、景虎は憲政復帰を果たすことができず、氏康は、関東管領職を歴任してきた山内上杉氏をついに没落させたのである。

そしてこの後、氏康は上野の領国化をすすめていった。弘治二年（一五五六）には、横瀬氏・足利長尾氏など山内上杉氏与党勢力による抵抗はほぼ終息し、いずれも氏康に服属している。永禄元年（一五五八）閏六月には、氏康は北上野の吾妻谷《あがつまだに》に向けて進軍しており、同二年十月には、吾妻郡岩下《いわした》城（群馬県東吾妻町）の斎藤氏の領国までが氏康の勢力下に入っ

山内上杉氏の本拠・平井城跡　現在は橋や土塁などが復元整備されている　群馬県藤岡市

ている。こうしてこの頃には、上野の国衆はすべて氏康に従属し、氏康はほぼ上野一国を勢力下におさめて、山内上杉氏領国の併合を果たした。

■義氏を関東公方とし、三国同盟を締結　天文十五年（一五四六）の河越合戦後から、氏康と、妹芳春院殿の婿にあたるにもかかわらず、古河公方足利晴氏の関係は良好ではなくなっていた。氏康は徐々に晴氏に圧力をかけ、また芳春院殿所生の梅千代王丸（のち義氏）を氏康支配下の下総葛西城（東京都葛飾区）で庇護し続けた。そのうえで同二十年十二月、公方宿老の簗田晴助《やなだはるすけ》と起請文《きしょうもん》*1を交換した。ここで氏康は、上意《じょうい》（晴氏）を無沙汰《ぶさた》にしないこと、晴助は氏康に対して無沙汰にしないことなどを互いに誓約した。そして山内上杉氏の没落後は、氏康はさらに晴氏に対して圧力をかけたようで、ついに同二十一年十二月十二日、晴氏の嫡子藤氏を廃嫡させ、わずか十歳の梅千代王丸に公方家督の地位を委譲させた。

ここに、氏康の外甥が古河公方を継承した。以後の氏康は、この公方を前面に立てながら、関東の武家勢力全体に対峙していく。そして、翌弘治元年（一五五五）十一月、梅千代王丸は氏康の計らいのもと、葛西城で元服し、足利義氏と称した。さらに、永禄元年（一五五八）二月二日に従四位上・右兵衛佐に叙位・任官され、同年四月には鎌倉鶴岡八幡宮への参詣を遂げた。そして同年八月に、公方領国の下総関宿《せきやど》城（千葉県野田市）に御座所を移した。こうして義氏は、名実ともに関東公方*2としての立場を確立した。

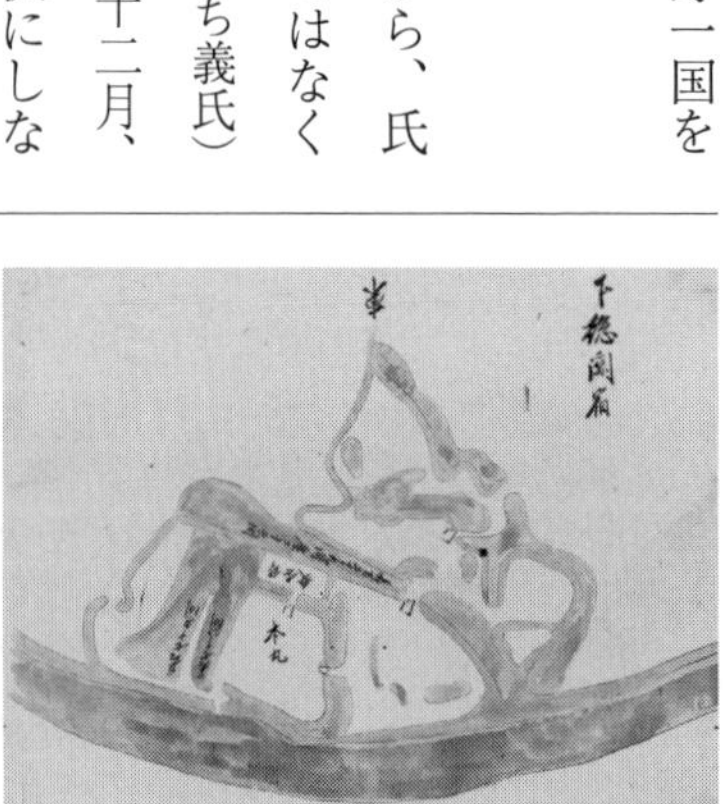
『近世城図』に描かれた関宿城

*1　起請文　相手との約束を遵守・履行することを神仏に誓い、もし違反した場合には罰を受ける旨を記した文書。誓約内容を記した部分を前書といい、罰を受ける旨を記した部分を神文・罰文という。通常、護符の一種である牛玉宝印の裏を使用した。

*2　関東公方　関東を統治する公方。鎌倉公方・古河公方・堀越公方などは、居所による別名。

しかも古河公方にとって、右兵衛佐任官と鶴岡八幡宮参詣は初めてであった。これは、武家政権の始祖源頼朝を強く意識したものであろう。一方、氏康も天文二十年末頃に、父氏綱と同じ左京大夫に任官していた。この官途は鎌倉幕府執権北条氏歴代のものであった。ここに、頼朝に擬された関東公方義氏と、執権北条氏に擬された関東管領氏康による、新しい政治秩序が形成された。氏康は、これまでの古河公方の段階とは異なる、新たな政治秩序の構築を目指した。

その一方で、天文二十年からは、駿河今川氏・甲斐武田氏との三国同盟交渉を開始している。そして同二十三年七月に、氏康の娘早河殿《はやかわどの》が今川義元の嫡子氏真《うじざね》に嫁ぎ、同年十二月に氏康の嫡子氏政が武田晴信の娘黄梅院殿を娶って、互いに婚姻関係によって結ばれた強固な攻守軍事同盟が成立された。

天文十四年の河東一乱の際における和睦により、氏康と両氏とは敵対関係ではなくなっていたが、かといって積極的な味方でもなかった。天文十九年に今川氏と武田氏との間で婚姻関係の再形成がすすめられたのをきっかけに、これに北条氏をも加えた三者間同盟が構想された。そしてこの同盟は、駿河（今川氏）・甲斐（武田氏）・相模（北条氏）のそれぞれ一字をとって、駿甲相三国同盟《すんこうそうさんごくどうめい》と称されている。この同盟形成により、氏康は今川・武田両氏をバックとすることによって、関東経略に専心できるようになった。

■謙信に本拠・小田原を攻められる

永禄二年（一五五九）十二月二十三日、氏康は家督を

嫡子氏政に譲り隠居した。氏康は四十五歳、氏政は二十一歳であった。もっとも、隠居とはいっても、氏康は決して政治の第一線から退いたわけではなく、小田原城の本城に居住して「御本城様《ごほんじょうさま》」と称されつつ、実質的に北条氏権力を主導し続けた。そして次第に、氏政への領国支配の実権を移譲し、永禄九年頃には、氏康はその補佐の立場を徹底していくことになる。

氏康の隠居の背景には、飢饉と疫病の流行という、深刻な領国危機の展開があった。氏康はこの危機に十分に対応できなかったため、天道《てんどう》（天と人の感応）に適うもののみが大地の支配を行えるという天道思想と、社会的危機に対する民衆の世直しへの期待に従って、まずは自ら北条氏当主の地位から退位して、新当主のもとで、そうした社会状況の再建を図ったのである。そして翌永禄三年二月に、新当主氏政の名により、領国全域にわたって徳政令《とくせいれい》*3が発布され、領民の債務の一部を破棄し、彼らに対する救済が行われた。

しかし、その年九月から、越後の上杉謙信（当時は長尾景虎）が関東へ侵攻してきた。謙信は、かつて氏康に関東から追放されていた関東管領上杉憲政を擁し、その政治復権を名目にしていた。謙信が関東に侵攻してくると、それまで北条氏に従属していた上野や北武蔵などの国衆は相次いで服属、あるいは滅亡させられ、北条氏の勢力圏は一気に武蔵中部まで後退した。そして翌四年三月には、本拠の小田原城まで攻められた。本拠まで進軍を許したのは、北条氏にとって初めてのことだった。謙信はすぐに退陣するが、その帰途に、上杉憲政から名跡を継承し、関東管領山内上杉氏の当主になった。これにより謙信は、

＊3　徳政令　中世、幕府や大名が徳政（債権・債務の破棄）を行うために発布した法令。今回の氏政による徳政令の発布は、北条氏の当主交替に伴う代替わり徳政令である。

同じく関東管領にあった北条氏と、関東支配において同等の立場になった。

謙信が越後に帰国すると、北条氏は反撃に出て、寝返った国衆らの服属をすすめ、同盟者の武田信玄にも支援を要請した。これにより、信玄は西上野に侵攻していき、関東支配をめぐって、北条氏・武田氏と上杉氏との攻防が繰り広げられることになった。謙信との攻防は、互いに離叛した国衆を服属させ直すかたちですすんでいったが、次第に北条氏の優勢に展開していった。決定的となったのは、永禄九年二月・三月における謙信の下総小《こ》金《がね》城（千葉県松戸市）・臼井《うすい》城（同佐倉市）攻略の失敗だった。その後、雪崩をうったように関東の国衆は北条氏に従属してきた。また、西上野では武田氏の領国化が遂げられた。

これらによって、謙信の関東における勢力は同十年末には上野の一部までに縮小し、そのため同十一年には、関東への出陣そのものがみられなくなる。謙信の関東支配は大きく頓挫した。氏康・氏政は、上杉謙信という関東外来勢力の進攻に対し、武田信玄との同盟をもとに対抗し、その進攻を跳ね返すことができたのである。

■武田信玄との新たなる抗争　ところが、永禄十一年（一五六八）十二月の武田信玄による三国同盟破棄により、情勢は急展開する。駿河に侵攻する信玄に対し、北条氏はすぐさま今川氏に援軍を派遣、同十二日には氏政も小田原城を出陣した。翌十三日に今川氏真は本拠駿府館（静岡市）を攻略されて、遠江懸川城（静岡県掛川市）に後退した。翌十四日、北条軍は富士川を越えて蒲原城（静岡市）に入城し、河東地域一帯を制圧した。その一方、

高城氏の居城だった小金城の障子堀跡　千葉県松戸市

氏康・氏政は外交政策を大転換させ、上杉謙信との同盟を図った。

上杉氏からは年内のうちに、同盟成立のための条件が提示されてきたらしく、翌十二年正月二日に、小田原在城の氏康が条件の受諾の旨を上杉方の沼田《ぬまた》在城衆に宛てて書状を送っている。これ以後、両氏の同盟交渉が展開していく。そして、六月には両者間で起請文が交換されて、同盟が成立した。この同盟を、越後（上杉氏）・相模（北条氏）から一字をとって越相《えっそう》同盟と称している。翌元亀元年（一五七〇）三月には、氏康・氏政は謙信との同盟の実効化のために、氏康の末子三郎（のちに上杉景虎）を謙信の養子として送ったが、謙信からは援軍を得られることはなかった。

信玄との抗争は、当初は北条氏の優勢にすすんだ。永禄十二年二月、駿河東に在陣していた氏政は、薩埵山《さったやま》（静岡市）の武田勢を撃退して、同陣に布陣した。その後、興津《おきつ》城（静岡市）在陣の信玄と対陣したが、四月に信玄が甲斐に帰国すると、今川氏真が籠城する懸川城を包囲していた三河徳川家康と交渉して、氏真の救出を工作した。五月に和睦が成立し、氏真は同城を開城して、北条氏に引き取られた。これをうけて氏政は相模に帰国した。

しかしその後は、信玄の反撃が展開され、十月には小田原を攻められ、退陣後の相模三《み》増《ませ》合戦＊4（神奈川県愛川町）でも信玄を止められなかった。年末には駿河へ侵攻され、駿府を再占領されている。その後は、駿河御厨・伊豆、あるいは武蔵北部へ進攻されていった。そして駿河御厨を経略されて、駿河における北条氏の勢力は駿東郡南部に限定され、武蔵北部においても、御獄城の平沢政実《ひらさわまさざね》が武田氏に経略されるというように、信玄の勢力は武

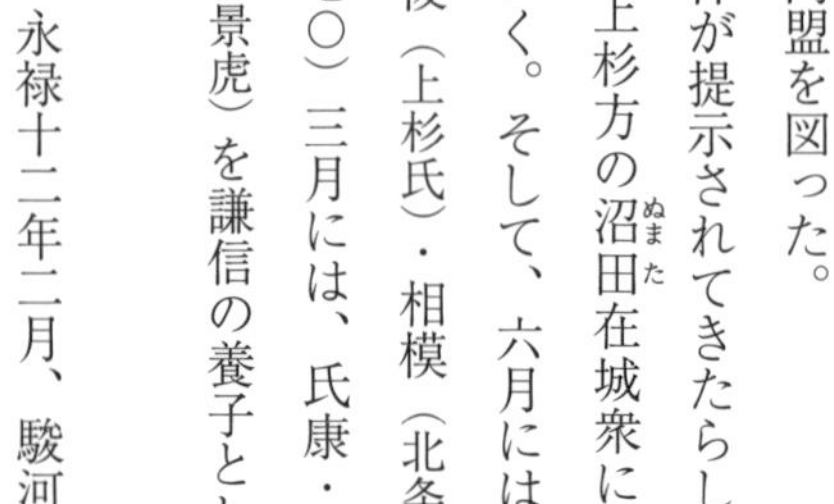
三増合戦場跡　神奈川県愛川町

＊4　三増合戦　永禄十二年（一五六九）十月六日（八日とも）に相模三増峠にて北条氏康と武田信玄が争った合戦。小田原城攻略に失敗した信玄の撤退戦にあたる。序盤は北条軍が優勢だったが、武田軍の背後からの攻撃を許したために総崩れとなり、敗走した。

蔵にも及んできていた。明らかに、北条氏にとっては劣勢の展開だった。

そうしたなか、氏康は元亀二年十月三日に死去した。享年は五十七、法名は大聖寺殿《だいしょうじでん》東陽宗岱《とうようそうだい》大居士《だいこじ》とおくられ、菩提寺の早雲寺に葬られた。なお、氏康の死去により、氏政は信玄との同盟再締結をすすめていく。氏康は、関東の両上杉氏を滅亡させて領国を併合し、関東での覇権を確かなものとした。その後は、上杉謙信・武田信玄という関東外の戦国大名と互角の抗争を繰り広げていった。そうして北条氏を、全国でも有数の戦国大名に成長させた立役者であったといえよう。

二、氏康の妻と子ども

■氏康の妻　氏康の正室は、今川氏親の娘瑞渓院殿《ずいけいいんでん》である。天文四年（一五三五）末から同五年初め頃の婚姻と推定される。氏康が当主の時期には「御前様」、氏康が隠居の時期には「本城御前様」と称されている。

長男新九郎氏親・次男氏政・三男氏照《うじてる》・四男氏規、今川氏真室早河殿らの母であった。なお、旧版では五男氏邦や足利義氏室浄光院殿も瑞渓院殿の子とみていたが、その後の検討により、それらは庶子であったとみなされるようになっている。

瑞渓院殿は、元亀二年（一五七一）十一月二十一日に逆修《ぎゃくしゅ》[*5]している。[*6] 夫氏康死去の四十九日忌にあたってのことと思われ、以後は「御大方様《おんおおかたさま》」と称された。[*7]

＊5　逆修　生前に逆《あらかじ》め自らの死後の冥福を祈って仏事を営むこと。

＊6　「北条家過去帳」小I四六八

＊7　「青木文書」戦一五五四

小田原合戦中の天正十八年（一五九〇）六月二十二日に死去した。[*8] 氏政室鳳翔院殿《ほうしょういんでん》と同日の死去であるから、あるいは自害の可能性もある。法名は瑞渓院殿光室宗照大姉といった。

　氏康には側室が何人かいたとみられるが、六男景虎の母は、重臣遠山左衛門尉康光《やすみつ》室の妹であったとみられる。[*9] その出自は不明である。康光は、景虎には母方の伯父にあたることとなり、景虎が越後上杉謙信の養子となって越後に赴くと、それに付されて越後に移っているのも、そうした関係に基づくものであろう。以後、康光は景虎の家老を務めている。

　また、確たる史料はみられないものの、五男氏邦の母は、氏邦の筆頭宿老となる三山綱《つな》定《さだ》の姉妹の可能性が指摘されている。[*10]

■氏康の子女　氏康の子女は、現在のところ九男・七女が確認されている。男子は、新九郎氏親（天用院殿《てんよういんでん》）・氏政・氏照・氏規・氏邦・景虎・氏忠・氏光である。このうち、次男の氏政が北条氏四代当主になる。また、氏忠・氏光は弟氏堯の子で、その死後に養子とされた可能性がある。ちなみに、兄弟の出生順について、江戸時代以来、四男が氏邦で五男が氏規とされてきた。旧版でもそれに従っていたが、近時の検討によって、氏邦は氏規よりも年少であったとみるのが妥当なので、ここでは四男氏規・五男氏邦として扱う。

　生年が明確なのは四男氏規のみで、天文十四年（一五四五）生まれ。他に、六男景虎は同二十三年生まれと伝えられている。なお、氏政・氏照・氏邦の生年にも所伝はあるが、

北条氏康の妻・瑞渓院殿の墓　神奈川県小田原市・善栄寺

＊8　「伝心庵過去帳」

＊9　「江戸遠山氏の族縁関係について」（『戦国大名領国の支配構造』岩田書院、一九九七年）

＊10　浅倉直美「北条氏邦」（黒田基樹・浅倉直美編『北条氏康の子供たち』宮帯出版社、二〇一五年）

諸説あるのが現状である。そのうち氏政は、江戸時代以来の通説では天文七年生まれとされているが、正しくは「石川忠総留書」の記載により、同八年生まれとみるのが妥当である。[*11] 氏照・氏邦の生年については、それぞれのところで触れる。

女子は、北条氏繁《うじしげ》室（七曲殿《ななまがりどの》・新光院殿《しんこういんでん》）・千葉親胤《ちかたね》室・太田氏資《うじすけ》室（長林院《ちょうりんいん》）・今川氏真室（早河殿・蔵春院殿《ぞうしゅんいんでん》）・足利義氏室（浄光院殿）・武田勝頼《かつより》室（桂林院殿《けいりんいんでん》）・円妙院殿《えんみょういんでん》である。長幼の順は不明であり、このうち生年が明確なのは武田勝頼室のみで、永禄七年（一五六四）生まれである。他に養女とみられるものとして、吉良氏朝室（靏松院殿《かくしょういんでん》、実は北条宗哲の娘）・太田康資室（法性院《ほっしょういん》、実は遠山綱景《つなかげ》の娘）がある。

なお、旧版では江戸時代の所伝に従って、小笠原康広《やすひろ》室（種徳寺殿《しゅとくじどの》）も氏康の娘とみていたが、その後の検討により、為昌の娘とみるのが妥当と考える。そのため、彼女については第二部第一章で取り上げる。ただし、婚姻にあたり氏康の養女とされた可能性はある。また、円妙院殿については、法号の伝承がみられない千葉親胤室にあたる可能性も想定される。

それらの子女のうち、氏照・氏規・氏邦については、すでに『戦国北条氏五代』で詳しく述べているので、ここでは簡単に、その概略を述べるにとどめておく。なお、その妻子についても同書で詳しく取り上げているが、ここでもあらためて取り上げておくことにする。また、養女とみられる吉良氏朝室については、第二部第二章のうち「『宗哲覚書』と吉良氏朝」で取り上げることにする。そのためここでは、それ以外についてまとめておきたい。

＊11　「北条氏康の子女について」（黒田基樹・浅倉直美編『北条氏康の子供たち』宮帯出版社、二〇一五年）

氏康
伊豆千代丸・新九郎・左京大夫・相模守・太清軒
母養珠院殿カ
元亀2・10・3没(57)
大聖寺殿東陽宗岱大居士

今川氏親娘
天正18・6・22没
瑞渓院殿光室宗照大姉
・
遠山康光室妹

氏規
助五郎・左馬助・美濃守・一睡・母瑞渓院殿
慶長5・2・8没(56)
一睡院殿勝誉宗円大居士

氏邦
藤田泰邦養子
乙千代丸・新太郎・安房守
慶長2・8・8没(50カ)
昌竜寺殿天室宗青大居士

景虎

氏親
西堂丸カ
母瑞渓院殿・新九郎
天文21・3・21没(16)
天用院殿雄岳宗栄大禅定門

氏政
松千代丸カ・新九郎・左京大夫・相模守・截流斎
母瑞渓院殿
天正18・7・11没(52)
慈雲寺殿勝厳宗傑大居士

氏照
大石綱周養子
藤菊丸・源三・陸奥守・母瑞渓院殿
天正18・7・11没(49)
青霄院殿透岳宗関大禅定門

氏忠
実北条氏堯男カ
六郎・左衛門佐・大関斎
弘治2生カ
大関院殿大嶺宗香大居士

氏光
実北条氏堯男カ
竹王丸・四郎・右衛門佐
西来院殿柏岳宗意大禅定門

- 北条宗哲養子・後、上杉輝虎養子
  西堂丸・三郎・母遠山康光室妹
  天正7・3・24没（26）
  徳源院要山浄公
- 北条氏繁室
  七曲殿
  某年月18没
  新光院殿窓泰太空大姉
- 千葉親胤室
- 太田氏資室
  長林院
- 今川氏真室
  早河殿　母瑞渓院殿
  慶長18・2・15没（67カ）
  蔵春院殿天安理性禅定尼
- 足利義氏室
  母瑞渓院殿
  天正9・6・15没
  浄光院殿円桂宗明大禅定尼
- 武田勝頼室
  天正10・3・11没（19）
  桂林院殿本渓宗光
- 円妙院殿
  氏政妹
  円妙院殿明菴宗勝大姉
- ＝太田康資室
  実遠山綱景娘　氏康姪
  天正16・3・27没（47）
  法性院宗覚日悟
- ＝吉良氏朝室
  実北条宗哲娘

系図11　北条氏康とその妻子

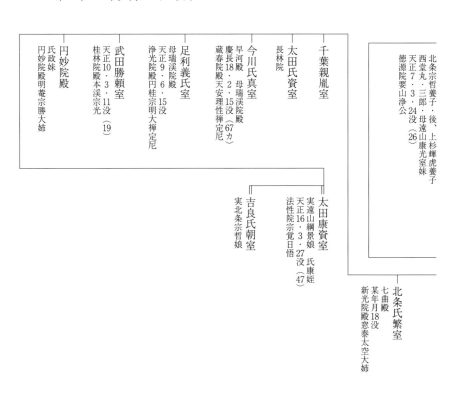

■北条新九郎氏親（天用院殿）　氏康の長男で、最初の嫡子とみられる。それゆえ、母は瑞渓院殿とみなされる。元服は、父氏康の仮名新九郎呼称との関係から、天文二十年（一五五一）末頃と考えられる。しかし、史料上の所見はなく、同二十一年三月二十一日に死去、法名を天用院殿雄岳宗栄大禅定門といったことが知られていたにすぎなかった。[*12]

ところが近年、「大宅高橋家過去帳」に、

天用院殿雄岳宗栄大禅定門
天文廿一辛亥年参月廿一日
小田原滅、十六也、
俗名新九郎氏親云、

という記載がみられることが確認された。これにより、天文二十一年に小田原で十六歳で死去したこと、逆算による生年は天文六年であったこと、実名は「氏親」といったことが知られる。生年については、死去の前年末頃に元服したと推定されるので、極めて妥当である。[*13]

しかも、「氏親」の実名は、すでに北条氏関係史料のなかに確認されていたものであった。すなわち、「喜連川文書《きつれがわもんじょ》」に古河公方足利義氏の代における北条氏一族の和歌短冊集が収められているが、そのなかに「氏親」の名がみえていた。[*14]同短冊集のうち、系譜的位置が不明のものに氏能《うじよし》・氏親・氏冬《うじふゆ》の三人があったが、これにより氏親は、新九郎（天用院殿）にあたることが明らかになった。また、この短冊集の存在によって、同過去帳記載の信憑

＊12　「北条家過去帳」小I四六八）

＊13　「北条氏康の子女について」（黒田基樹・浅倉直美編『北条氏康の子供たち』宮帯出版社、二〇一五年）

＊14　萩原龍夫「後北条氏の文化」（同著『中世東国武士団と宗教文化』〈中世史研究叢書9〉岩田書院、二〇〇七年）

性も確保されるものと考えられる。

なお、実名の氏親は、瑞渓院殿の父今川氏親と同名にあたる。これは偶然とは考えられないので、氏康は、正室瑞渓院殿の父の実名をあえて付けたと考えられる。その意味は明らかではないが、今川氏親の存在を強く意識しての行為であったことは間違いないとみられる。

また、幼名については、同十八年十月七日に飛鳥井雅綱《あすかいまさつな》から蹴鞠伝授書《けまりでんじゅしょ》を与えられている、北条西堂丸《せいどうまる》・同松千代丸*15のどちらかが、新九郎氏親のそれにあたる可能性がある。このうち幼名西堂丸は、後に六男景虎の幼名としてみられるので、景虎誕生時には死去していたとみなされる。とするならば、西堂丸は新九郎氏親の幼名であったと考えられる。他方の松千代丸は、次男氏政の幼名と考えられるだろう。

■北条氏照　氏康の三男。母は、正室今川氏親の娘（瑞渓院殿）と伝えられている。生年は明らかでなく、天文九年（一五四〇）・同十年・同十一年生まれなど諸説があるが、兄氏政が同八年生まれであることを前提にすると、『小田原編年録』（名著出版影印刊本）所収「北条系図」が引用している菩提寺宗閑寺《そうかんじ》の寺記に、享年四十九とあり、それによる天文十一年生まれ説が最も有力とみられる。幼名は藤菊丸《ふじぎくまる》といった。元服後は、仮名源三、次いで受領《ずりょう》名陸奥守を称した。

弘治元年（一五五五）十一月に下総葛西城で行われた古河公方足利義氏の元服式に、氏

北条氏照の花押（1）永禄四年ごろのもの

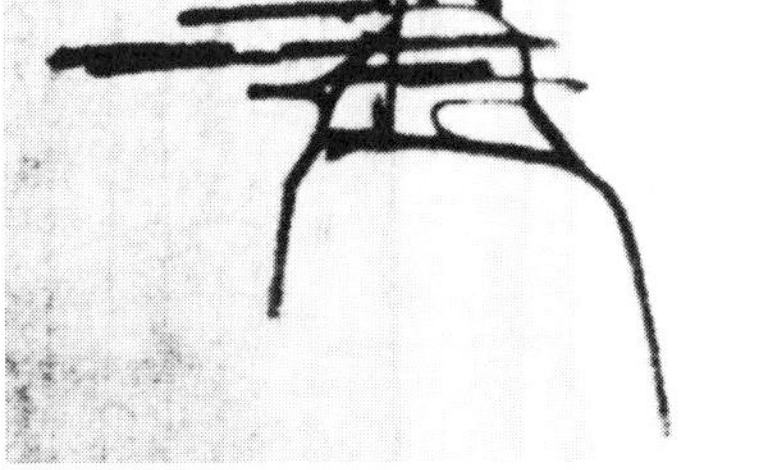

北条氏照の花押（2）天正三年のもの

『義烈百首』に描かれた北条氏照

康に従って参加しているのが、史料上の初見。後に義氏の後見役を務めるが、このときから予定されたものだったとみられる。

翌二年五月二日に、相模座間《ざま》郷の鈴《すず》鹿《か》明《みょう》神社（神奈川県座間市）を再興している。同郷は、武蔵国衆《くにしゅう》で由井《ゆい》城主大石綱周《おおいしつなかね》の所領だったから、このときには綱周の養子になっていた。綱周は前年までしか史料にみえないので、このときすでに家督を継いでいた可能性も高い。永禄二年（一五五九）十一月には、由井領[*16]支配の文書を出している。

元服後は、大石綱周の仮名源三を称した。名字は初め大石名字を称したが、永禄十一年十二月には北条名字を称している。永禄四年七月に、北条氏が武蔵勝沼《かつぬま》領[*17]の三田《みた》氏を滅ぼすと、同領を併合した。同六年から同十年までの間に、新たに滝山《たきやま》城（東京都八王子市）を築き、本拠を移した。その後さらに、天正八年（一五八〇）から同九年の間に八王子城（八王子市）を築き、本拠を移している。

また、永禄十年から古河公方への取次を務め、同十一年から同家宿老野田《のだ》氏の本拠だった下総栗橋《くりはし》城（茨城県五霞町）を管轄し、後に城代として宿老布施景尊《ふせかげたか》を置いた。そして天正二年から、公方家の後見を務めるようになっている。

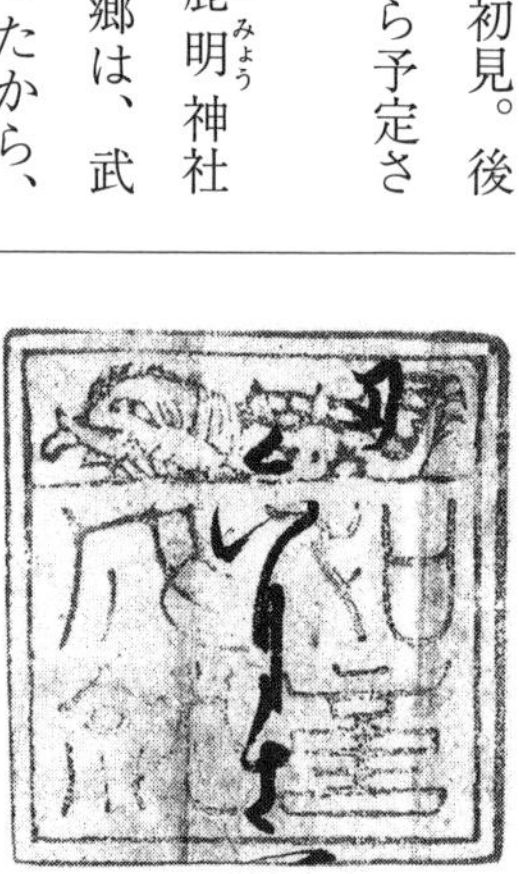
北条氏照の印判（1）「如意成就」

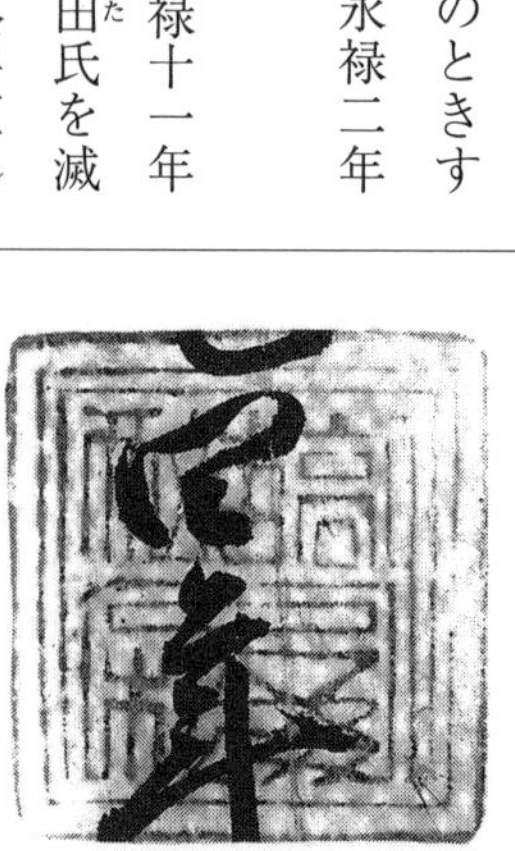
北条氏照の印判（2）印文不詳

＊15　「内閣文庫所蔵文書」戦四七九二〜三

＊16　由井領　武蔵国多摩郡にあった由井城を中心とした領域。大石氏の本領。なお、現在の東京都八王子市下恩方町にある浄福寺

同四年二月からは下野小山《おやま》領[*18]も管轄し、小山城（栃木県小山市）に大石照基《てるもと》、榎本《えのもと》城（同栃木市）に近藤綱秀《こんどうつなひで》をそれぞれ城代として置いた。さらに同十二年からは、下野藤岡《ふじおか》城（同栃木市）をも管轄するようになっている。

永禄年間から、北関東から奥羽《おうう》の領主層への指南《しなん》[*19]や取次を務め、管轄する領域の広大さから、氏政・氏直期の北条氏を支える重要な役割を果たした。天正十八年の小田原合戦では小田原城に籠城したが、合戦後、責任を問われ、七月十一日に兄氏政とともに自害させられた。法名は青霄院殿《せいしょういんでん》透岳宗関大禅定門。享年は四十九か。

（北条）氏康
- 氏政
  - 氏直
  - 直重
  - 源蔵
- 氏照（大石綱周養子）　藤菊丸・源三・陸奥守　天正18・7・11没（49）　青霄院殿透岳宗関大禅定門
  ＝女子（大石綱周の娘）　豊・比佐カ　天正18・6・23もしくは文禄元・8・22没　天桂院殿輝窓祐晃大姉
  - 山中頼元室　天正16・8・26没　霊照院殿中室貞心大姉
  - 直重　実北条氏政男
  - 源蔵　実北条氏政男

（大石）綱周
- 女子

系図12　北条氏照関係系図

■氏照の妻子

氏照の妻は、養父大石綱周の娘とみられる[*20]。大石氏関係の系図類では、前代の道俊《どうしゅん》の娘とするものが多いが、氏照とは世代が合わないうえ、それらでは道俊の子綱周の存在が脱落しているから、誤って伝えられたとみられる。名は「お豊」[*21]とも、「比左」[*22]ともされる。

城を由井城に比定する説が近年出されている（齋藤慎一「戦国期「由井」の政治的位置」『中世東国の道と城館』東京大学出版会、二〇一〇年所収）。

*17　勝沼領　武蔵国多摩郡にあった勝沼城を中心とした領域。三田氏の本領。三田氏滅亡後は氏照家臣の師岡将景が城主となり、師岡城と改名。

*18　小山領　下野国都賀郡にあった小山城（祇園城とも）を中心とした領域。小山氏の本領。

北条氏照の墓　東京都八王子市

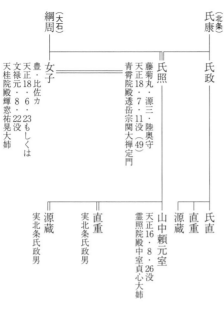

「宗関寺記録」によれば、天文十六年（一五四七）生まれで、文禄三年（一五九四）八月二十三日の死去、享年四十八といい、法名は月霄峯（院か）暉窓祐晃尼庵主とされる。また、「永林寺《えいりんじ》過去帳」では、死去は八王子城落城の天正十八年六月二十三日、法名は天桂院殿輝窓祐晃禅定尼とされている。*23

子女は、実子として女子一人が伝えられている。北条氏の重臣山中《やまなか》大炊助頼元《よりもと》の妻で、天正十六年八月二十六日の死去、法名は霊照院殿《れいしょういんでん》中室貞心大姉といった。*24 夫頼元の所領相模東郡下溝《しもみぞ》（神奈川県相模原市）に菩提寺として天応院が建立された。同所は、「役帳」では「油井（由井）領」として挙げられているから、元来は氏照の所領であった。そこには「今ハ中山（山中）彦四郎」という、後代のものとみられる注記がある。山中彦四郎は、「小田原編年録」所収「山中系図」によって、頼元のことと推測される。おそらく同地は、氏照から娘の化粧料《けしょうりょう》*25として頼元に譲与されたとみられる。

頼元は、「役帳」では河越衆の「物主《ものぬし》*26」の一人としてみえる山中内匠助（頼次《よりつぐ》）の嫡子である。この山中氏は、後に河越衆から編成替えされ、当主直属となったようで、「小田原一手役之書立写」では「山中〈小田原・大炊助〉」と、頼元が独自の一手《いって》（軍団）として記載されている。「天応院過去帳」では、天文十八年十一月十六日の死去、法名は慈光院殿《じこういんでん》松岸永秀大居士とされている。*27『小田原編年録』所収「山中系図」では、頼元の法名は「栄周」とされており、「永秀」と同音であるから、この慈光院殿が頼元であることは間違いない。そうすると、その死去年は天文十八年ではありえないから、これは「天正十八年」の誤記

＊19　指南　戦国大名と国衆の間を仲介した取次の名称。大名の一門や重臣が務め、従属国衆に対する軍事指揮権を有した。

＊20　「異本小田原記」

＊21　「宗関寺記録」

＊22　「大石系図」（杉山博・栗原仲道『大石氏の研究』〈関東武士研究叢書2〉名著出版、一九七五年所収）

＊23　大石氏史跡調査研究会編「大石氏の研究」（拙編『武蔵大石氏』〈論集戦国大名と国衆1〉岩田書院、二〇一〇年）・『小田原編年録』所収「北条系図」

＊24　「天応院《てんおういん》過去帳」北島藤次郎『北条氏照とその周辺』（鉄生堂、一九九一年）

＊25　化粧料　中世、女子にその生存中に限って譲与された相続財産。一期分（前出）参照。

とみるのが妥当であろう。

氏照は男子がなかったため、兄氏政の子を養子にしたが、二人が伝えられている。一人は四男直重《なおしげ》で、早雲寺所蔵「平姓北条氏系図」に「北条陸奥守氏輝（氏照）子無シテ直重ヲ養子トス」とある。これについては、直重の子孫作成の「成立書并系図共」にも「伯父北条陸奥守養子ニ罷成申候」と記されており、その養子から数代は大石名字を称していることからみて、事実だった可能性は高い。直重は、天正十三年に下総千葉邦胤《くにたね》の婿養子として家督を継承し、そのまま小田原合戦を迎えるから、氏照の養子となったとすれば、それ以前のことと推測される。

もう一人は、六男源蔵《げんぞう》である。『小田原編年録』所収「北条系図」には「初ハ於鶴、後釆女、陸奥守養子」とある。幼名を鶴といい、氏照の養子となって仮名源蔵を称したことがうかがわれる。「源蔵」は氏照の仮名源三と同音であるから、正しくは源三であった可能性が高く、氏照のそれを襲用したと考えられる。氏照の養子となったとすれば、兄直重が千葉氏の養子になった後、それに代わって養子とされたと推測される。通称釆女を称したのは、その後のこととみられ、高室院所蔵「北条家系図」[*28]にも、同名で記載されている。

■**北条氏規**　氏康の四男。江戸時代以来、氏邦の弟で五男とするのが通説であったが、近時、氏邦は氏規の弟の可能性が指摘されるようになっており、そのため氏規が四男であったとみなされる。母は、正室今川氏親娘（瑞渓院殿）。天文十四年（一五四五）生まれ。幼

＊26　物主　軍団の指揮官のこと。

＊27　座間美都治『相模原の歴史』（私家版、一九七四年）

＊28　平塚市『北条家過去帳　北条家系図』。高室院所蔵「北条家系図」…高室院は紀州高野山の宿坊の一つ。小田原合戦後、北条氏直が同院に蟄居した縁で、北条氏の菩提所となり、小田原坊と呼ばれた。

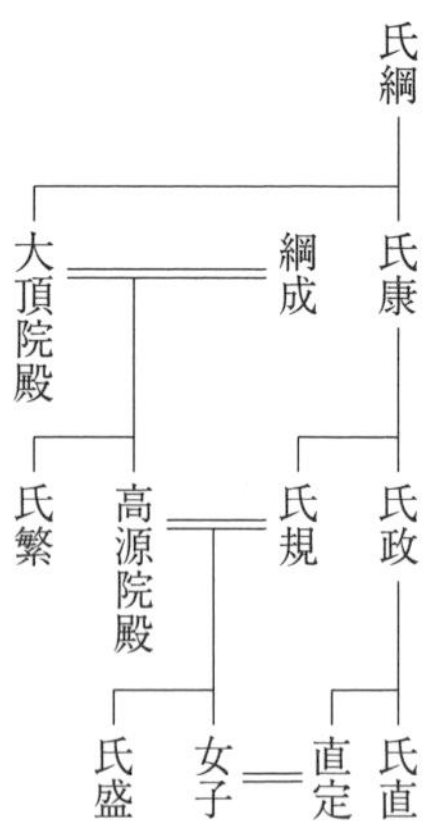

系図13　北条氏規関係系図

名は不明で、元服後は、仮名助《すけ》五郎《ごろう》、次いで官途名左馬助、受領名美濃守を称した。

弘治二年（一五五六）十月に、外祖母寿《じゅ》桂尼《けいに》（今川氏親後室）に預けられるかたちをとって、今川氏への人質として駿府に置かれていたことが、史料上の初見である[*29]。そこでは、氏康の「次男」と扱われている。瑞渓院殿所生の次男か、北条名字を称する次男か、といった立場にあったことによるとみられる。このうち前者については、瑞渓院殿所生では四男であったことが確実とみられるので、後者の意味によると考えられる。そしてそれは、具体的には兄氏政の後継スペアの地位とみなすことができそうである。

元服も今川義元のもとで行ったらしく、仮名助五郎は今川氏歴代の五郎に因んだものとみられる。永禄五年（一五六二）六月まで駿府居住が確認される。これまで、小田原帰還を示す初見は同八年正月であったが、近時、さらにそれをさかのぼる同七年六月には、北条領国での活動がみられるようになっており[*30]、その間に帰還したことがわかる。

なお、今川義元から与えられた消息では[*31]、単に仮名「助五郎」と記されているから、今川家の御一家衆の扱いにあったことがうかがえる。また、そこでは「かミ」の存在がみられ、氏規は駿府で婚姻していた可能性がある。今川家御一家衆において、仮名助五郎を称する家系に関口刑部少輔家があることからすると、氏規はその婿養子に入った可能性も想

八王子城跡　東京都八王子市

*29　『言継卿記』弘治二年十月二日条

*30　「小西八郎氏収集朝比奈文書」『狭山藩北条氏』二四頁

*31　「喜連川文書」戦四四三三

定できるが、これについてはなお今後の検討を必要としよう。

小田原帰還後には、玉縄北条綱成の娘（高源院殿）を妻に迎え、永禄九年七月には、二代玉縄城主北条為昌の菩提者の地位を綱成から継承している。同十年二月から、綱成より三浦郡支配を、父氏康から三浦衆の軍事指揮権をそれぞれ譲られ、三浦郡支配を管轄し、三崎城を本拠にした。

同十二年十一月から、武田氏との抗争のため伊豆韮山城に在城、以後、西方の軍事緊張時にはしばしば同城に在城するようになる。また、天正十五年（一五八七）頃から、上野館林城の城代を務め、館林領支配も管轄した。同城には、城代として南条昌治《なんじょうまさはる》を置いたらしい。

駿府生活期に徳川家康と知己だったため、永禄年間以降、家康との外交を担当し、その延長から羽柴秀吉との外交も担った。天正十六年八月、北条氏から秀吉への使者として派遣され、秀吉に出仕している。同十八年の小田原合戦では韮山城に籠城、六月二十四日に開城した。

戦後、当主氏直に従って高野山に入ったが、翌十九年に氏直にあわせて秀吉から赦免され、知行約七千石を与えられた。慶長五年（一六〇〇）二月八日に死去し、法名は一睡院《いっすいいん》殿《でん》勝誉宗円大居士。享年は五十六であった。

■氏規の妻子　氏規の妻は玉縄北条綱成の娘で、嫡子氏盛《うじもり》以下四男三女の母とされている。

北条氏規の花押（1）

北条氏規の花押（2）

- 氏規　助五郎・左馬助・美濃守・一睡　母瑞渓院殿　慶長5・2・8没（56）　一睡院殿勝誉宗円大居士
  - ＝北条綱成娘　寛永5・6・14没　高源院殿玉誉妙願大禅定尼
  - 氏盛　北条氏直養子　助五郎・美濃守　母北条綱成娘　慶長13・5・18没（32）　松林院殿浄誉心徹大禅定門
    - ＝船越景直娘　寛文6・2・10没（85）　法光院殿貞誉清心禅定尼
    - 氏信　初名氏勝　太郎助・美濃守　寛永2・10・24没　竜興院殿梅潤宗雪大居士
    - 熊丸
    - 氏利　久五郎・右近大夫　寛文12・11・12没　大通院殿寂源宗湛大居士
    - 氏重　民部少輔　寛永13・7・8　月岑常光禅定門
    - 女子
  - 菊千代　早世
  - 勘十郎　竜千代カ　慶長5・1・21没（21）　松竜院殿月照梅翁大禅定門
  - 松千代　早世
  - 北条直定室　元和3・6・18没　智清禅定尼
  - 白樫三郎兵衛室　元和元・9・5没　安養院殿光誉松顔大禅定尼
  - 東条長頼室

系図14　北条氏規とその子孫

曾孫氏宗《うじむね》（氏盛の孫）の代の寛永五年（一六二八）に死去している。文禄四年（一五九五）の「京大坂之御道者之賦日記」[*32]に、「美濃守殿（氏規）御前さま」とあるのは、当時の史料での

北条氏規の花押（3）

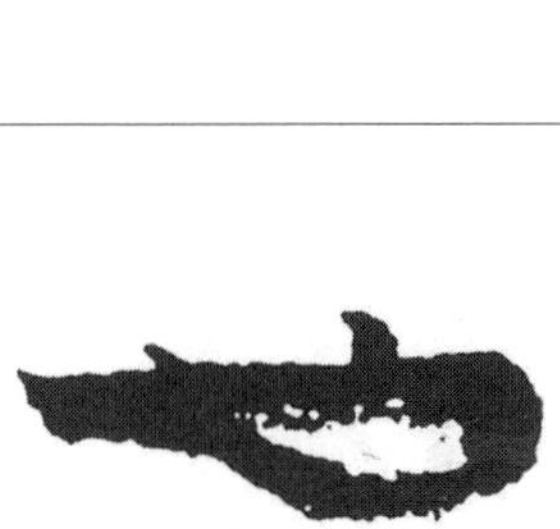
北条氏規の花押（4）

唯一の所見となる。また、そこにはそれに続いて「同御つほねさま」がみえていて、氏規の側室ないし妾《めかけ》の存在が知られる。誰の母なのかは不明だが、嫡子氏盛が正室高源院殿の所生であれば、当時生存していたなかで考えると、三男勘十郎（竜千代）の母の可能性などが想定されるだろう。

氏規の子女については、『寛永諸家系図伝』などでは四男三女が挙げられている。男子は長男氏盛・次男菊千代・三男勘十郎・四男松千代、女子は北条直定《なおさだ》室・白樫《しらかし》三郎兵衛室・東条長頼《とうじょうながより》室である。この他、当時の史料に「濃州様（氏規）二番め竜千代殿」[*33]と、次男として竜千代の存在が確認される。系図では三男勘十郎についてのみ幼名が伝えられていないから、竜千代がそれにあたる可能性が想定される。次男菊千代・四男松千代はいずれも早世と伝えられるだけであるから、次男菊千代が早世したため、三男であった竜千代が次男と称されたと考えれば、それらを整合的に解釈できる。長男氏盛については別に取り上げるので、ここではそれ以外についてみていきたい。

三男の勘十郎は、天正八年（一五八〇）生まれで、幼名竜千代を称したとみられる。竜千代に関しては、天正十五年三月二十一日に、氏規は家臣朝比《あさひ》奈《な》泰寄《やすより》をその陣代に任じている。[*34]同十八年正月に、氏規は竜千代の被官をすべて本拠の三崎城か小田原城に籠城させているから、[*35]すでに竜千代衆ともいうべき、独自の家臣団が編成されていたことが知られる。

北条氏滅亡後は父氏規と行を共にし、同十九年十二月二十七日には在京していることが

＊32「御師関係文書断簡」（『埼玉県史料叢書12』参二八）
＊33「高室院文書」戦四三一九
＊34「朝比奈文書」戦三〇六七
＊35「岡本文書」戦三六〇六
＊36「高室院文書」戦四三一九
＊37「御師関係文書断簡」（『埼玉県史料叢書12』参二八）

北条氏規の印判「真実」

知られる。[*36] 文禄四年（一五九五）の「京大坂之御道者之賦日記」[*37] にも、氏規・氏盛に続いて「北条御辰様」とみえている。[*38] その後の動向は不明であるが、勘十郎と同一人物とすれば、彼は羽柴秀次《はしばひでつぐ》に仕えたとされる。そうすると、竜千代の在京は京都聚楽第《じゅらくてい》の秀次に仕えたものととらえられる。そして、同年に秀次が改易された後は、徳川家康に仕えたという。慶長五年正月二十一日に死去し、享年は二十一、法名は松竜院殿《しょうりゅういんでん》月照梅翁大禅定門といった。[*39]

氏規の娘が嫁した北条直定は、氏政の五男で氏邦の養子となった人物である。氏直に従って高野山に蟄居《ちっきょ》したが、その後の動向は不明である。子に内記氏時《ないきうじとき》があり、後に紀伊徳川頼宣に仕えた。直定室は、元和三年（一六一七）六月十八日に死去し、法名を智清禅定尼といった。[*40] なお、その日牌《にっぱい》は子の氏時によって、紀伊入国後の同九年に建立されたものである。

白樫三郎兵衛室は、元和元年（一六一五）九月五日に死去し、法名は安養院殿《あんよういんでん》光誉松顔大禅定尼といった。[*41] 兄氏盛の子氏信の庇護をうけ、その所領であった河内滝畑村（大阪府河内長野市）で死去したとみられている。夫の白樫三郎兵衛は、秀吉以来の羽柴家家臣であったが、羽柴家の滅亡（大坂の陣・一六一五年）後は越前松平氏の家臣となっている。[補注1]

東条長頼室については、具体的なことは伝えられていない。夫の東条長頼は、受領名紀伊守を称した。父行長《ゆきなが》が秀吉の家臣から家康の家臣に転じたのにともない、当初から家康に仕えたとされ、家康の旗本家臣である。[*42]

北条勘十郎が仕えた羽柴秀次　京都市・瑞泉寺蔵

＊38　「小田原落城後の北条氏一族」（『日本歴史』七八五号、二〇一三年）

＊39　「北条家過去帳」

＊40　「北条家過去帳」

＊41　「北条家過去帳」

＊補注1　『戦国大名・北条氏直〈角川選書六四五〉』（ＫＡＤＯＫＡＷＡ、二〇二〇年）・大阪狭山

■狭山藩祖北条氏盛　氏盛は、天正五年（一五七七）生まれ。母は北条綱成の娘高源院殿とされる。同十七年十一月十日に氏直のもとで元服し、氏直から通字を授けられて、実名を氏盛と称した。また、仮名は父氏規と同じ助五郎を称した。*43 時に十三歳である。小田原合戦後は、父氏規らとともに氏直に従って高野山に蟄居し、翌天正十九年に氏直が秀吉に赦免されると同時に、氏盛も赦免されたとみられる。

同年八月から九月にかけての陸奥九戸《くのへ》政実《まさざね》の乱*44では、徳川家康に従って従軍している。そして同年十二月に、本家氏直の遺跡《ゆいせき》継承者として認められ、名跡と遺領の一部である下野足利領四〇〇〇石を継承したとされる。翌文禄元年（一五九二）には、秀吉の「唐入《からい》り」に従軍し、肥前名護屋《なごや》（佐賀県唐津市）に在陣している。さらに慶長五年（一六〇〇）四月には、父氏規の遺領七〇〇〇石の相続を認められ、合わせて一万一千石を領した。

同年の関ヶ原合戦では、まず六月に、徳川家康による会津上杉景勝《かげかつ》追討に従軍し、下野小山（小山市）まで赴いたが、次いで七月に中央で石田《いしだ》三成《みつなり》らが挙兵すると、反転して西上する家康軍に従い、九月の関ヶ原合戦では家康家臣西尾吉次《にしおよしつぐ》の一手に属して参戦した。そのため戦後は、そのまま所領を安堵されたが、下野四〇〇〇石については都賀郡《つがぐん》一二ヶ村とされているから、足利領からの知行替えがあったとみられる。翌六年五月十一日には、従五位下・美濃守に任官している。*45 そして、同十三年五月十八日に死去した。享年は三十二、法名は松林院殿《しょうりんいんでん》浄誉心徹大禅定門といった。*46

市教育委員会編『さやまのお殿様』（二〇一九年）

*42 『寛永諸家系図伝』　*43 「北条文書」戦三五四二

*44 九戸政実の乱　天正十九年（一五九一）三月に南部一族の有力者九戸政実によって引き起こされた、南部氏当主南部信直および羽柴政権に対する反乱。同年九月、羽柴秀次を総大将とする中央軍によって鎮圧された。

名護屋城跡　佐賀県唐津市

その妻は、元秀吉の家臣で後に徳川氏家臣となった船越《ふなこし》五郎右衛門尉景直《かげなお》の娘で、天正十年生まれ。氏信《うじのぶ》・氏利《うじとし》・氏重《うじしげ》の三子の母である。嫡子氏信は慶長六年生まれであるから、婚姻は羽柴政権期に行われた。嫡孫氏宗《うじむね》（氏信の子）の代の寛文六年（一六六六）二月十日に死去し、享年は八十五、法名は法光院殿《ほうこういんでん》貞誉清心禅定尼といった。[*47]

なお、氏盛の子女については、「土気酒井記《とけさかいき》」所収北条家系図（高室院所蔵「北条家系図」の系統）では、氏信と氏利の間に次男として熊丸、他に女子一人があげられている。これにより、氏盛には四男一女があったことが知られる。

氏盛の家督は、八歳の嫡子氏信が継承し、氏信のときの元和二年（一六一六）に河内狭《さ》山《やま》に所領支配のための陣屋が構築された。そのため、同氏は狭山藩と通称されている。以後、その子孫は代々狭山を本拠とし、一万石を領して大名としての格式を維持し、明治維新を迎える。

■**北条氏邦**　氏康の五男。江戸時代以来、氏規の兄で四男とするのが通説であったが、近時、浅倉直美氏によって、天正十三年（一五八五）に奉納した法楽寺薬師堂十二神将像胎内銘[*48]のうち、申像に「氏邦本命」とあることから、生年は申年の天文十七年（一五四八）の可能性が高く、氏規よりも三歳年少であったことが指摘された。[*49]

また、母についても江戸時代以来、正室今川氏親娘（瑞渓院殿）と伝えられていたが、氏康生前期において、兄弟のなかでの序列が氏規や義弟の氏忠よりも下位であったことな

狭山藩陣屋跡の碑　大阪府大阪狭山市

*45　「北条文書」戦四五九一～二

*46　「北条家過去帳」

*47　「北条家過去帳」

*48　戦二八四一

*49　「北条氏邦の生年について」（『戦国史研究』七四号、二〇一七年）

*50　「岩本院文書」戦四九一一

*51　「北条氏康の子女につい

どから、[50]庶出とみるのが適当であり、[51]そのうえで浅倉直美氏は、筆頭宿老の三山綱定の姉妹の可能性が高いことを指摘している。[52]

幼名は乙千代丸《おとちよまる》といい、元服後は仮名新太郎、次いで受領名安房守を称した。武蔵国衆で天神山《てんじんやま》城主藤田泰邦《ふじたやすくに》の婿養子になって、家督を継承した。永禄四年（一五六一）十二月に、家臣秩父《ちちぶ》衆に本領安堵の判物《はんもつ》[53]を出しているのが史料上の初見である。同五年十月か

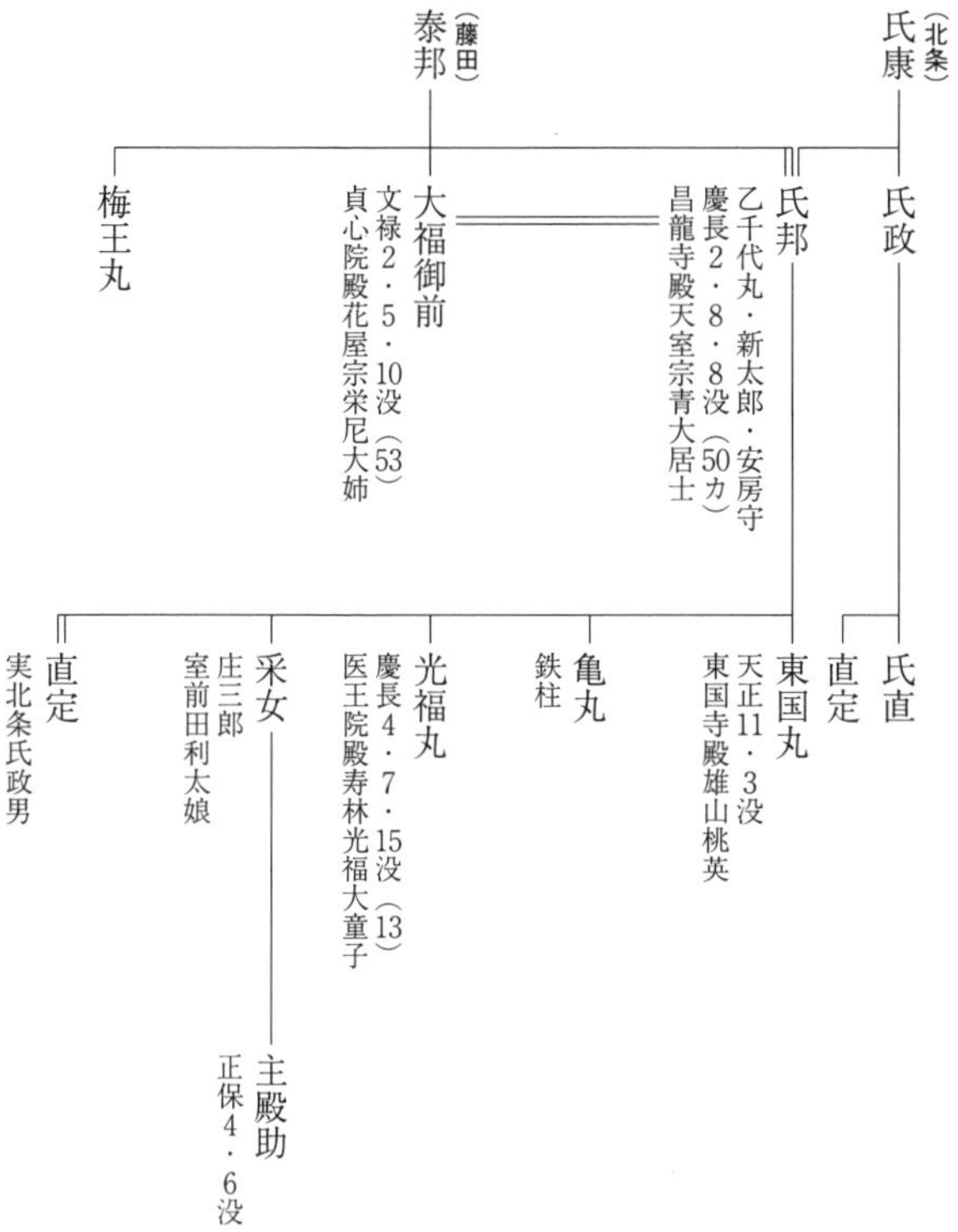

系図15　北条氏邦関係系図

て」（黒田基樹・浅倉直美編『北条氏康の子供たち』宮帯出版社、二〇一五年）

北条氏邦の花押（1）

北条氏邦の花押（2）

ら同七年六月の間に元服し、名字は初め藤田名字を称し、天正十年（一五八二）まで同名字を称したが、同十五年十一月には北条名字を称している。

永禄十一年十月から同十二年二月の間に、鉢形《はちがた》城を再興して本拠を移している。元亀三年（一五七二）十一月に、武田氏との「国分《くにわけ》」により、武田氏方の国衆長井《ながい》氏から御嶽《みたけ》城を引き渡されると、御嶽領を併合した。上野国衆への指南を多く務め、天正六年以降、北条氏が上野に進出すると、沼田城を管轄。城代として猪俣邦憲《いのまたくにのり》、用土《ようど》新六郎（のち藤田信吉）を置いた。

同十年の織田氏宿老滝川氏の没落後、再び北条氏は上野に進出すると、箕輪《みのわ》城（群馬県高崎市）に入り、箕輪領支配を管轄した。同十四年以降になると、兄で嫡出の氏規よりも政治的序列が上位に位置付けられるようになっている。[*54] このことから氏邦は、この頃に氏康後室の瑞渓院殿と養子縁組して、嫡出の体裁がとられたことを意味しているとみなされる。[*55] その後に氏邦が北条名字に復しているのは、これとも関係していたと思われる。

同十五年になると、支配権限も拡大され、箕輪城に猪俣邦憲、大戸《おおと》城に斎藤定盛《さだもり》を置いた。同十七年七月、羽柴秀吉の裁定によって沼田城が真田《さなだ》氏から引き渡されると、同領支配を管轄し、猪俣邦憲を置いた。その猪俣が引き起こした名胡桃《なぐるみ》城（群馬県みなかみ町）奪取事件[*56]が、小田原合戦の直接の原因となる。

同十八年の小田原合戦では鉢形城に籠もったが、六月初旬から羽柴軍から攻撃され、十四日に開城、氏邦は剃髪《ていはつ》して降伏した。城下の正龍寺《しょうりゅうじ》に隠遁《いんとん》したという。その後、秀

北条氏邦の花押（3）

北条氏邦の花押（4）

＊52　浅倉直美「北条氏邦」（黒田基樹・浅倉直美編『北条氏康の子供たち』宮帯出版社、二〇一五年）

＊53　判物　戦国期以降、将軍・大名・領主が自ら花押を据えて発給した文書。所領安堵などを行う際に用いられた。

吉から攻撃軍の大将の一人前田利家《まえだとしいえ》に預けられ、合戦後は利家に従って加賀に移った。利家から知行千石を与えられ、その家臣になっている。

文禄四年（一五九五）の「京大坂之御道者之賦日記」[*57]に、「北条房州入道殿様」とみえ、「只今ハのとノ二ノ宮と申所ニ御座候」と注記されていて、能登二宮（石川県中能登町）に在所したことが知られる。

慶長二年（一五九七）八月八日に死去した。法名は昌竜寺殿《しょうりゅうじでん》天室宗青大居士。享年は五十か。

■氏邦の妻子　氏邦の妻は養父藤田泰邦の娘で、大福御前《おふくごぜん》と称されている。天文十年（一五四一）生まれで、文禄二年（一五九三）五月十日に死去し、享年は五十三、法名は貞心院殿《じょうしんいんでん》花屋宗栄尼大姉と伝えられている。[*58]これが事実であれば、氏邦よりも七最年長であったことになる。

氏邦の子女については、長男東国丸・次男亀丸・三男光福丸・四男庄三郎（釆女）の四人の男子と、養子として氏政の五男直定があった。

長男の東国丸は、天正十一年（一五八三）三月に死去し、法名は東国寺雄山桃英とされる。[*59]次男の亀丸は、出家して法名鉄柱《てっちゅう》と称したという。九月晦日付で氏邦が正龍寺方丈に宛てた書状[*60]に、「明日亀丸得度《とくど》致し、鉄柱と呼び候由、感じせしめ候」と述べている。その後の動向については伝えられていない。幼少から僧になっているところをみると、武

＊54　「小田原一手役之書立写」戦四二九五

＊55　「北条氏康の子女について」（黒田基樹・浅倉直美編『北条氏康の子供たち』宮帯出版社、二〇一五年）

北条氏邦の印判（1）

北条氏邦の印判（2）

将にはふさわしくない理由があったのかもしれない。三男以下は、小田原合戦時には幼少であったとみられるから、長男東国丸の死去をうけて、氏邦は兄氏政の五男直定を養子に迎えたのではないかと推測される。

三男の光福丸は、天正十五年生まれとされる。鉢形落城後は旧臣町田氏に養育されたといわれ、慶長四年（一五九九）七月十五日に死去し、享年は十三、法名は医《い》王院殿《おういんでん》寿林光福大童子とされる。*61

四男の庄三郎（少三郎とも）は、「利家夜話」などによると、初め京都紫《むらさき》野《の》大徳寺《だいとくじ》で喝《かっ》食《しき》*62となっていた。これについては、文禄四年（一五九五）の「京大坂之御道者之賦日記」*63に、「京紫野ニ御座候北条御かしきさま」とあり、世間周知の存在であったことが知られる。*64

慶長二年に父氏邦が死去すると、前田利家は彼を召しだし、元服させて北条庄三郎と称させ、氏邦の遺領一〇〇〇石を相続させたという。その後、通称を采女と改め、利家の甥前田慶《けい》次《じ》郎《ろう》利太《としおき》の娘を妻に迎えた。*65 慶長十七年（一六一二）・十八年頃のものという「慶長之侍帳」に、山下兵庫・江守半兵衛組のうちに「一〈越中〉千石　人馬三拾人　北条采女」とみえ、元和年間（一六一五～二四）の「元和之初金沢侍帳」に、大西金右衛門・滝川玄蕃組のうちに「同（千石）　北条采女」とみえている。

その後、采女は死去し、子の主殿助が家督を継ぎ、「寛永四年（一六二七）侍帳」に、滝川玄蕃・大西金右衛門組のうちに「一　千石　北条主殿助」とみえている。主殿助は、正保四年（一六四七）六月に病死した。男子がなかったため、知行は収公され、娘に五人扶

北条氏邦の居城・鉢形城跡　埼玉県寄居町

*56　名胡桃城奪取事件　天正十七年（一五八九）の羽柴秀吉の裁定により、上野沼田領のうち、名胡桃城を含めた三分の一は真田領、残りの三分の二は北条領と定められた。ところが、同年十一月に氏邦家臣の猪俣邦憲が名胡桃城を突如として占領。この行為は秀吉の激しい怒りを買うこととなった。

*57　「御師関係文書断簡」（『埼玉県史料叢書12』参二八）

持が与えられた。*66 これにより、前田氏家臣北条氏は断絶した。

■上杉景虎　氏康の六男で、母は重臣遠山康光室の妹とみられる。幼名は西堂丸といった。これは長兄新九郎氏親（天用院殿）のそれを襲用した可能性がある。元亀元年（一五七〇）三月に越後上杉謙信の養子となったとき、十七歳と伝えられているので、*67 その生年は天文二十三年（一五五四）である。

永禄十二年（一五五三）十二月に久野北条宗哲の次男氏信《うじのぶ》の戦死により、宗哲の娘を妻として、その婿養子となった。おそらく、その年末に元服して、仮名三郎を称したとみられる。この仮名は宗哲の長男三郎（宝泉寺殿《ほうせんじでん》）のそれを襲用したものである。同時に実名を名乗ったとみられるが、これは伝えられていない。

なお、「喜連川文書」に北条氏一族の和歌短冊集が収められており、*68 そこには氏康・氏政・氏直・氏規・氏堯・氏照・氏光・氏忠・氏邦・氏能《うじよし》・氏親・氏冬・範以《のりもち》がみえている。氏康・氏政・氏直は北条氏本宗家、氏堯は氏康の弟、氏親は氏政の兄、氏照・氏邦・氏規は氏政の弟、氏忠・氏光は氏堯の子とみられる。

残る氏能・氏冬・範以は、これが唯一の所見である。このうち範以は、実名から考えて今川氏真の嫡子である可能性がある。これらは、それぞれの生存年代から同時期のものではないが、古河公方足利義氏の和歌とともに収められているから、義氏の代のものであったことは間違いない。そのなかに三郎の実名が含まれている可能性は高いとみられ、氏能

---

*58 「正龍寺過去帳」・「狭山藩史料一」所収北条家系譜

*59 「新編武蔵国風土記」

*60 「正龍寺文書」戦三九九七

*61 「鉢形城之由来並町田家譜」、田尻高樹「武蔵鉢形城における二、三の問題」（浅倉直美編『北条氏邦と猪俣邦憲』〈論集戦国大名と国衆3〉岩田書院、二〇一〇年）

*62 喝食　禅寺で朝昼の食事時に諸僧へ食事の種類や進め方を知らせた稚児のこと。喝は「称える」の意。

*63 「御師関係文書断簡」（『埼玉県史料叢書12』参二八）

*64 「小田原落城後の北条氏一族」（『日本歴史』七八五号、二〇一三年）

*65 「温故集録《おんこしゅうろく》」

*66 「古組帳抜粋」

*67 「北条五代記」

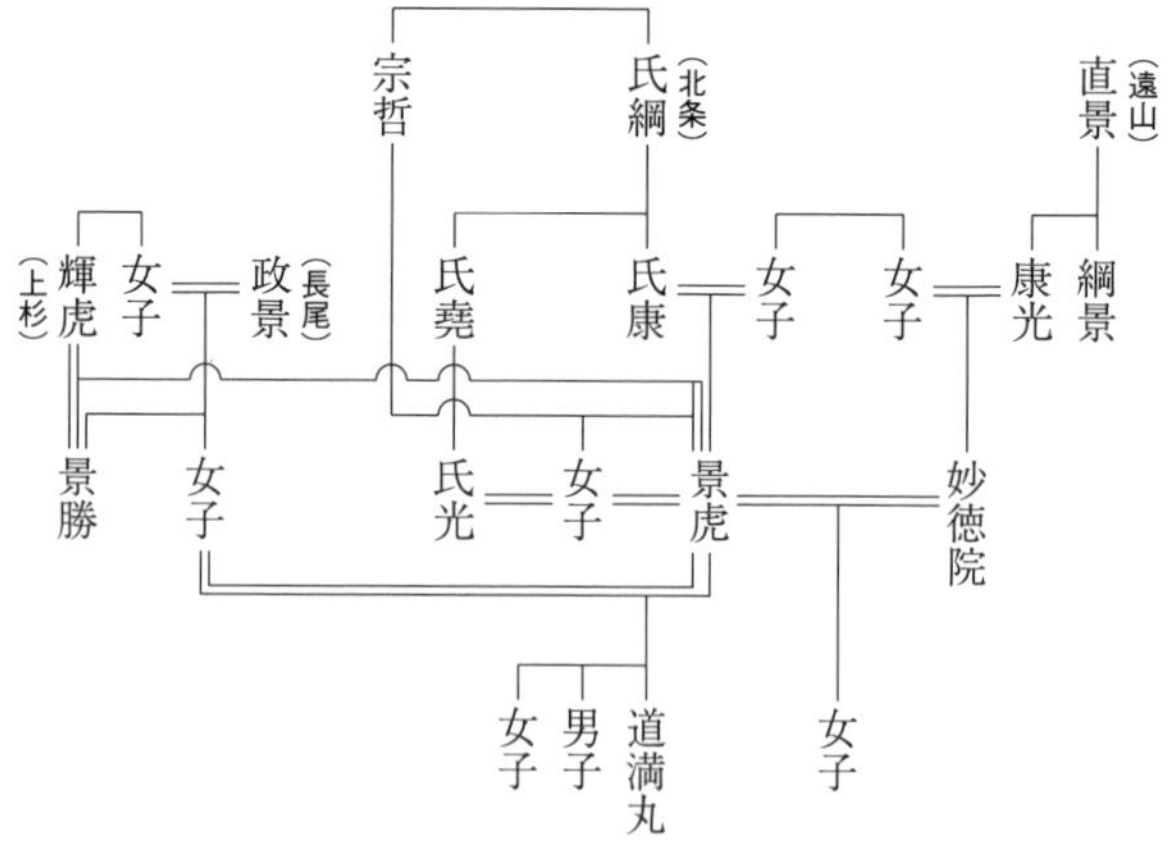

系図16　上杉景虎関係系図

か氏冬であると思われる。もう一方は、やはり実名が不明なままの、宗哲長男の三郎（宝泉寺殿）かもしれない。

しかし、翌元亀元年二月に、越後上杉氏との同盟締結のための条件の一環として、上杉謙信の養子とされた。[*69] これにともなって、宗哲の娘とは離別されたとみられる。三郎は三月五日に小田原を出立し、同十日に上野沼田城（群馬県沼田市）に到着して、翌日に謙信と対面を遂げた。[*70] 同二十五日に謙信の本拠春日山《かすがやま》城（新潟県上越市）で養子縁組を遂げ、その初名である景虎の実名を与えられ、[*71]以後、上杉三郎景虎と名乗った。

景虎は、謙信の後継者として迎えられた。同時に、謙信の姉婿長尾政景《まさかげ》の次女を妻に迎え、翌二年に嫡子道満丸《どうまんまる》が生まれている。この他、一男一女があり、両者の間には計二男一女の子女があったことが知られている。

元亀二年末の越相《えっそう》同盟崩壊後も、そのまま謙信の養子として存在した。しかし、同三年に一歳年少の義兄長尾喜《き》平次《へいじ》顕景《あきかげ》が謙信の養嗣子に定められて上杉景勝と改名し、同六年

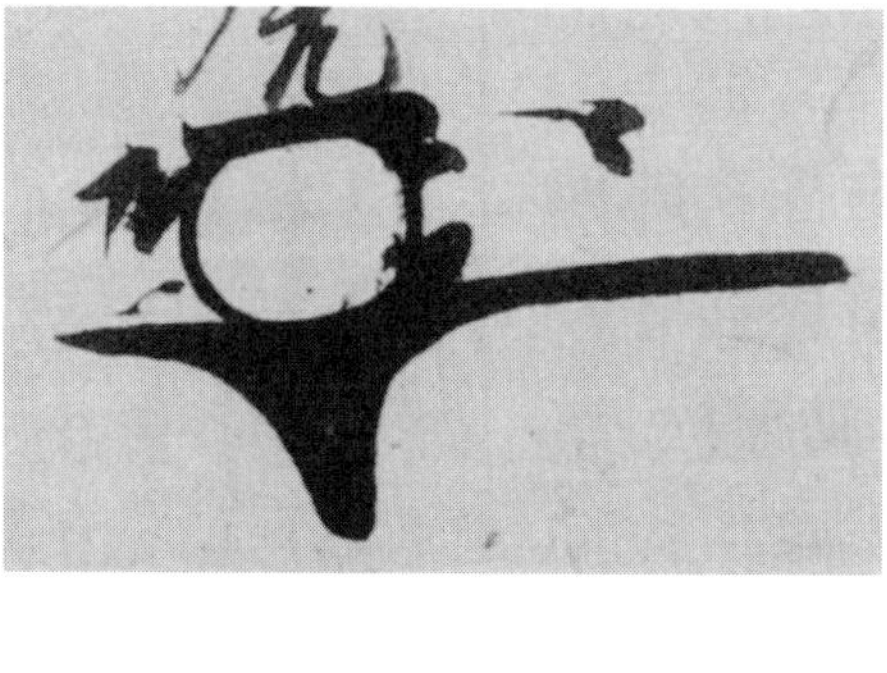
上杉景虎の花押（1）

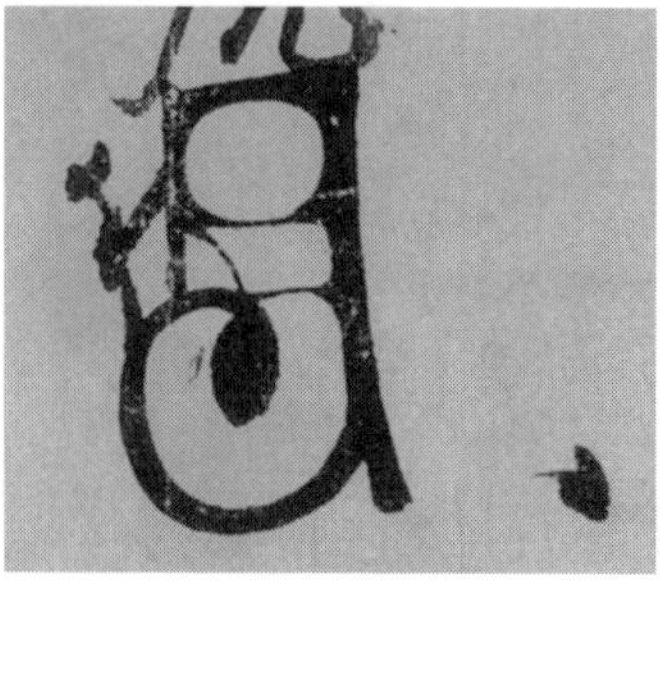
上杉景虎の花押（2）

三月十三日に謙信が死去すると、景勝が家督を継いだ。だがその後、家中内で抗争が生じ、反対派に擁立されて、五月に春日山城から退去し、前関東管領山内上杉憲政の屋形である府中《ふちゅう》御館《おたて》（上越市）に籠もった。以後、景勝との間で上杉氏領国を二分して、家督をめぐる内乱が展開された。いわゆる越後御館の乱である。

同乱における景虎の動向については、桜井真理子氏*72や今福匡氏*73の研究に詳しい。なお桜井氏は、これまで顕景は、これ以前に謙信の養子となって、上杉弾正少弼景勝を名乗っていたとされていたことについて再検討し、改名は謙信死去後のことであったこと、そのため謙信生前において景虎の嫡子としての地位は継続していたことを指摘している。旧版ではそれに依拠していたが、その後、今福匡氏らの検討によって、通説は事実であったこと、御館の乱勃発の経緯について明らかにされるにいたっている。

翌七年三月十七日に御館は落城し、景虎は鮫ヶ尾《さめがお》城（新潟県妙高市）に逃れたが、三月二十四日に自害した。享年は二十六、法名は徳源院《とくげんいん》要山浄公とされる。

妻長尾氏の生年は不明であるが、景勝の妹とされるから*74、景虎よりも年少とみられ

景虎　北条宗哲養子　後、上杉輝虎養子　西堂丸・三郎　母遠山康光室妹　天正7・3・24没（26）　徳源院要山浄公
＝北条宗哲娘　後、北条氏光室
・長尾政景娘　天正7・3・17没　華渓宗春大禅定尼
・遠山康光娘　戸隠別当宝蔵院　妙徳院
- 道満丸　母長尾政景娘　天正7・3・17没（9）　了空童子
- 某　源桃童子　母長尾政景娘
- 女子　還郷童女　母長尾政景娘
- 女子　母遠山康光娘

系図17　上杉景虎とその妻子

*68　萩原龍夫「後北条氏の文化」（同著『中世東国武士団と宗教文化』〈中世史研究叢書9〉岩田書院、二〇〇七年）

*69　「上杉文書」戦一三八〇

*70　「上杉文書」「歴代古案」戦一三九七・一四〇七

*71　「上杉文書」戦一四一八

上杉謙信の居城・春日山城跡　新潟県上越市

『北条五代実記』に描かれた景虎

る。三月十七日の御館落城の際に自害、法名は華渓宗春大禅定門。*75 嫡子道満丸は同日、景勝との和睦のための使者として春日山城に赴く途中で殺害された。*76 享年は九、法名は了空童子とされる。道満丸以外の子女の忌日は不明であるが、おそらくは母と同時の死去であろう。法名は、次男が源桃童子、娘が還郷童女といった。*77

　また、景虎の側室と推測される者として、家老遠山康光の娘がいる。女子一人を生んだといい、景虎の滅亡後は尼になった。系図には「戸《と》隠《がくし》別当宝蔵院《べっとうほうぞういん》」「越後ノ義王堂于智春月関山権現、戸隠五ヶ所別当ニ備リ」と注記されているから、越後関山《せきやま》（妙高市）三所《さんしょ》権現《ごんげん》別当宝蔵院に入寺したとみられる。妙徳院《みょうとくいん》と号して、九十五歳で死去したという。*78

　なお、景虎については江戸時代からいくつか誤った所伝があるので、ここで触れておくことにする。一つは、実名を氏秀《うじひで》とするものである。これについてはすでに長塚孝氏によって、景虎の前名を「氏秀」と記すのは、「北条五代記」「北条記」*79 などの江戸時代前期に成立した軍記類にはみられず、江戸時代中期成立の『関八州古戦録《かんはっしゅうこせんろく》』*80（戦国史料叢書）に初めてみられるにすぎないこと、景虎とは別に氏秀の存在を明らかにしたことによって、明

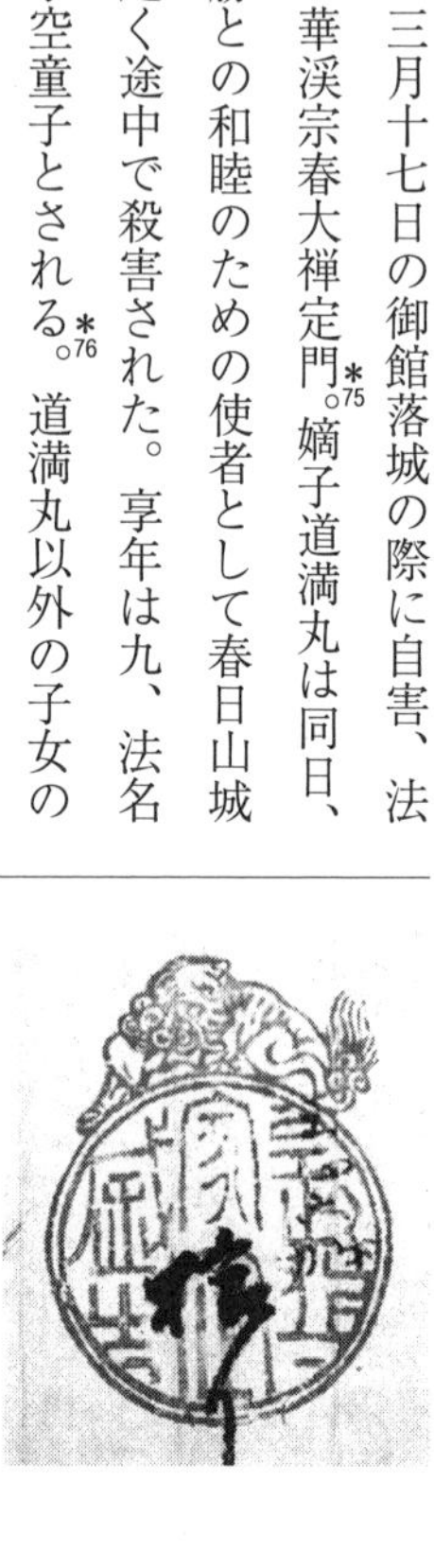
上杉景虎の朱印

*72 「上杉景虎の政治的位置」（『武田氏研究』二八号、二〇〇三年）
*73 今福匡『上杉景虎　謙信後継を狙った反主流派の盟主』（宮帯出版社、二〇一一年）
*74 「北条五代記」
*75 「長尾政景夫妻像」
*76 花ヶ崎盛明「越後長尾氏系図」（同編『上杉景勝のすべて』新人物往来社、一九九五年）
*77 栗原修「上杉謙信の姉―仙桃院」（小和田哲男編『戦国の女

確に否定されている。*81

実際、景虎は、江戸時代前期に成立した各種の北条系図には、単に三郎とか景虎としか記されていない。北条氏を主題とした軍記類のなかで最も良質とみられる「異本小田原記」にも、景虎は幼名を「西堂」といい、北条宗哲の婿養子となって「北条三郎」を称し、さらに上杉謙信の養子となって「上杉三郎景虎」と称したことしか記されていない。

ところが、『関八州古戦録』になって、景虎の前名が「氏秀」であったことと、宗哲の養子となる以前に武田信玄の養子となって「武田三郎」を称したことが付け加えられている。景虎に関する通説は、実はこの『関八州古戦録』に基づくものであったのである。

二つ目は、同様に『関八州古戦録』からみられるようになった、武田信玄の養子となって「武田三郎」を称したとするものである。しかし、武田氏関係の系図・軍記類などをみても、景虎が信玄の養子となっていたことは一切みることができない。わずかに、江戸時代後期に編纂された『甲斐《かい》国志《こくし》』(大日本地誌体系)にそのことが記されているが、これは『関八州古戦録』から引用したものである。

景虎が仮名三郎を称したのは、すでに述べているように、宗哲の婿養子となってからのことであるから、「武田三郎」を称したというのは、『関八州古戦録』の作者によるまったくの創作と考えられる。

■北条氏忠　氏康の子とされているが、実はその弟氏堯の子であった可能性が高い。以前

性たち―16人の波乱の人生』河出書房新社、二〇〇五年)

*78　「江戸遠山氏の族縁関係について」(『戦国大名領国の支配構造』岩田書院、一九九七年)

*79　北条記　北条氏五代の興亡を記した軍記物語。鎌倉府の滅亡に始まり、北条氏が徐々に関東全域に覇権を確立していく過程が描き出されている。『北条史料集』所収。

*80　関八州古戦録　享保十一年(一七二六)成立の軍記物語。編者は槙島昭武。北条氏康・氏政・氏直期の関東における合戦を概略的に扱っている。

*81　長塚孝「北条氏秀と上杉景虎」(『戦国史研究』一二号、一九八六年)

に筆者は、氏忠の仮名を六郎とする通説に対して、両者は別人であると考えた。[*82] それは、六郎宛ての北条家朱印状[*83]の文中に氏忠の名がみえていること、内容は氏忠を上位にしたものと理解したことによる。

しかし、同文書をよく読んでみると、命令の客体は宛名の六郎ではなく、その指揮下にある人々であった。そうすると文中にみえる氏忠が、彼らの上位に位置するのは当然であり、宛名の六郎の立場にも一致することになる。そのため、氏忠と六郎は同一人物として理解することが可能であると考えるようになった。ここでは、前説を訂正し、以上のように考えておくことにしたい。

また、生年については、「堀尾古記《ほりおこき》」天正十八年（一五九〇）条[*84]に、「左衛門佐　三十五」とあり、これによれば弘治二年（一五五六）生まれとなる。同史料の記載は必ずしも正確なものではないものの、およその参考にはなる。これによれば、氏忠は景虎よりも年少であったことになる。また、氏堯の子とすれば、氏堯が三十五歳の時の誕生となる。

永禄十二年（一五六九）十一月に、氏規とともに韮山城に在城しているのが初見である。[*85] このとき、仮名六郎でみえている。弘治二年生まれとすれば、十四歳であった。同城への在城は、翌元亀元年（一五七〇）八月まで確認される。[*86] なおそれらでは、氏規は氏康の子・氏政の弟として明記されているが、「六郎」は、氏規に「並に」で繋げられている。このこと自体、氏忠が氏康の子ではなかったことを示しているように思われる。

また、その間の元亀元年五月二十二日に、伊豆西原源太《にしはらげんた》に対して、その屋敷で敵の攻撃

＊82　「北条氏堯と氏忠・氏光」（『戦国大名北条氏の領国支配』岩田書院、一九九五年）

＊83　「相州文書」戦一七八一

＊84　『新修島根県史史料篇2』所収。堀尾古記…堀尾吉晴の従弟堀尾但馬による記録。堀尾氏の松江入封以前にあたる天正十二年（一五八四）から断絶後の正保元年（一六四四）までの出来事が年代順に記されている。

＊85　「山吉文書」戦一三四一

＊86　「尊経閣文庫所蔵文書」戦一四三五

を撃退した戦功について感状を出している。[*87] これが、実名氏忠についての初見である。そこで、「御本城様《ごほんじょうさま》」氏康に取りなすと述べているから、氏康の隠居領支配や家臣統制を代行していた可能性がある。

天正三年（一五七五）三月には、小田原城小曲輪《こぐるわ》の在番衆の筆頭としてみえる。[*88] 同五年四月の氏規からの書状では、このときも小田原城に在所していたようである。[*89]

仮名六郎についての年次の明確な所見は、これが終見となるが、氏規からの書状で受領名美濃守で署名したものがある。[*90] 氏規の同受領名は、同六年正月から確認される。[*91] また、同文書にみえる氏規の花押形は、前後の花押形の使用時期をふまえると、天正六年から同十一年まで使用された可能性がある。[*92] したがって、同文書の年次は天正六年以降となり、これが仮名六郎の実質的な終見となる。

氏忠 ―――― ひめぢ ＝＝＝ 就之

氏忠
実北条氏堯男カ
六郎・左衛門佐・大関斎
弘治2生カ
大関院殿大嶺宗香大居士

＝ 乗讃院
寛永7・6・26没
乗讃院殊渓栄法大姉
・
佐野宗綱娘
後、佐野信吉室
元和6・2・24没（42）
明窓貞珠大姉

ひめぢ
寛永18・11・9没
高正院運悟妙慶大姉

就之
実出羽元盛男
長次郎・伊織助・権右衛門
延宝4・7・9没（57）

系図18　北条氏忠とその妻子

ここで氏忠は、どこかに在城し、敵方の進軍をうけてそれを撃退したことがみえている。在城した場所はわからないが、この頃には最前線の拠点などに在城し、領国確保の役割を担うようになっ

*87　「西原文書」戦一四一九
*88　「相州文書」戦一七八一
*89　「堀口文書」戦一九〇四
*90　「池田文書」戦四〇二七
*91　「遠藤文書」戦一九六四
*92　「北条氏規文書の考察」（『戦国大名領国の支配構造』岩田書院、一九九七年）

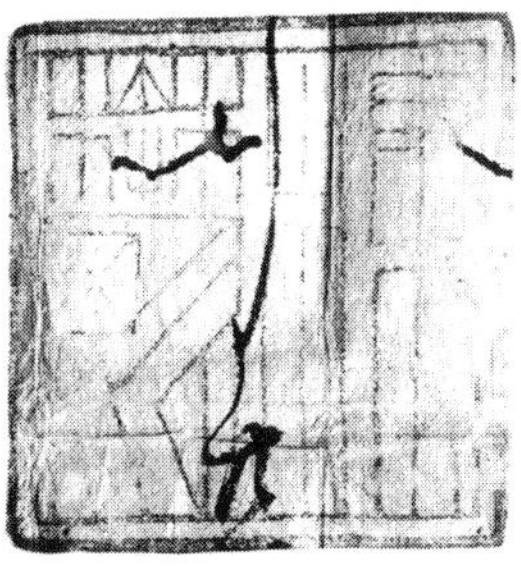
北条氏忠の朱印　「楼鬱」

ていたことがわかる。

同十年九月、甲斐の領有をめぐる遠江徳川家康との抗争において、武蔵から甲斐郡内《ぐんない》に進軍して御坂《みさか》城(山梨県富士河口湖町)を取り立てている。[*93] またこのとき、官途名左衛門佐を称している。この官途は、父と推測される氏尭のそれを襲用したものである。

同十四年八月に北条氏は、当主不在状態にあった下野佐野氏の本拠佐野城(栃木県佐野市)を乗っ取って、同領を接収した。氏忠は、前当主宗綱《むねつな》の長女を妻に迎え、その娘婿となって佐野氏の名跡を継承した。同年十一月九日から佐野領支配のための発給文書がみられている。[*94]

同十六年正月には、相模新城《しんじょう》(神奈川県山北町)の守将を務めている。[*95] 同十七年七月には、信濃真田《さなだ》昌幸《まさゆき》から上野沼田城の割譲にあたり、その請け取り人を務めている。[*96]

同十八年の小田原合戦では小田原城に籠城し、合戦後は当主氏直に従って高野山に入った。氏直の死去後については、これまでは伊豆河津(静岡県河津町)の林際寺に隠棲《いんせい》し、文禄二年(一五九三)四月八日に死去し、法名は大閑院殿《だいかんいんでん》大嶺宗香大居士といった、[*97] とみられてきた。[*98] 旧版でもそれに従っていた。

しかしその後、文禄四年(一五九五)の「京大坂之御道者之賦日記」[*99]に、「北条左衛門助殿様」(氏忠)がみえ、「只今ハあきノ草津と申所ニ御座候」と注記されていることから、同年までの生存と、安芸毛利《もうり》輝元《てるもと》の家臣になり、同国草津《くさつ》(広島市)に在所していることが明らかになった。[*100] したがって、伊豆林際寺での供養は逆修とみなされるものとなる。その後の

北条氏忠の花押

*93 「渋江文書」「上野文書」戦二四一六・三九

*94 「下野佐野氏と『下野須賀文書』」(『戦国期東国の大名と国衆』岩田書院、二〇〇一年)

*95 「諸州古文書」戦三二六一

*96 「内田文書」戦三四七二

*97 「林際寺過去帳」

*98 杉山博「北条氏忠の下野佐野支配」(『戦国大名後北条氏の研究』名著出版、一九八二年)

動向は不明であるが、子孫が毛利家家臣として続くことから、同家にあり続けたことが推測される。

なお、妻の佐野宗綱娘は、北条氏滅亡にともない離別し、その後に佐野氏家督を継承した大叔父天徳寺宝衍《てんとくじほうえん》の養女となって、文禄元年（一五九二）に宝衍の養子に入った信吉《のぶよし》（初名信種《のぶたね》、豊臣大名富田一白《とみたかずあき》の五男）に再嫁している。元和六年（一六二〇）二月二十四日に死去し、法名は明窓貞珠大姉といった。*101

氏忠には、この佐野氏とは別に妻があったようで、その間に一女があった。その妻は、北条氏滅亡後に、氏忠が毛利輝元家臣となった後に新たに迎えたものと推測される。慶長五年（一六〇〇）の関ヶ原合戦によって毛利氏が長門に転封されると、氏忠妻と娘も同地に移り、毛利氏から知行一〇〇石を与えられ、氏忠妻は「北条大方《おおかた》」と称された。寛永七年（一六三〇）六月二十七日に死去し、法名を乗讃院殿《じょうさんいんでん》殊渓栄法大姉といった。

娘は名を「ひめぢ」といい、毛利氏当主秀就《ひでなり》（輝元の子）の計らいによって同氏家老出《いで》羽《わ》元盛《もともり》の次男を婿養子に迎えたとされる。彼は北条名字を称し、同十二年に元服して長次郎就之《なりゆき》と名乗っている。その後さらに、伊織助、権右衛門と改称している。「ひめぢ」は、同十八年十一月九日に死去し、法名を高正院殿《こうしょういんでん》運悟妙慶大姉といった。*102

ただし、婿養子となった就之は元和六年生まれであり、「ひめぢ」が氏忠が赦免されたと推測される天正十九年生まれとしても、三十歳の年齢差があり、考え難いであろう。何らかの誤伝が含まれているとみられる。「ひめぢ」が氏忠の娘であるならば、就之はその

*99　「御師関係文書断簡」（『埼玉県史料叢書12』参二八）
*100　「小田原落城後の北条氏一族」（『日本歴史』七八五号、二〇一三年）
*101　『佐野市史通史編上巻』他
*102　「林際寺過去帳」「萩藩閥閲録」巻八〇

佐野城跡　栃木県佐野市

養子となったとみるのが妥当であろう。実際にも「萩藩譜録」には、就之は「ひめぢ」の養子と明記されている。したがって、就之は「ひめぢ」の養子とみるのが妥当である。

■北条氏光　氏忠と同じく氏康の子とされているが、実はその弟氏堯の子であった可能性が高い。氏忠の弟にあたるとみられる。「北条記」巻三によれば、幼名を竹王丸《たけおうまる》といったという。仮名四郎を称した。この仮名は天正二年（一五七四）七月まで確認され、*103 同六年正月からは官途名右衛門佐を称している。*104

元亀元年（一五七〇）頃に久野北条宗哲の末娘を妻とした。彼女はそれ以前、宗哲の婿養子となっていた氏康の六男三郎（景虎）の妻であったが、同年三月に彼が越後上杉氏の養子となったため離縁となり、代わって氏光に嫁いだのである。

氏光の生年についての所伝は、「堀尾古記」にも記載がなく、まったく不明であるが、兄氏忠が弘治二年（一五五六）生まれであることから、その数年後の生まれと推測される。したがって、景虎よりも年少であったことは確実であろう。

元亀元年十二月に駿河深沢城《ふかざわ》（静岡県御殿場市）の後詰《ごづめ》を働いているのが、史料上の初見である。*105 なお、このときに十五歳とすれば、弘治二年生まれとなるが、これは兄氏忠の生年として伝えられているので、氏光は十五歳以下で元服した可能性が想定される。同二年七月頃から相模足柄城《あしがら》（神奈川県南足柄市）の城将を務めているから、*106 駿河・相模国境地域の防備体制において大きな役割を担っていたことがうかがえる。

＊103 「植松文書」戦一七一三
＊104 「早雲寺文書」戦一八八八
＊105 「東京大学史料編纂所所蔵文書」戦一四五〇
＊106 「岡本文書」戦一四九五
＊107 「諸州古文書」戦一五七七
＊108 「異本小田原記」他

その一方で、同三年からは小机城主をも務めている。*107 小机城主の地位は宗哲が管轄していたから、氏光が小机城主の地位に就いたのも、宗哲の娘婿となったことにより与えられたとみられる。宗哲は、養子三郎（景虎）の上杉氏入嗣によって不在となっていた小机城主に、氏光を娘婿に迎えて、これを据えたのである。

天正七年から甲斐武田氏との抗争が展開されると、駿河大平《おおひら》城（静岡県沼津市）に在城したとみられる。*108 同城もかつて宗哲が管轄していたから、氏光の在城もそうした関係に基づいたものであったかもしれない。同城には、同十年三月の武田氏滅亡まで在城したとみられ、その後五月からは再び足柄城に在城している。*109

氏光（実北条氏堯男カ／竹王丸・四郎・右衛門佐／西来院殿栢岳宗意大禅定門）
＝北条宗哲娘・富樫氏賢娘

- 氏則（新太郎・内匠／寛永13・5・22没／東陽院湖室）
- 三郎四郎（寛永18・4・20没／松岳院宗正大禅定門）
- 興厳院殿（寛永18・6・28没／興厳院殿雲峰宗奇大姉）
- 氏清（右衛門佐）
- 氏春
- 某
- 女子
- 北条氏長室（承応2・7・1没／涼樹院殿松陰寿高大姉）
- 戸田氏室

系図19　北条氏光とその妻子

同十八年の小田原合戦後は、当主氏直に従って高野山に入った。旧版では、その直後の九月十五日に同地で死去し、法名は西来院殿《さいらいいんでん》栢岳宗意大禅定門といった、*110 とみてきたが、その後、文禄四年

*109 「神原文書」戦二三三六
*110 「北条家過去帳」

北条氏光の花押

北条氏光の印判「桐圭」

（一五九五）の「京大坂之御道者之賦日記」*111に、「北条右衛門助殿様」（氏光）がみえ、「只今ハ大和なら二御座候」と注記されていることから、同年までの生存と、大和奈良に在所していることが明らかになった。*112したがって、「北条家過去帳」での供養は逆修とみなされるものとなる。しかし、その後の動向は不明である。

なお、妻の宗哲娘との間には子供が一人もできず、そのため氏光は、氏康の娘で今川氏真室（早河殿）の侍女《じじょ》で、今川氏旧臣富樫《とがし》伊予守氏賢《うじかた》の娘をも妻に迎え、嫡子氏則《うじのり》以下の子女をもうけたという。*113これに関しては、「相州過去帳」*114に、

相州小田原北条右衛門尉殿御内方立之
真如寺殿前予州守月船性海
永禄十一年戊辰五月八日薨去　玄仙取次

とあり、「北条右衛門尉」は氏光のこととみなされ、その妻が菩提を弔っている真如寺殿《しんにょじどの》は、「前予州守」とあるように、父の富樫氏賢であることがわかる。ただし、氏光が官途名右衛門佐を称すのは、天正六年以降のことなので、この記載はその後の供養によるものである。

氏光の子女は二男一女があり、長男は氏則で、北条氏滅亡後は徳川家康に仕えた。仮名新太郎、官途名内匠を称し、寛永十三年（一六三六）五月二十二日に死去、法名を東陽院《とうよういん》湖室といった。次男は三郎四郎で、同十八年四月二十日に死去し、法名を松岳院《しょうがくいん》宗正大禅定門といった。娘は江戸城御女郎《ごじょろう》衆となって、斎宮様《さいぐうさま》と称され、同十八年六月二十八日

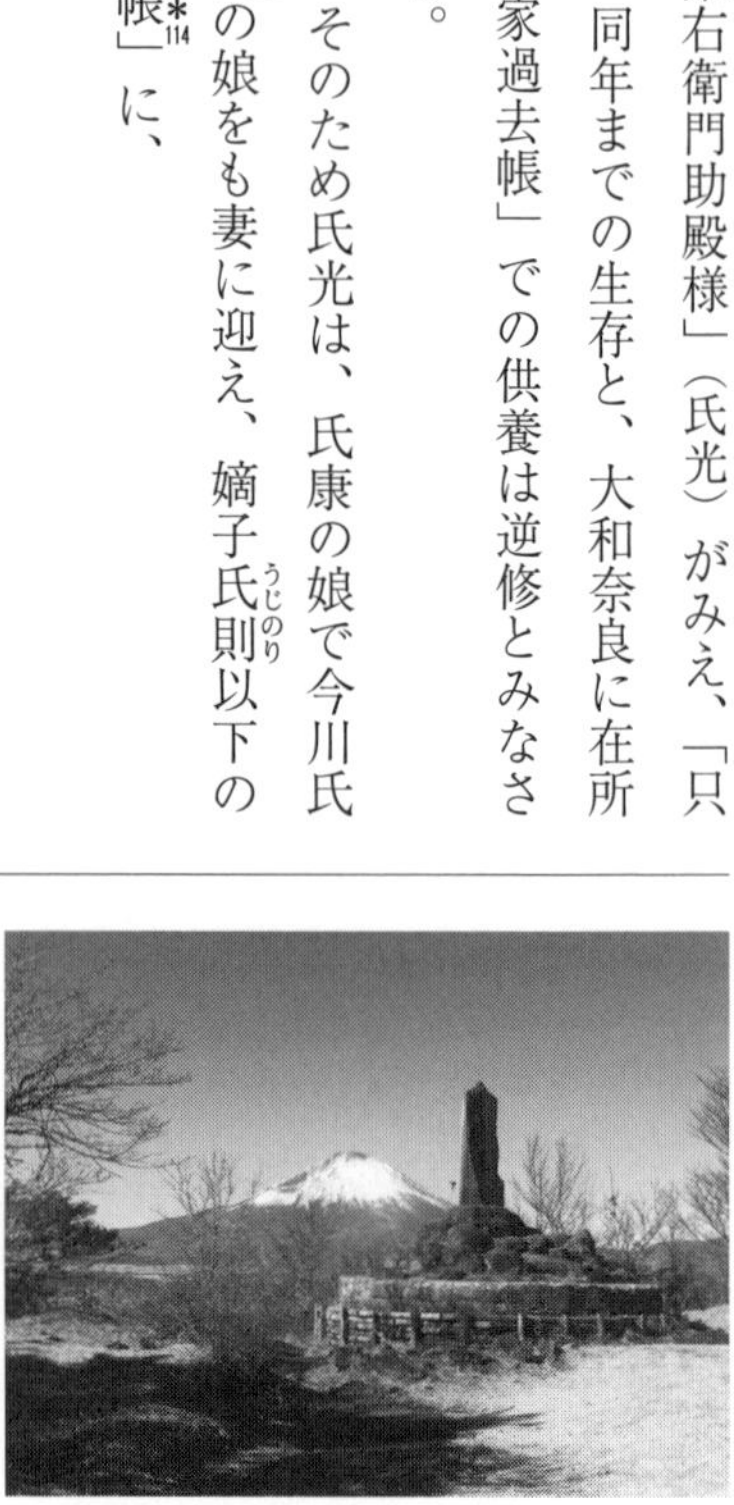
足柄城跡からみた富士山　神奈川県南足柄市

*111「御師関係文書断簡」（『埼玉県史料叢書12』参二八）
*112「小田原落城後の北条氏一族」（『日本歴史』七八五号、二〇一三年）
*113「異本小田原記」・「北条氏堯と北条氏光」（『戦国大名北条氏の領国支配』〈戦国史研究叢書1〉岩田書院、一九九五年）
*114『寒川町史10』所収

に死去し、法名を興教院殿《こうきょういんでん》雲峯宗奇大姉といった。*115

■北条氏繁の室（七曲殿・新光院殿）　氏勝《うじかつ》・直重《なおしげ》らの母で、氏繁に嫁いだのは、次男氏勝が永禄二年（一五五九）生まれであるから、その数年前頃のこととみられる。玉縄城内の七曲と称される地に居住したため、「七曲殿」と称されたという。なお、「今川家瀬名家記」では、「此腹左衛門大夫（氏勝）・新八（直重）・新蔵（繁広）等三人在之」とあり、末子繁広もその子と伝えられている。

生年は明らかではないが、婚姻時期は、次男氏勝が永禄二年生まれであることから、弘治期にさかのぼると推定されること、氏康の娘のなかでは最も早く子を生んでいることから、氏康の長女の可能性が高いとみられる。

氏繁死後の天正十二年正月（一五八四）から同十四年八月にかけて、印文未詳朱印を押《おう》捺《なつ》した朱印状を発給しているが、*116 その後の動向は不明である。死去年も不明であり、忌日が十八日、法名は新光院殿《しんこういんでん》窓泰太空大姉といった。*117

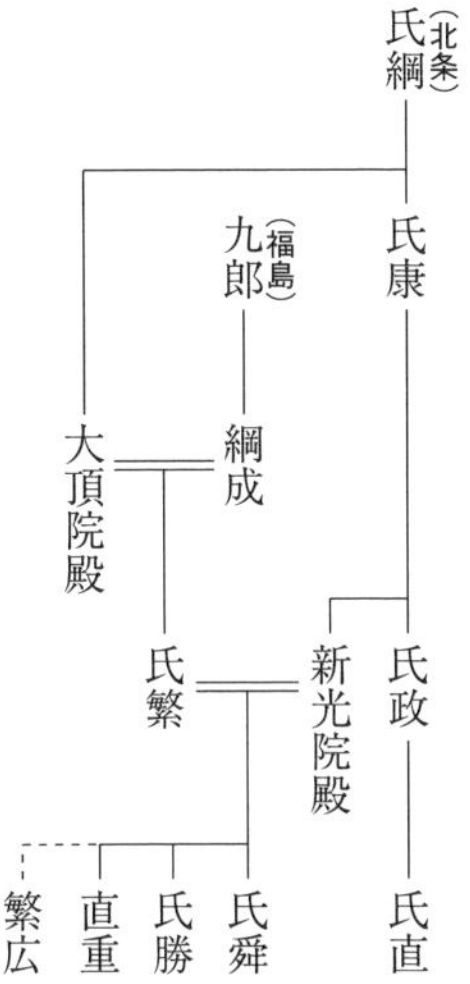

系図20　新光院殿関係系図

■千葉親胤の室　千葉氏は下総作倉《さくら》城（千葉県酒々井町・佐倉市）を本拠とする「大名《たいめい》」である。親胤は昌胤《まさたね》の三男

*115 「北条家過去帳」・高室院所蔵「北条家系図」・『小田原編年録』所収「北条系図」

*116 「鈴木文書」「相州文書」戦二六一三・二九八八

*117 「北条家過去帳」

新光院殿の朱印

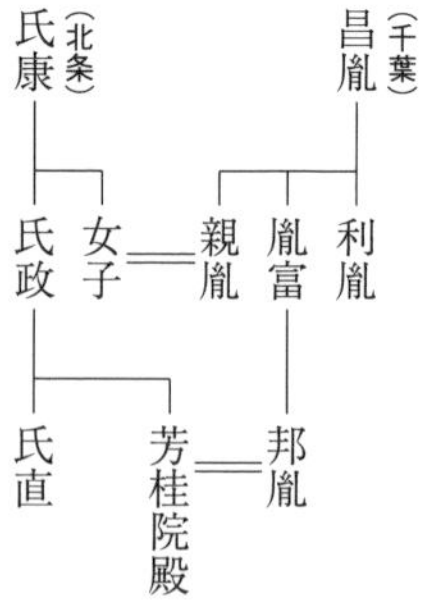

系図21　北条氏・千葉氏関係系図1

で、天文十年（一五四一）生まれ。同十六年の長兄利胤《としたね》の死去により、その養子となって家督を継承した。幼名を民部《みんぶ》卿丸《きょうまる》といい、同二十三年十二月から、[118]翌弘治元年（一五五五）十一月までの間に元服[119]を遂げている。しかし、同三年八月七日にわずか十七歳で死去した。法名は月窓常円眼阿弥陀仏といった。

氏康の娘が嫁いだのは、親胤の元服頃のことと思われるが、すぐに親胤が死去したため、早くに未亡人となった。『小田原編年録』所収「北条系図」では「尾崎殿《おざきどの》」と注記しているが、その呼称の由来は不明である。その他の所伝はなく、死去年や法名も伝えられていない。

なお、「北条記」巻三に、氏康の娘を列記した記事があり、そこには「高林院殿《こうりんいんでん》・まい田殿（吉良氏朝室）・常陸殿内室《ひたちどのないしつ》（北条氏繁室）・氏真の御前・武田勝頼の御前」があげられている。このうち、高林院殿のみ嫁ぎ先が注記されていないが、それゆえに法号が唯一伝えられていない千葉親胤室に該当する可能性も考えられる。氏康死去時に未亡人であったのは、千葉親胤室と太田氏資室だけであり、後者は法号長林院が伝えられているから、現時点ではその可能性が最も高いとみられる。ただし、まったく別に存在した可能性もある。

この点に関してはその後、高林院殿は氏康の妹芳春院殿のことであることが明らかになり、[120]そのためその記述は、足利義氏室（浄光院殿）との混同とみなされる。そうすると、経歴不明の氏康の娘としては、法名のみが伝えられる円妙院殿のみとなり、むしろ千葉親

作倉城跡　本佐倉城とも呼ばれる　千葉県酒々井町・佐倉市

＊118　「宍倉文書」（『戦国遺文房総編』九〇三号）

＊119　「井田氏家蔵文書」同前九二二号

＊120　長塚孝「浄光院殿」（黒田基樹・浅倉直美編『北条氏康の子供たち』宮帯出版社、二〇一五年）

胤室は、これに該当する可能性が高くなってくる。

■太田氏資の室（長林院）　太田氏資は、岩付太田氏の当主である。同氏は武蔵岩付城（さいたま市）を本拠に、足立《あだち》郡から崎西《きさい》郡南部を支配領域とする国衆である。氏資は天文十一年（一五四二）生まれ。父資正《すけまさ》は、天文十七年正月に北条氏に従属している。弘治二年（一五五六）七月から仮名源五郎でみえ、*121 それ以前の元服が知られる。実名氏資は北条氏の通字《つうじ》を与えられたものとみられる。また、永禄三年（一五六〇）十月以前に、氏康の娘と婚姻していたことが知られる。*122

資正は、同年の上杉謙信の関東侵攻をうけて北条氏から離叛し、謙信に従属した。氏資は、同七年七月に父資正を追放して岩付太田氏の家督を継承した。しかし、同十年八月二十三日の上総三船台《みふねだい》合戦*123で戦死した。享年は二十六、法名は大崇院殿《だいすういんでん》昌安道也大居士といった。*124 氏康娘との間には一女があるにすぎなかったようであり、そのため、岩付太田氏は当主不在の状態となった。

その直後の九月から、氏政は岩付領に進軍して同領を接収し、仕置《しおき》を行った。十一月十一日に岩付を発ち、翌十二日に江戸に帰陣したが、その際「御料人《ごりょうにん》」を同道している。*125 このことを父氏康に伝えているから、「御料人」は娘の氏資室のことと考えられる。氏資室は、夫の死後に岩付城から退去したことが知られ、おそらく父氏康のもとに戻ったとみられる。その後、出家して法号長林院を称したという。*126

*121　「松野文書」（『埼玉県史料叢書12』一六八号）

*122　「歴代古案」戦六四九

*123　三船台合戦　北条氏政と房総の戦国大名里見義弘が争った合戦。この合戦に勝利した里見氏は、房総半島での影響力維持に成功した。

*124　「芳林寺《ほうりんじ》位牌」（『岩槻市史古代・中世史料編Ⅱ』）

親胤をふくむ千葉氏累代の墓　千葉県佐倉市・海隣寺

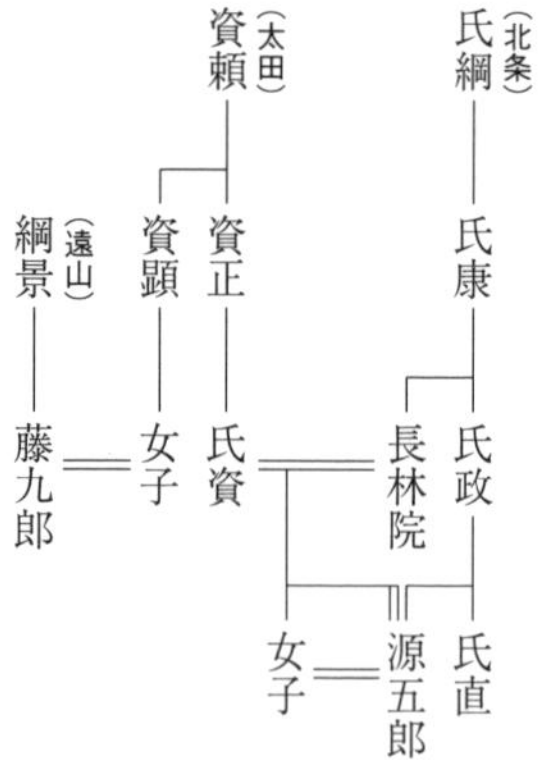

系図22　北条氏・岩付太田氏関係系図

天正三年（一五七五）から同五年までの間に、氏政の次男国増丸《くにますまる》が、氏資の遺女の婿養子となるかたちで岩付太田氏の名跡を継承して、岩付領に入部した。そして、同八年八月頃に元服して仮名源五郎を称し、同領支配を開始した。長林院は娘の婚姻にともなって、再び同城に入ったとみられる。

源五郎は同十年七月に死去し、岩付太田氏の名跡は断絶した。

なお、氏資の娘については江戸時代以来、小少将とされ、次代城主氏房《うじふさ》の妻とされることが多かった。これに対して筆者は、氏資の娘と氏房の妻は別人であり、そのため小少将の夫はその兄の源五郎と考えた。[*127]

しかし小少将は、天正十八年の小田原合戦の際に、岩付城三の丸に居住して、小田原城に在城する氏房に降伏勧告の書状を送っており、[*128]これは氏房の妻とみるのが適当であるので、氏資の娘と氏房の妻が別人であることは間違いないから、「小少将」は所伝通りに氏房妻の名とみるのが妥当と考えられる。江戸時代に、氏房が氏資の婿養子になったと理解されたことから、その妻が氏資の娘と所伝されることになったものであろう。[*129]

同城にはその後、その弟北条十郎氏房が入部してくるが、長林院親子はそのまま同城への在城を続けたようである。同十八年の小田原合戦において、岩付城に籠城する氏房の家

太田氏資の墓　さいたま市・芳林寺

*125「群馬県立歴史博物館所蔵文書」戦一〇五五
*126『関八州古戦録』巻七
*127「北条氏の岩付領支配」（『戦国大名北条氏の領国支配』〈戦国史研究叢書1〉岩田書院、一九九五年）
*128「家蔵文書」戦三七五二

族としてみられる「氏政妹・其息女・十郎（氏房）妻女」[*130]のうち、「氏政妹」は長林院、「其息女」は源五郎後室を指しているとみて間違いない。しかし、両人のその後の動向は不明であり、死去年や法名についてもわかっていない。

■今川氏真の室（早河殿・蔵春院殿）　母は瑞渓院殿であろう。『寛政重修諸家譜』などでは、氏政の姉に位置付けられているが、定かではない。天文二十三年（一五五四）七月に駿河今川義元の嫡子氏真に嫁いだ。[*131]旧版では、氏真は天文七年生まれであるから、彼女もそれとあまり変わらない年齢であったとみていた。

しかしその後、早河殿の子女の所生が、これより十五年ほど後のことであること、婚姻に先駆けて兄氏規が駿府に送られていることから、早河殿の年齢はかなりの幼少で、兄氏規の生年との関係から、およそ同十六年頃の生まれとみられるようになっている。[*132]

これによれば、婚姻のときにはわずか八歳であり、長女を生んでいた永禄十年（一五六七）頃には二十一歳となり、妥当な範囲におさまるものといえる。この推定生年からすると、早河殿は、氏康の娘のなかでは四女にあたるとみなされる。また、母については、氏康正室の瑞渓院殿の実家にあたる今川家に嫁いでいることから、瑞渓院殿とみて間違いないと考える。

永禄十一年十二月の甲斐武田信玄の侵攻によって、今川氏は没落するが、氏真と行動をともにしている。このとき、宗瑞の娘の三浦氏員妻（長松院殿）も同行していた。駿府館

＊129　「北条氏房の研究」（拙編『北条氏房』〈論集戦国大名と国衆19〉岩田書院、二〇一五年）

＊130　「北微遺文」戦四五四一

＊131　「勝山記」（『山梨県史資料編6上』所収）

＊132　長谷川幸一「早河殿」（黒田基樹・浅倉直美編『北条氏康の子供たち』宮帯出版社、二〇一五年）

早河殿の朱印

（今川）義忠
‖——氏親——義元——氏真‖氏直
北川殿　　　　　瑞渓院殿　‖——範以
（伊勢）盛時——（北条）氏綱——氏康——早河殿
　　　　　　　　　　　　　　　氏政——氏直

系図23　北条氏・今川氏関係系図

からの逃避の状況について、父氏康は「愚老息女、不求得乗物体、此恥辱難雪候」と述べており、輿《こし》にも乗れず、徒歩での逃避行であったようで、氏康はこの恥辱を雪《そそ》ぐことはできない、と激昂している。*133

同十二年五月に北条氏のもとに引き取られ、同年八月頃に駿河駿東郡から小田原早川に移った。これにより、以後は「早河殿」と称された。同地は久野北条宗哲の所領であるから、氏真夫妻は宗哲の庇護をうけたとみられる。翌元亀元年（一五七〇）に氏真の嫡子範以が生まれ、その母は早河殿とされている。事実であるとすれば、婚姻から十六年たっているから、かなり遅い時期の出産ということになる。

同二年末に北条氏は武田氏と同盟し、氏真らの駿河復帰の夢は断たれた。そのためか、天正元年（一五七三）に北条氏のもとを離れ、武田氏と対立する遠江徳川家康を頼り、同国に移った。その後、京都などで過ごしたが、家康が将軍になってからは再び家康から庇護をうけたらしい。そして、慶長十八年（一六一三）二月十五日に死去した。法名は蔵《ぞう》春院殿《しゅんいんでん》天安理性禅定尼といった。*134

■足利義氏の室（浄光院殿）　この人物については、以前は「北条家過去帳」にある次の

『秀雅百人一首』に描かれた今川氏真

*133　「歴代古案」戦一一三四

*134　「北条家過去帳」

記載が知られていたにすぎなかった。

相州太守氏康御息女御台
円桂宗明大禅定尼　逆修
元亀二年辛未十一月廿三日　取次北条源三氏照

これによって、彼女が氏康の娘であったことはわかる。しかし、彼女については、系図類でも「小田原編年録」所収「北条系図」のみが、この過去帳記載をもとにして記載しているだけである。なお、そこでは元亀二年（一五七一）死去と記載されているが、過去帳では逆修とあるので、彼女はこのときに死去したわけではない。

各種の北条系図をみていくと、氏康の娘の嫁ぎ先としてみえているもののうち、出自不明の人物として、「古河河内守」がある。*135 彼は、『続群書類従《ぞくぐんしょるいじゅう》』所収北条系図では「古河公方河内守」とあるから、古河は名字ではなく地名を表し、河内守は古河公方足利氏に関係する人物とみることができる。また、高室院所蔵「北条家系図」では、他が妻・室としているのに対して「古河河内守母」とし、その母と記しているから、やや時代を下って捜すことが許される。

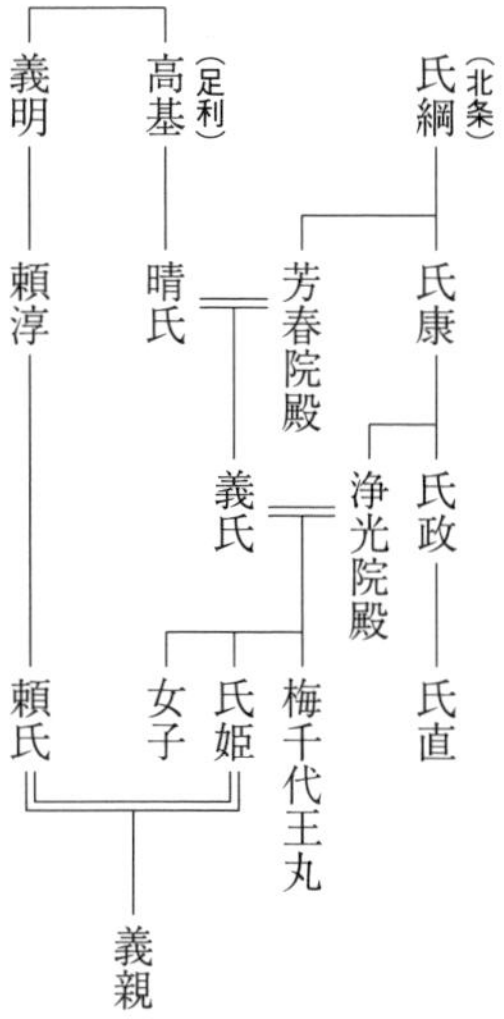

系図24　北条氏・古河公方足利氏関係系図2

古河公方家の関係者のなかで受領名河内守を称した人物として

*135 『寛永諸家系図伝』

は、足利義親《よしちか》があげられる。彼は喜連川足利氏を継ぐ人物で、父は足利頼氏《よりうじ》、母は古河公方足利義氏の嫡女古河氏姫《うじひめ》である。彼は古河鴻巣館《こうのす》で生涯を過ごしているから、「古河河内守」に彼ほどふさわしい人物はいない。しかし、その母は義氏の娘であるから、氏康の娘が「古河河内守母」であったわけではなかった。

ただ、このことは少なくとも、氏康の娘が古河公方家の関係者に嫁いだことを意味しているとみることができる。公方四代晴氏の正室は氏綱の娘芳春院殿であった。それと五代義氏の嫡女古河氏姫との間で、出自不明とされている女性を捜してみると、「鎌倉殿并古河・喜連川御所様御代之盃名帳《おんだいのはいみょう》」にみえる、次の人物が注目される。

浄光院殿円桂宗明大禅定尼　当院護摩堂、為御菩提御建立也、

天正九年辛巳六月十五日命日

この女性は足利義氏の正室で、嫡子梅千代王丸《うめちよおうまる》・嫡女氏姫らの生母にあたる。法名に注目すると、先の「北条家過去帳」のものと同一なので、氏康の娘が義氏の正室であったことがわかる。「北条家過去帳」で「御台《みだい》」と記されていたが、それは古河公方家の正室としての意味であったことがわかる。各種系図において、氏康の娘のなかに「古河河内守」足利義親に連なる女性がいたとされていたのは、義氏正室の所伝が失われながらも、その一端が記憶されていたことを示しているのであろう。

氏康の娘浄光院殿の生年は不明である。先にみた逆修の時期は、氏康死去から五十一日目にあたり、瑞渓院殿とほぼ同時に逆修しているから、母は瑞渓院殿であったとみられる。

ただし、これは養子縁組の結果とみなすのが妥当と思われる。これに関しては、浄光院殿が父氏康の菩提寺として曹洞宗系寺院の大聖院《たいしょういん》を建立しており、実家の臨済宗大徳寺系とは異なることから、実母は瑞渓院殿ではない可能性が高いことが指摘されている。[*136]そうすると彼女は、足利義氏の御台になるにあたって、瑞渓院殿と養子縁組して、嫡出の体裁がとられたことが想定される。さらに「今川家瀬名家記」には、「古河御所御前養女」と記されており、実は養女であった可能性も想定されるものとなる。この点については、今後におけるさらなる検討が求められよう。

生年は明確でなく、旧版では、夫の義氏の生年が天文十二年（一五四三）であるから、それとあまり変わらない年齢であったと考えるにとどまっていた。しかし、彼女が庶出あるいは養女とみなされること、子女の所生が天正期に下ることからすると、天文期末から弘治期頃の生まれとみるのが妥当と考えられる。

また、婚姻の時期も不明だが、旧版では、義氏と年齢はあまり変わらないとみたことから、義氏の元服から家督継承頃のこととみていた。しかし、これについても再検討され、義氏が下総古河城に復帰した頃のこととみるのが妥当となる。義氏は元亀元年に古河城に復帰したとみなされるから、[*137]これにともなって婚姻したとみるのが適当と考える。そうすると、長女氏姫は天正二年（一五七四）生まれなので、婚姻から出産までの期間としては適当なものになる。

続いて、同四年九月二十三日に嫡子梅千代王丸を生んだが、彼は数年のうちに死去した

*136　長塚孝「浄光院殿」（黒田基樹・浅倉直美編『北条氏康の子供たち』宮帯出版社、二〇一五年）

*137　高橋健一「足利義氏の古河移座の時期に関して」（『枝折』三号、一九九四年）

足利義氏の墓　茨城県古河市

ようである。その後、同六年以降に次女を生んでいるが、[*138]彼女も成人したかわかっていない。そして、先の「鎌倉殿并古河・喜連川御所様御代之盃名帳」にあるように、同九年六月十五日に死去し、法名を浄光院殿円桂宗明大禅定尼といった。なお、夫義氏も翌十年閏十二月に死去し、これにより古河公方家は事実上の断絶状態となり、同家には嫡女氏姫のみが残さることとなった。その後の氏姫の動向については、佐藤博信氏の研究に詳しい。[*139]

■武田勝頼の室（桂林院殿）　永禄七年（一五六四）生まれで、天正五年（一五七七）正月二十二日に嫁いだとされる。[*140]ただし、婚姻時期については、「甲乱記《こうらんき》」[*141]に同十年の段階で「今年早七年」とあることから、前年の天正四年とみるのが妥当と考えられている。[*142]これは、当時の北条・武田両家の関係の在り方からも妥当とみなされている。

　夫の武田勝頼は、天文十五年（一五四六）生まれ。信玄の四男であったが元亀二年（一五七一）頃に嫡子となり、天正元年の信玄の死去によりその家督を継いだ。これより以前に、最初の妻として美濃遠山直廉《なおかど》の娘（竜勝寺殿《りゅうしょうじでん》）を妻に迎えていたが、すでに元亀二年九月十六日に死去していたから、桂林院殿は後妻として迎えられたこととなる。入嫁から翌年の天正五年三月三日の信濃「下諏訪神宮寺宝塔再興棟札銘」[*143]には、「（勝頼）様」に並んで「御前様」とみえている。

　同十年二月からの織田氏の侵攻によって、武田氏は没落の途を歩む。二十八日に勝頼は、諏訪《すわ》上原《うえはら》城（長野県茅野市）から甲斐新府《しんぷ》城（山梨県韮崎市）に後退した。その翌日の

＊138　久保賢司「足利義氏の子供について」（『戦国史研究』四四号、二〇〇二年）

＊139　佐藤博信「古河氏姫に関する考察」（同著『古河公方足利氏の研究』校倉書房、一九八九年）

＊140　『小田原編年録』

＊141　甲乱記　甲斐武田氏滅亡の情況を記した軍記物語。著者は武田旧臣春日昌之とされているが、確証はない。正保三年（一六四六）以前の成立と推定される。『武田史料集』所収。

＊142　丸島和洋「桂林院殿」（黒田基樹・浅倉直美編『北条氏康の子供たち』宮帯出版社、二〇一五年）

＊143　戦四三五九

二十九日、桂林院殿は武田氏の氏神《うじがみ》である武田八幡宮（韮崎市）に願文《がんもん》を捧げ、武田氏の武運を祈願している。[*144] 三月三日に本拠新府城からも退去し、同十一日に東郡《ひがしごおり》田野《たの》（山梨県甲州市）で勝頼とともに自害した。享年は十九。[*145]

法名は桂林院殿本渓宗光といった。[*146] ちなみにこれは、翌天正十一年に兄氏規によって供養された際に、北条氏側から付されたものである。武田氏側では、陽林院殿《ようりんいんでん》華庵妙温大姉、[*147]北条院殿《ほうじょういんでん》模安妙相大禅定尼とおくられている。[*148] 前者は、同年四月に京都妙心寺《みょうしんじ》で勝頼の葬儀が行われ、その後、甲府法泉寺に埋葬されるが、彼女の供養もこのときに合わせて行われたとすれば、この法名はそのときにおくられたものとなる。後者は、同十六年の景徳院建立に際しておくられたものである。[*149]

なお上野晴朗氏は、勝頼の三女（宮原義久《みやはらよしひさ》室）・次男（武性院）・三男勝三《しょうぞう》について、桂

武田勝頼室画像　東京大学史料編纂所蔵模写

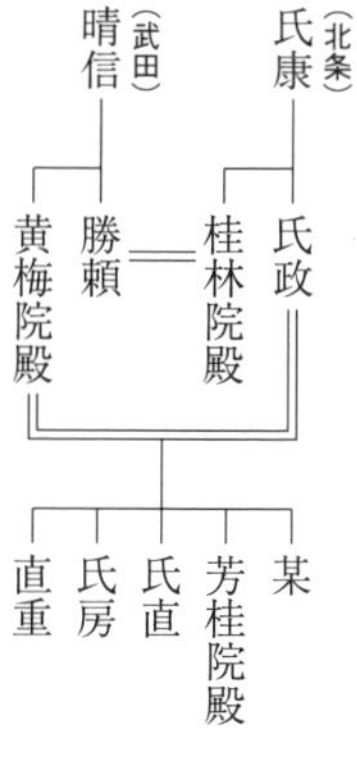

系図25　北条氏・武田氏関係系図

*144 「武田八幡宮文書」戦四三六〇
*145 田野「景徳院《けいとくいん》位牌」
*146 「北条家過去帳」
*147 甲府「法泉寺《ほうせんじ》位牌」
*148 「景徳院位牌」
*149 上野晴朗『定本武田勝頼』（新人物往来社、一九七八年）

武田勝頼画像　山梨県甲府市・法泉寺蔵

林院殿の所生の可能性を推測している。しかし、「甲乱記」には子供は一人もいなかった、と記されているから、桂林院殿は子を生んでいなかった可能性が高いとみられる。

■円妙院殿　この人物については、「北条家過去帳」にある次の記載が知られているにすぎない。

相州北条氏政御妹
円妙院殿明庵宗勝大姉　　逆修
慶長九年〈甲辰〉四月晦日　　取次山上芳世

これによって、氏政の妹であること、法名を円妙院殿明庵宗勝大姉といったことが知られる。その時点で生存していたこと、慶長九年（一六〇四）四月晦日に逆修しており、この時点で生存していた可能性がある氏康の娘で、高野山高室院の過去帳に記載されていないのは、小笠原康広室（種徳寺殿）・千葉親胤室・太田氏資室（長林院）、それに「北条記」にみえる高林院殿である。円妙院殿は、それらの誰かにあたる可能性が考えられるが、それらとは別に存在した可能性も残る。今後の追究がまたれる。

ただし、小笠原康広室（種徳寺殿）は氏康弟為昌の娘の可能性が高く、太田氏資室（長林院）は別に法号が伝えられていること、高林院殿は氏康の妹芳春院殿のことで、浄光院殿との混同によるとみなされることから、残る千葉親胤室にあたる可能性が最も高いとみられる。しかしこの点については、やはり今後の追究をまつしかない。

武田勝頼・桂林院殿の供養塔　山梨県甲州市・景徳院

■養女法性院（太田康資の室）　実は江戸城代遠山綱景の娘で、天文十一年（一五四二）生まれ。「太田家記」では氏康の姪であったと記している。具体的な関係は不明だが、江戸遠山氏と何らかの姻戚関係があったのであろうか。その場合、想定できるのは、綱景の姉妹が氏康の側室ないし妾であったということになる。なお、さらにいえば、氏康側室の景虎母は、綱景弟の遠山康光室の姉妹ということからすると、あるいは康光は、綱景の義弟で、妹婿となることで遠山名字を与えられた存在であったとも考えられることになる。

太田康資は、江戸太田資高《すけたか》の次男で、享禄四年（一五三一）生まれ。母は氏綱の娘浄《じょう》心院《しんいん》であったため、次男であったが資高の嫡子とされ、天文十六年の資高の死去の後にその家督を継いだ。仮名新六郎を称した。「新」字は北条氏当主歴代の仮名新九郎から与えられたものであり、実名康資は氏康の偏諱を与えられたものである。婚姻は永禄年間（一五五八〜七〇）初頭頃のこととみられ、同四年に嫡子資綱《すけつな》を生んでいる。他に一女を生んでいる。*150

婚姻にあたって氏康の養女とされたが、これにより江戸太田氏は、二代にわたって北条氏と姻戚関係を結んだことになる。北条氏が領内家臣とこのような関係を形成している事例は他にはない。江戸太田氏は、領内家臣といっても、所領規模やその支配における独自性などは、領国外の他国衆に匹敵する存在であったから、氏康もその存在を重視し、関係の密接化のために養女を嫁がせたとみられる。

＊150　『扇谷上杉氏と太田道灌』（岩田選書地域の中世1）岩田書院、二〇〇四年

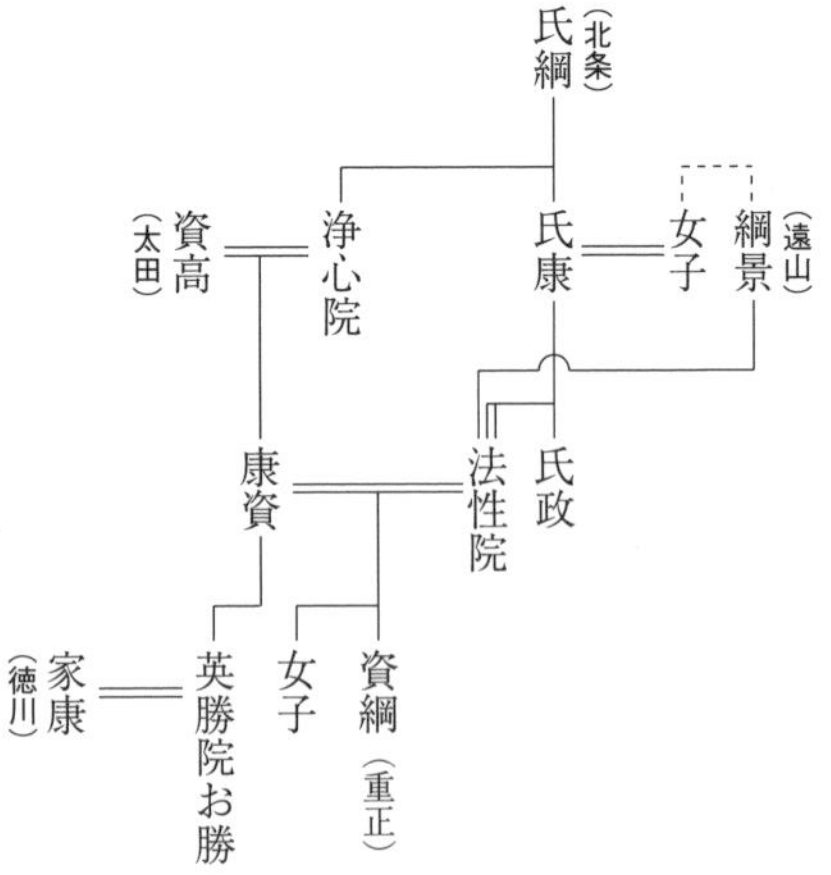

系図26　北条氏・江戸太田氏関係系図2

そして、その養女に遠山綱景の娘があてられたのは、遠山氏が江戸衆筆頭かつ江戸城代として、江戸地域支配を管轄する存在であり、また、江戸太田氏に対して指南（取次）を務めていた関係によるとみられる。

しかし、同六年末に康資は北条氏から離叛し、翌七年正月の第二次国府台合戦によって上総に没落した。法性院は、北条氏から追及をうけたが、それをかわしつつ、幼い二子を連れて、ようやく上総の康資のもとにたどり着いたという。

上総移住後、康資は里見氏の本拠久留里《くるり》城（千葉県君津市）に居住し、元亀三年（一五七二）頃にその宿老正木憲時《のりとき》の居城小田喜《おだき》城（同大多喜町）に移った。天正九年（一五八一）九月に、正木憲時は里見氏への叛乱の結果、滅亡する。その本拠に居住していた康資も、叛乱与同の責任を問われたのであろう、十月十二日に同城で自害している。

法性院とその子は責任を問われず、法性院はその後も里見氏領国内に居住して、同十六年三月二十七日に安房小湊誕生寺《こみなとたんじょうじ》（千葉県鴨川市）で死去した。享年は四十七、法名は法性院宗覚日悟といった。＊151

小湊誕生寺　千葉県鴨川市

＊151　「太田家記」

第四章　四代氏政とその妻子

一、最大版図を築いた四代・氏政

■謙信、信玄としのぎを削る日々　北条氏政は、天文八年（一五三九）に北条氏三代氏康の次男として生まれたと推定される。幼名は松千代丸と推測され、母は氏康正室の瑞渓院殿（今川氏親の娘）である。兄として、氏康の嫡子であった新九郎氏親（天用院殿）がいたが、天文二十一年に十六歳で死去してしまった。そのため、次男であった氏政が嫡子とされた。元服時期は明確でないが、十五歳となった同二十二年の可能性が高い。歴代の仮名の新九郎を称した。翌年の同二十三年十二月には、甲斐武田信玄（当時は晴信）の長女（黄梅院殿）を正室に迎えている。

永禄二年（一五五九）十二月二十三日、二十一歳のときに氏康から家督を譲られて北条氏の四代当主になった。しかし、この家督交替は、数年前からの領国疲弊をうけて、新たな王による世直しのためであったから、しばらくは父氏康が政治・軍事ともに主導していくことになる。そうして、氏康からは徐々に領国支配や軍事・外交の権限を譲られていき、同八年末には氏康は出陣をしなくなり、さらに翌同九年五月には、氏康から左京大夫の官

北条氏政の花押（1）

北条氏政の花押（2）

北条氏政画像　神奈川県箱根町・早雲寺蔵

職を譲られて、名実ともに北条家当主として振る舞うようになっている。

家督を継いで一年も経たない永禄三年九月から、越後上杉謙信（当時は長尾景虎）の関東侵攻をうけた。それにより、武蔵北部までの国衆のほとんどが謙信方に付いてしまい、同四年三月には、北条氏の歴史上、初めてとなる、本拠の小田原城への攻撃をうけることになる。しかし、謙信が退陣した後は、離叛した国衆を個々に攻撃していくなどして、勢力の回復をすすめていった。謙信との関東支配をめぐる抗争は、同九年まで連綿と続けられたが、同年には謙信方国衆のほとんどを服属させ、謙信への優位を確立させた。

ところが同十一年十二月、武田信玄が駿河今川氏の領国に侵攻、氏政は今川氏支援を決し、信玄との同盟を破棄して信玄との抗争を展開していく。それにともなって上杉謙信とは同盟締結をすすめていった。謙信との同盟は、同十二年六月には一応の成立をみた。その際、関東管領職の地位を謙信に譲り、上野・北武蔵の国衆を謙信の帰属とするなど、大きな譲歩をしている。

しかし、謙信からは有効な支援を得られず、信玄との抗争は劣勢の展開となり、小田原

北条氏政の印判「有効」

上杉謙信銅像　新潟県上越市・春日山城跡

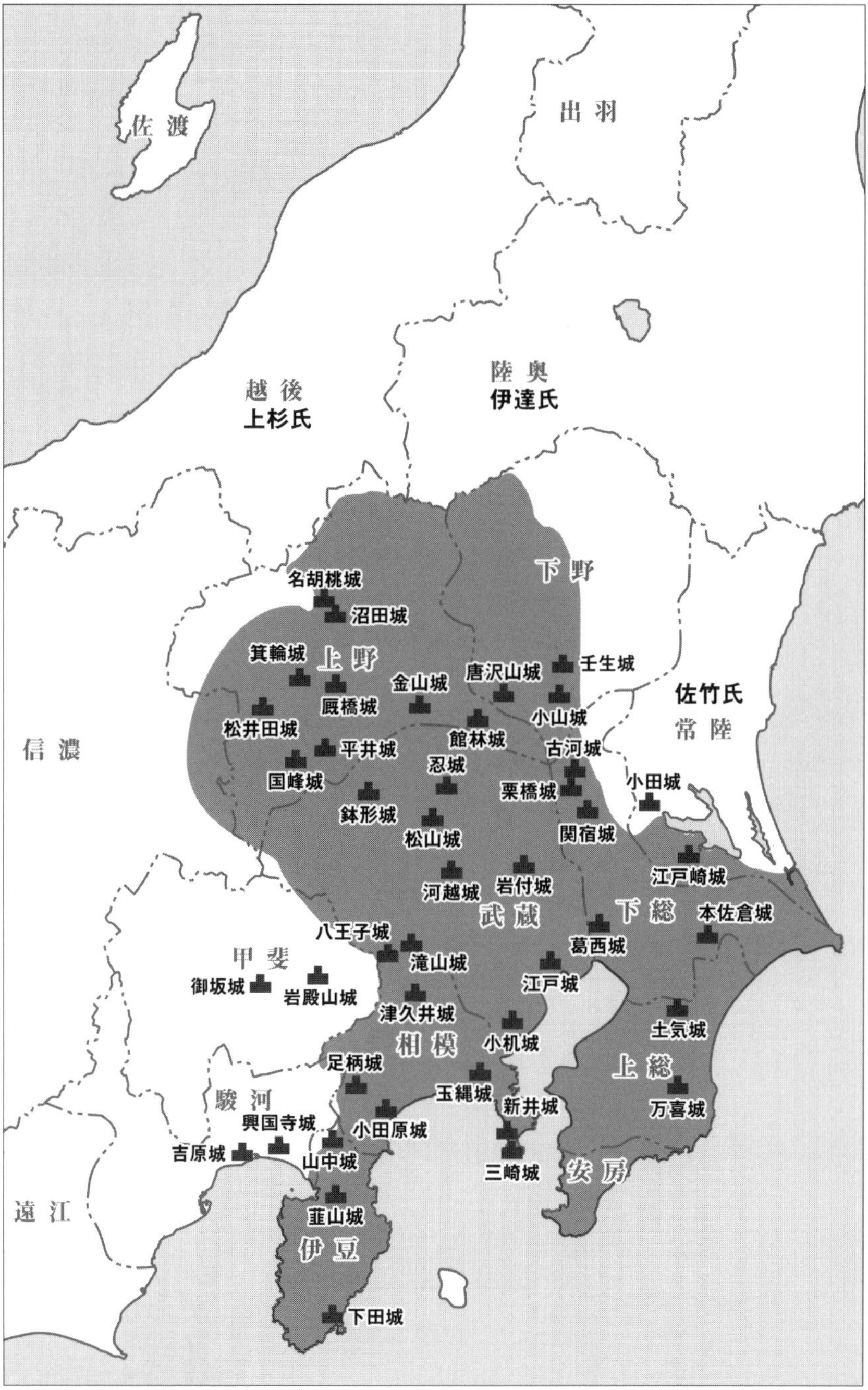

図2　氏政時代の最大版図

城を攻められたうえ、駿河のほとんど、武蔵の一部まで経略されてしまった。そのため謙信との断交、信玄との再同盟がすすめられ、元亀二年（一五七一）十月の氏康死去を契機に、外交関係の大転換が実現された。そうして再び、信玄と同盟し、謙信との抗争を展開していく。

天正二年（一五七四）には古河公方足利家の再統合を果たし、同四年には武田勝頼に妹を嫁がせて、武田氏との関係も優位にした。また、謙信の関東への出陣は同年が最後になっており、謙信との抗争にも事実上、目途をつけた。そしてその後は、謙信を頼っていた常陸佐竹氏を中心とした東方の勢力との抗争を展開していくことになる。

■織田・豊臣政権とのかかわりと北条氏滅亡　天正七年（一五七九）七月、前年からの越後御館の乱への対応の違いがもとになって、武田勝頼との同盟が破棄された。勝頼は佐竹氏らと結んだため、氏政は遠江徳川家康、さらに「天下人」[1]織田信長と結んで、勝頼との抗争を展開した。そして同八年三月には、織田信長へ従属を表明し、信長からも認められたため、嫡子氏直に信長の娘を正室に迎えることが決められた。これをうけて氏政は、同年八月十九日に家督を氏直に譲った。以後、氏政は「御隠居様」と称され、「截流斎《せつりゅうさい》」を称することになる。ただ、しばらくは氏政が政治・軍事ともに主導しており、氏直にそれらの権限が譲られるのは、同十年からのことになる。そして、氏直とともに出陣するのも同十二年を最後としている。

滝川一益画像　『英名百雄伝』

＊1　「天下人」　天下（日本全国または その中心たる京都）を統一し、支配する者。織田信長は永禄十年（一五六七）から「天下布武」の印判を用いており、武力による天下平定を目指した。この信長の遺志は、羽柴秀吉、徳川家康へと受け継がれた。

しかし、天正十年六月の本能寺の変を契機に織田氏から独立し、織田氏の関東支配担当の滝川一益《たきがわかずます》と対戦、これを破って上野・信濃に進出していった。また、甲斐にも出兵し、旧武田領国をめぐる「天正壬午《てんしょうじんご》の乱《らん》」*2を展開していった。結局、同年十月に徳川家康と和睦・同盟し、上野を北条領、甲斐・信濃を徳川領とする協定を結んだ。この和睦は氏政が担当しており、氏政はそうした外交を主導し続けていたのであった。その後、織田政権内の権力闘争で、家康は羽柴秀吉と対立、北条氏と対立していた越後上杉景勝・常陸佐竹氏らは秀吉と結び付いた。そのため、北条氏は秀吉と対立関係に入っていった。

一方で氏政は、天正十年閏十二月に古河公方足利義氏が死去し、同家が事実上断絶すると、公方家領国の支配を担うようになる。これと同時に武蔵江戸領*3・同岩付領*4の支配、さらには同十三年からは下総佐倉領の支配を担っていく。全体的な領国支配や国衆統制は当主氏直が担当したが、氏政はそのなかで、それら諸地域支配を担い、また、外交を主導する存在になっていた。同十四年に家康が秀吉に従属すると、秀吉から討伐の対象とされ、同十五年から領国の防衛態勢を構築、同十六年初めには軍勢を小田原に召集する。しかし、二月から家康などを通じて秀吉と和睦交渉をすすめ、五月に無条件での従属を表明し、秀吉と和睦する。そして八月にその御礼の使者として弟氏規が上洛する。だが、この決定を氏政は了承していなかったらしく、それからしばらく、実際に隠居するとして、政務に関与しなくなっている。

しかし同十七年二月から、秀吉のもとでの領国画定問題の裁定が行われる頃には政務に

---

*2　天正壬午の乱　本能寺の変後、織田氏の諸将が撤退したことで空白地帯となった旧武田領国（甲斐・信濃・上野）で繰り広げられた領土争奪戦。基本的には北条氏直と徳川家康の戦いであったが、上杉景勝や真田昌幸・木曽義昌ら武田旧臣の思惑も絡んで複雑な様相を呈した。なお、壬午は天正十年（一五八二）の干支である。

*3　江戸領　武蔵国豊島郡にあった江戸城を中心とした領域。江戸城は康正三年（一四五七）、扇谷上杉家臣太田道灌による築城。大永四年（一五二四）以降、北条氏の支配下に入った。

*4　岩付領　武蔵国埼玉郡にあった岩付城（岩槻城）を中心とした領域。太田氏の本領。

復帰、上野沼田領問題の裁定を受け容れて、十二月の上洛・出仕を約束する。ところが、上洛にとりかかるべき十月末、上野名胡桃城奪取事件が生じ、それへの対応をめぐって秀吉との交渉は決裂してしまい、十二月から秀吉侵攻への備えをとっていく。そして、同十八年三月から秀吉軍による侵攻をうけ、四月から小田原城での籠城戦を展開していったものの、領国のほとんどを経略されて、七月五日に当主氏直が秀吉に投降、北条家は滅亡した。それをうけて氏政も同十日に出城、翌十一日に開戦の責任を負って自害させられた。

二、氏政の妻と子ども

■氏政の妻　氏政の妻は、二人の存在が確認される。最初の妻は武田信玄の長女黄梅院殿、後妻は出自不明の鳳翔院殿である。その他、側室ないし妾として、三男氏房《うじふさ》・五男直定《なおさだ》の母の存在が確認されている。

黄梅院殿は、天文十二年（一五四三）生まれ。同二十三年十二月に、甲相駿《こうそうすん》三国同盟形成の一環として氏政に嫁いだ。[*5] その後は、「小田原南殿」と称されている。弘治元年（一五五五）十一月八日に氏政の男子を出産しているが、[*6] この子は早世したとみられる。

次いで同三年にも懐妊し、十一月十九日に父信玄は富士御室浅間社《ふじおむろせんげんしゃ》（山梨県富士河口湖町）に安産を祈願している。[*7] おそらく同年末頃に出産したとみられるが、男女の別は不明である。氏政の子女の出生順を考えると、千葉邦胤《くにたね》室（芳桂院殿《ほうけいいんでん》）となる娘の可能性が推測さ

北条氏政・氏照の墓　神奈川県小田原市

*5 「勝山記」小Ⅰ四四六

*6 「勝山記」小Ⅰ四四六

*7 「富士御室浅間神社文書」小Ⅰ四四九＊8 高橋健一「芳桂院―戦国期東国の一女性とその周辺―」（石橋一展編著『下総千葉氏』〈シリーズ・中世関東武士の研究第一七巻〉戎光祥出版、二〇一五年）

*9 「富士御室浅間神社文書」小Ⅰ四五六・「諏訪文書」

れている。[8]

その後、永禄五年（一五六二）に長男氏直を生んでいる。さらに同九年にも懐妊したことが知られ、五月・六月に父信玄は先と同様に安産を祈願している。[9] このときに生まれたのは、四男直重《なおしげ》の可能性が指摘されている。[10] しかし、直重の生年は、後にみるように天正元年（一五七三）の可能性が高いから該当しない。動向から考えると、次女里見義頼《よしより》室（竜寿院殿《りゅうじゅいんでん》）の可能性が高いとみなされる。

また、三男氏房についても、これまでは黄梅院殿の所生とみなされてきていて、旧版でもそのように扱っていたが、その後、生母は五男直定と同じで、黄梅院殿とは別人であることが明らかになっている。[11] したがって、黄梅院殿の所生は弘治元年生まれの某のほかは、千葉邦胤室（芳桂院殿）・氏直・里見義頼室（竜寿院殿）とみることができる。[補注1]

しかし、永禄十一年十二月の信玄の駿河侵攻によって、北条氏と武田氏の同盟関係は崩壊し、おそらく翌十二年になって黄梅院殿は離別され、武田氏のもとに返された。[補注2] 堪忍分として甲斐南古荘《なごのしょう》内定納《じょうのう》一六貫文余を与えられている。[12]

そして、同年六月十七日に甲府で死去した。享年は二十七、法名は黄梅院殿春林宗芳大禅定尼といった。[13] 甲府大泉寺内に、菩提寺として黄梅院が建立された。後に北条氏でも、天正三年（一五七五）に早雲寺内に菩提寺として同名の寺院を建立している。

後妻の鳳翔院殿については、具体的なことはほとんど伝えられていない。天正十年（一五八二）の「相州道者日記」[14] に、「御隠居様」（氏政）に続いて「御せんさま」とあるの

＊10　佐藤八郎「武田信玄の娘たち」（磯貝正義編『武田信玄のすべて』新人物往来社、一九七八年）

＊補注1　その後、氏直は黄梅院殿の所生ではなく、庶出の可能性が高いと推定されている（浅倉直美『小田原北条氏一門と家臣〈中世史研究叢書三七〉』岩田書院、二〇二三年）。

＊11　「北条氏房の研究」（『北条氏房』〈論集戦国大名と国衆19〉岩田書院、二〇一五年）

黄梅院跡　山梨県甲斐市

氏政
松千代丸カ・新九郎・左京大夫
相模守・截流斎
母瑞渓院殿
天正18・7・11没（52）
慈雲寺殿勝巌宗傑大居士

＝黄梅院殿
武田晴信娘
永禄12・6・17没（27）
黄梅院殿春林宗芳大禅定尼

・鳳翔院殿
天正18・6・22没
鳳翔院殿寄雲宗崇大禅定尼

源五郎
太田氏資養子
国増丸
天正10・7・8没（19カ）
広徳寺殿功林宗勲大禅定門

＝太田氏資娘
母北条氏康娘

某
弘治元・11・8生
早世
母黄梅院殿

千葉邦胤室
母黄梅院殿カ
氏直姉
天正8・5・晦没（24カ）
芳桂院殿貞室隆祥大禅定尼

氏直
国王丸・新九郎・左京大夫・見性斎
初今川氏真養子
母黄梅院殿
天正19・11・4没（30）
松巌院殿大円宗徹大居士

源蔵
北条氏照養子
鶴千代・釆女
鎌倉明月院住職以心伝公
天正12生カ
寛永12・5・19没（52カ）

勝千代
天正18生

が彼女にあたるとみなされ、これが当時の史料での唯一の所見となる。これによって、同年には氏政の後妻になっていたことが確認される。

　これまでは、同十八年の小田原籠城中に生まれた七男勝《かつ》千代《ちよ》は、彼女の所生とみられてきた。旧版ではそれに依拠していたが、この点については根拠となる材料はなく、単に後妻の所生と推測されたためと思われる。ただし、その可能性がないわけではない。

　そして、籠城中の同年六月二十二日に死去し、法名を鳳翔院殿寄雲宗崇大禅定尼といった。[*15] これは、氏政の母瑞《ずい》

＊補注2　その後、黄梅院殿は離婚されず、小田原城に居住を続けた可能性が高いと推定されている（浅倉直美『小田原北条氏一門と家臣』）。

＊12　「大泉寺《だいせんじ》文書」『戦国遺文武田氏編』一六二〇号

＊13　「北条家過去帳」小Ⅰ四六二

＊14　「御師関係文書断簡」（『埼玉県史料叢書12』六五七号）

＊15　「伝心庵過去帳」

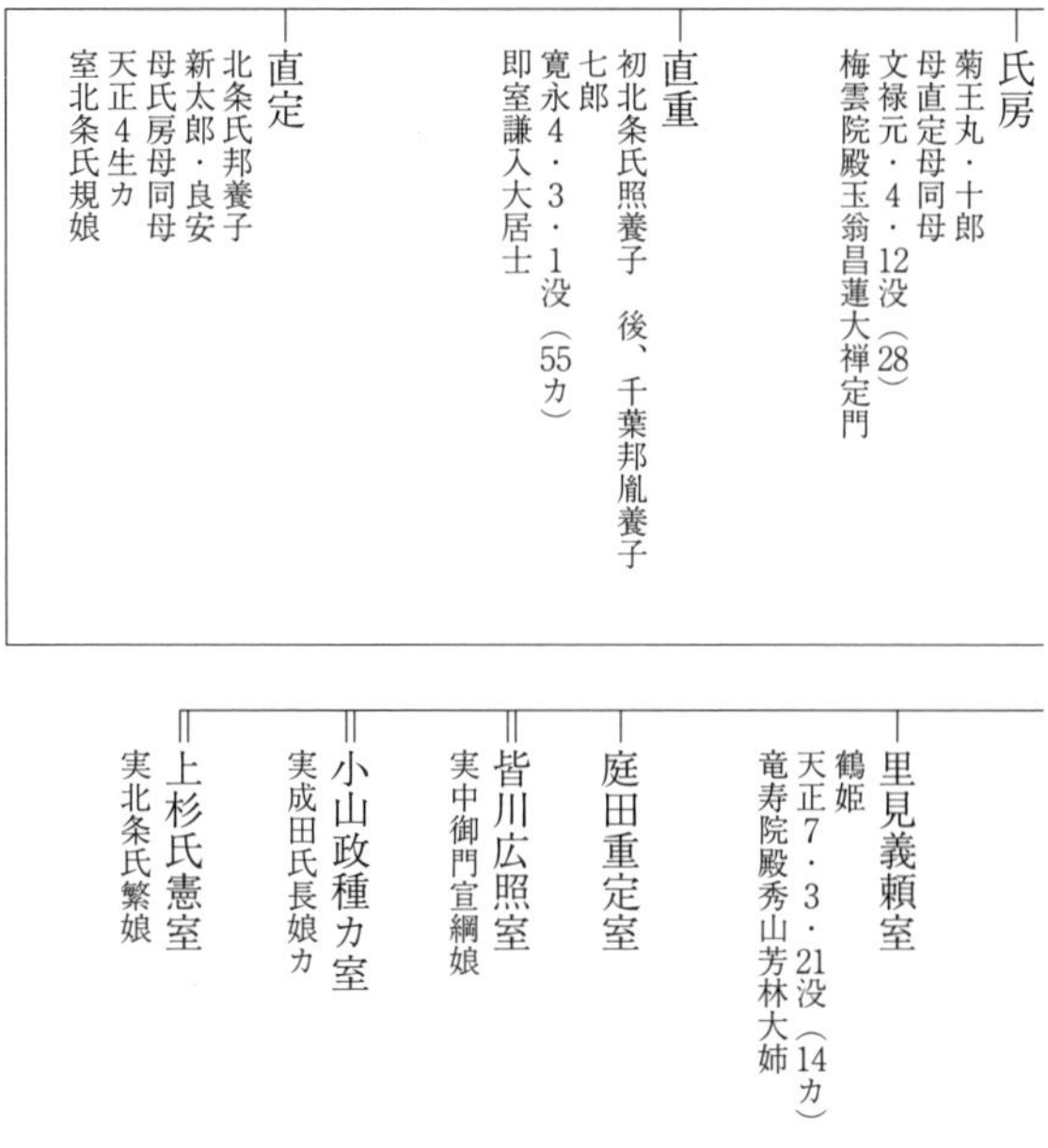

系図27　北条氏政とその妻子

渓院殿《けいいんでん》と同日の死去であるから、自害の可能性があろう。これに関して「駿河大宅高橋家過去帳一切」には、「自害」と明記している。

側室ないし妾として、三男氏房・五男直定の母がいる。氏房は永禄八年生まれとみなされ、直定は天正四年生まれの可能性が高いとみられている。同十八年の小田原合戦後の生存が確認され、文禄元年（一五九二）十月の時点で、備前国に在所していたことが明らかになっている。[*16] しかし、出自などは不明である。なお、「今川家瀬名家記」にも、氏房・「氏時」（直定）について「別腹・同」と注記していて正確であり、注目される。これにより、同史料の記載には一定の史料性が確認されるといえる。

■氏政の子女　氏政の子女は、七男三女の存在が知られている。男子は氏直・源五郎・氏房・

＊16　「北条氏房の研究」（『北条氏房』〈論集戦国大名と国衆19〉岩田書院、二〇一五年）

直重・直定《なおさだ》・源蔵《げんぞう》・勝千代である。女子は千葉邦胤室（芳桂院殿）・里見義頼室（竜寿院殿）・庭田重定《にわたしげさだ》室である。他に養女が二人あり、皆川広照《みながわひろてる》室（実は中御門宣綱《なかみかどのぶつな》の娘）・小山氏室である。長男の氏直が、北条氏五代当主になる。ここではそれ以外についてまとめておきたい。

■太田源五郎　氏政の次男で、幼名は国増丸といった。永禄十二年（一五六九）に「五歳・六歳」といわれているから、[17] 生年は同七年か八年であったことが知られる。

永禄十二年の越相同盟において、氏政は実子を上杉謙信の養子とすることとなり、六月に国増丸が決定されている。[18] しかし十月になって、氏政は幼少を理由に難色を示し、そのため謙信の養子には、氏政の末弟三郎（景虎）に変更されている。

その後、国増丸は天正三年（一五七五）頃までに、武蔵岩付《いわつき》城に入部している。[19] これは国増丸が、岩付太田氏の名跡《みょうせき》を継承したことによるとみられる。岩付太田氏は、永禄十年の氏資の死去により、当主不在の状態となっていた。国増丸は、その遺女の婿となって家督を継承した。

この頃、岩付城には玉縄北条氏繁が城代として領域支配を行っていたが、国増丸の入部により、取次を務める氏政の側近笠原康明《かさはらやすあき》との関係が義絶状態となったというから、同領支配をめぐって対立が生じたことがうかがわれる。同八年には元服して、仮名源五郎を称している。[20]

仮名源五郎は、岩付太田氏の当主歴代のものであるから、これによっても源五郎が同氏

太田源五郎の花押（1）

太田源五郎の花押（2）

太田源五郎の朱印

の名跡を継承した存在であったことがわかる。同時に実名《じつみょう》を称したとみられるが、伝えられていない。

また、同年十二月から印文未詳の朱印状を発給し、岩付領支配を開始している。[*21]おそらく、同年八月の兄氏直の家督継承を契機として元服し、独自の領域支配を開始したとみられる。

同十年の武田領国への侵攻においては、駿河方面の大将の一人を務め、河東地域からさらに富士川沿いを北上している。[*22]しかし、同年七月八日に死去した。享年は十八もしくは十九となる。法名は広徳寺殿《こうとくじでん》功林宗勲大禅定門といった。[*23]早雲寺内に菩提寺として広徳寺が建立された。源五郎の死去によって、岩付太田氏は断絶した。

■**北条氏房**　氏政の三男で、永禄八年（一五六五）生まれ。母はこれまで黄梅院殿とされてきたが、近時、それとは別人で、弟直定と同母兄弟であったことが確認された。[*24]幼名は菊王丸《きくおうまる》といった。[*25]天正八年（一五八〇）十二月に、父「御隠居様」氏政、兄「御屋形様」氏直・源五郎と並んで、菊王丸の名で西郡大井宮《おおいのみや》（神奈川県大井町）に料足《りょうそく》を寄進している。[*26]時に十六歳である。

その後に元服し、仮名十郎、実名氏房を称した。翌九年九月に仮名十郎が確認されるから、[*27]その間に元服したことが知られる。おそらく、前年末頃のことであったとみられる。

天正十一年七月二十八日に、岩付領内に朱印状を発給しているのが発給文書の初見であ

＊17　「北条文書」戦一三二三

＊18　「上杉文書」戦一二五三

＊19　「武州文書」戦四一一〇

＊20　「三島神社文書」戦二二一四

＊21　「内山文書」戦二三一一

＊22　「渡井文書」戦二三三三～四

＊23　「伝心庵過去帳」

＊24　「北条氏房の研究」（『北条氏房』〈論集戦国大名と国衆19〉岩田書院、二〇一五年）

＊25　佐脇栄智「北条氏房」（『国史大辞典十二巻』）

＊26　「三島神社文書」戦二二一四

＊27　「東慶寺文書」戦二二七二

る。[28] この頃までに、氏房が岩付領支配を継承したことがわかる。朱印は、印文「心簡剛《しんかんごう》」を刻んだ円形のものである。

岩付領は、前年七月の兄源五郎の死去後は、北条氏の直接支配が展開されていたから、氏房はそれにかわって同領支配を展開することとなった。ただし、同十三年七月頃までは父氏政の後見をうけており、岩付衆に対する軍事指揮権や領内裁判権は氏政が管轄していた。

なお、氏房の岩付城主化について、以前は岩付太田氏の名跡を継承したものとされることがあったが、氏房は平姓を称しているから、[29] 北条名字であったことを確認できる。同十三年七月に婚姻したことが確認されるが、[30] 妻の出自などは不明である。ただし、この妻が小少将にあたるとみなされる。婚姻の行列は江戸城から出発していることから、江戸城在城者の娘であった可能性も想定されるが、父氏政が同城まで送ってきて、それを迎えたにすぎないとも考えられる。小少将という名からすると、小田原城の女房衆の出身とも思われ、その場合には小田原城から出立してきたものとなる。

その場合、最も可能性が高いのは、氏政正室鳳翔院殿の女房衆とみられる。氏房はこの後、兄弟のなかでは当主氏直に次ぐ扱いをうけることからすると、婚姻にともなって鳳翔院殿と養子縁組した可能性も想定される。そのことが、江戸時代に氏房の母を氏直と同母とする所伝を生み出したとも思われる。

そして、この婚姻を契機にするように、父氏政の後見はみられなくなり、以後の氏房は

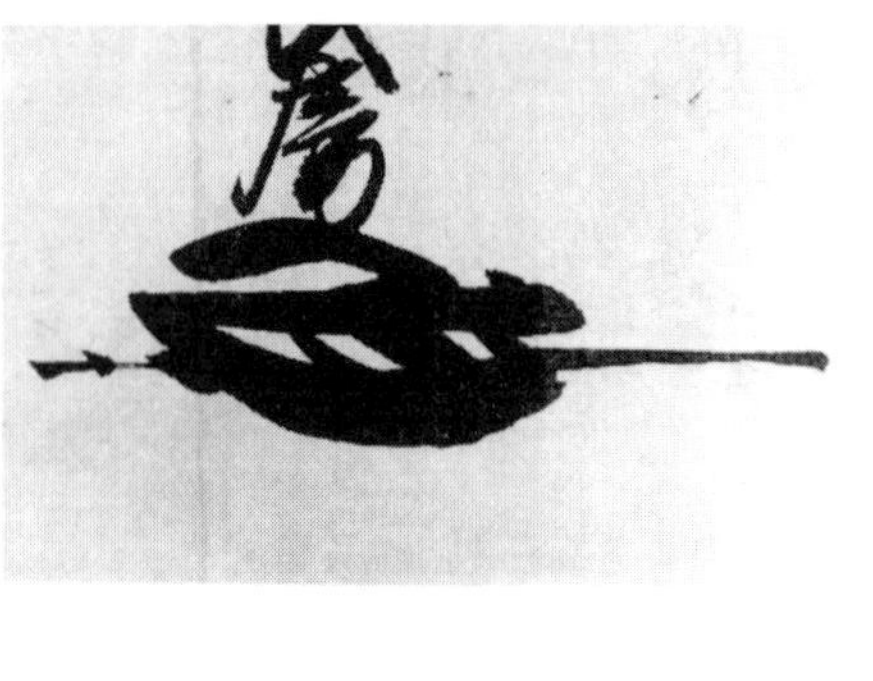

北条氏房の花押

北条氏房の朱印「心簡剛」

独自に岩付領支配を展開していった。同十八年の小田原合戦では、氏房は小田原城に籠城し、岩付城には「氏政妹」（太田氏資後室、長林院）「其息女」（源五郎後室）「十郎妻女」（氏房の妻小少将）の家族が在城している。[*31] 同城の落城により彼女らは出城したとみられるが、その後の動向はいずれも不明である。

一方の氏房は、小田原城開城後は兄氏直に従って高野山に隠棲した。翌十九年に氏直が羽柴秀吉から赦免されると、氏房も赦免され、秀吉の旗本《はたもと》家臣として取り立てられたとみられる。そして、翌文禄元年（一五九一）には肥前名護屋《なごや》（佐賀県唐津市）に在陣するが、四月十二日にそのまま同地で死去した。享年は二十八、法名は梅雲院殿《ばいうんいんでん》玉翁昌蓮大禅定門といった。[*32]

なお、氏房については、肥前唐津（唐津市）の寺沢広高《てらさわひろたか》（当時は正成）に預けられたとする所伝があるが、秀吉からの赦免にともなう高野山からの下山後に、あらためて他者に預けられるということは想定できない。そもそも、寺沢氏が唐津に入部するのはその後のことであった。この所伝は、墓所が後に寺沢氏領となったことから生じた憶測にすぎず、寺沢氏とは特別な関係はなかったと考えられる。

むしろ、「医王寺《いおうじ》略縁起」[*33]によれば、名護屋城で死去した氏房の葬送が同寺で行われたのは、兄氏直の舅である徳川家康の指示によると伝えられている。氏房は、兄氏直とともに、家康の指南を得ていたとみられる。そのため氏房は、家康婿の氏直の弟として、家康と密接な人物として位置していたと考えられる。

＊28　「武州文書」戦三五五八
＊29　「鶴岡八幡宮文書」戦三九三二
＊30　「豊島宮城文書」戦三八二七
＊31　「北徴遺文」戦四五四一
＊32　「伝心庵過去帳」・「医王寺位牌」『岩槻市史古代・中世史料編Ⅱ』
＊33　『佐賀県史料集成二七巻』

なお、氏房の妻・小少将については、その後の生存が確認されていて、文禄四年の時点で大坂に在所し、「岩付御前さま」と称されていたことが知られる。[*34] これに関しては、「太田潮田系図」[*35] に、氏資娘のこととされているが、氏房妻について「於摂州大坂病死」とあることから、同所に在所し続け、同所で病死したことが知られる。

■北条直重　氏政の四男。これまで母は黄梅院殿とされ、生年は永禄九年（一五六六）の可能性が推測されてきた。[*36] しかし、「堀尾古記」天正十八年（一五九〇）条に、「七郎十八」とあることから、天正元年生まれの可能性がでてきている。したがって、母は黄梅院殿ではなかったと考えられる。

元服の時期は不明であるが、仮名七郎を称した。史料上の初見は、天正十七年四月である。[*37] 初めは叔父氏照の養子となったとみられるが、天正十三年五月の下総作倉領の千葉邦胤の死去により、その婿養子となることになった。しかし、千葉氏家中《かちゅう》は親北条氏と反北条氏に分裂し、両勢力の対立は深刻化した。親北条氏の原胤長《はらたねなが》は、北条氏の進軍を要請し、これをうけて十一月に氏直が作倉領に進軍した。さらに作倉城（千葉県酒々井町・佐倉市）の近辺に新たに鹿島《かしま》城（同佐倉市）を築城し、同城に邦胤母と邦胤娘（母は氏政の娘芳桂院殿）を入部させた。こうした軍事的圧力をもって、反北条氏の原親幹《ちかもと》を屈服させ、作倉領の接収を果たしている。

実名直重は、兄氏直から偏諱を得たもので、その史料上の初見は、同年八月である。[*38]

---

*34　「御師関係文書断簡」（『埼玉県史料叢書12』参二八号）

*35　『岩槻市史古代・中世史料編Ⅱ』所収

*36　佐藤八郎「武田信玄の娘たち」（磯貝正義編『武田信玄のすべて』新人物往来社、一九七八年）

*37　「楓軒文書纂五三」戦三四四七

*38　「原文書」戦三四八〇

その後、同領支配は「御隠居様」氏政が管轄した。一方の直重の家督継承は、順調にはすすまなかったようで、同十七年八月にようやく実現している。[*39] 妻となった邦胤の娘は、姉芳桂院殿の娘であるから、姪にあたる。彼女は天正二年生まれであった。[*40]

直重は、作倉領支配を氏政から継承することを予定されていたとみられるが、その機会が訪れないまま、小田原合戦を迎えた。[*41] 合戦においては小田原城に籠城し、「小田原陣仕寄陣取図」に、氏政の守備担当の水《みずの》尾《お》口《ぐち》の守備に「下総千葉殿、氏直弟也」と記されている。

北条氏滅亡後は、兄氏直に従って高野山に隠棲したが、後に赦免されたとみられ、阿波蜂須賀《はちすか》家政《いえまさ》に仕え、知行五〇〇石を与えられた。文禄四年（一五九五）の「京大坂之御道者之賦日記」[*42]に、「北条七郎入道殿様」とみえ、「只今八四国阿波ニ御座候」と注記されており、同年までに蜂須賀家に仕えたことが確認される。

慶長二年（一五九七）の「蜂須賀家分限帳《ぶげんちょう》」に、「北条七郎知行分」として坂東沖大幸

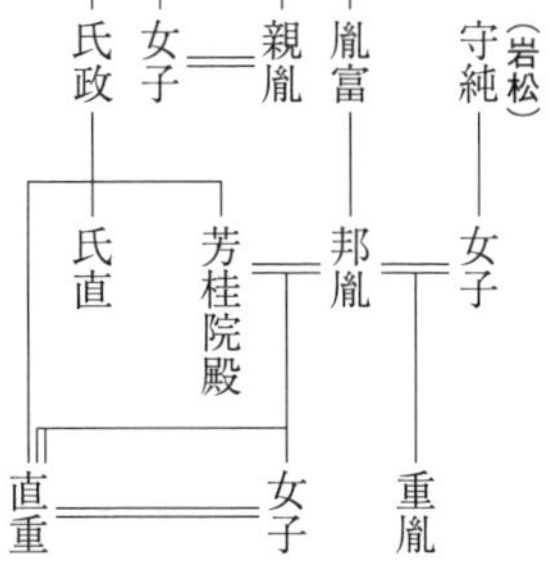

系図28　北条氏・千葉氏関係系図2

一七四石余・同椎本三三〇石の計五〇〇石が記載されている。また、これらによって北条氏滅亡後は北条名字に復したことも確認される。そして、寛永四年（一六二七）三月一日に死去した。享年は、天正元年生まれであったとすれば五十五と推測される。法名は即室

＊39　「原文書」戦三四八〇
＊40　「千学集抜粋《せんがくしゅうばっすい》」（『戦国遺文房総編補遺』所収）
＊41　「北条氏の作倉領支配」（『戦国大名北条氏の領国支配』〈戦国史研究叢書1〉岩田書院、一九九五年）
＊42　「御師関係文書断簡」（『埼玉県史料叢書12』参二八号）

北条直重の花押

直重　初北条氏照養子　後、千葉邦胤養子
七郎
寛永4・3・1没（55カ）
即室謙入大居士

＝千葉邦胤娘
天正2生　母北条氏政娘

・市原如雪妹

- 十三郎　母市原如雪妹
- 女子　母市原如雪妹
  ＝重昌　実益田典正男
  納之助・与次右衛門・左兵衛・六大夫

系図29　北条直重とその妻子

謙入大居士といった。[43]

妻の千葉邦胤娘のその後の動向については、ほとんど不明である。「海上《うなかみ》年代記抜萃」[44]に、天正十八年正月十八日のこととして、「小田原御前方作倉へ落」とあるのは彼女のことであろうか。夫直重に従って小田原に在所していたのであろうか。

北条氏滅亡後は、「千葉伝考記」（千葉家の老臣召出さる、事）（国史叢書本刊本）によれば、扶持米《ふちまい》二〇〇俵を付与され、継母（岩松守純《いわまつもりずみ》の娘）とその所生の弟亀王丸《かめおうまる》（重胤《しげたね》、天正十一年生まれ）とともに千葉に居住していたという。しかし早世したため、扶持米二〇〇俵は召し上げられたという。およそ慶長年間（一五九六～一六一五）前半頃のこととみられる。[45]

直重は、阿波徳島（徳島市）に移住後に、蜂須賀氏家臣市原《いちはら》実兵衛入道如雪《じょせつ》の妹を後妻に迎えている。一男一女があったが、嫡子十三郎《とさぶろう》は早世している。そのため、蜂須賀氏重臣益田《ますだ》大膳典正《のりまさ》の三男納之助《のうのすけ》を娘の婿養子に迎え、家督を譲っている。納之助は、直重から偏諱をうけて重昌《しげまさ》と称した。通称は与次右衛門、左兵衛、六大夫と称しており、初め北条名字を称したが、後に大石名字に改めている。直重がかつて叔父氏照の養子となっていたから、これは氏照の養子先の名字を採ったものとみられる。さらに、その三代後からは

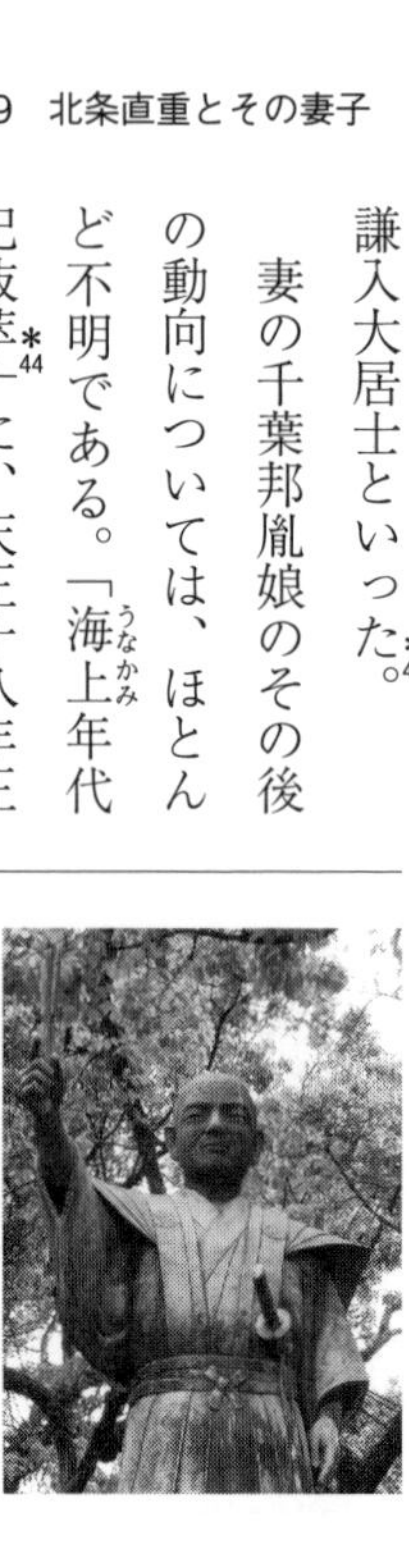

蜂須賀家政銅像　徳島市・徳島中央公園

＊43　「北条家過去帳」

＊44　『戦国遺文房総編第四巻』所収

＊45　高橋健一「芳桂院」（石橋一展編『下総千葉氏』〈シリーズ・中世関東武士の研究第一七巻〉戎光祥出版、二〇一五年）

伊勢名字に改めており、幕末に至っている。[*46]

■北条直定　氏政の五男。叔父氏邦の養子となり、仮名新太郎を称した。生年については、「堀尾古記」天正十八年（一五九〇）条に、「新太郎　十五」とあることから、天正四年生まれの可能性が高いとみなされる。また、兄氏房と同母の兄弟であったことがわかっている。[*47]

年代は不明だが、高野山高室院の堯順房《ぎょうじゅんぼう》に宛てた書状一点があり、「北条新太郎直定」との署名がみられる。[*48] 実名は、兄氏直から偏諱を得たものとみられる。各種北条系図では実名を「氏定《うじさだ》」としているが、確認できない。北条氏滅亡後に改名したのであろうか。

「異本小田原記」には、小田原籠城衆として「北条新太郎」を挙げているので、小田原合戦以前の元服と、合戦での同城籠城が知られる。また、同年と推測される氏邦書状写に「新太郎」とみえている。[*49] 合戦後は、兄氏直に従って高野山に隠棲したとみられるが、その後の動向は明確ではない。

高室院「北条家系図」では、直定について「似安」と記しているが、これは法名とみなされる。ただし、これは誤記とみられ、正しくは「良安」であったらしい。文禄元年（一五九二）十月の時点で「良安」とみえている。なお、このときの在所は不明である。[*50] 次いで同四年の「京大坂之御道者之賦日記」[*51]に、「北条新太郎殿」とみえている。在所地は注記されていないが、京か大坂であったろうか。これが直定に関する終見である。

＊46　「伊勢黙介成立書并系図共」

＊47　「北条氏房の研究」（『北条氏房』〈論集戦国大名と国衆19〉岩田書院、二〇一五年）

＊48　「高室院文書」戦四〇四八

＊49　「赤見昌徳氏所蔵文書」戦三四二九

＊50　「松野文書」（『埼玉県史料叢書12』参二〇）

＊51　「御師関係文書断簡」同前参二八

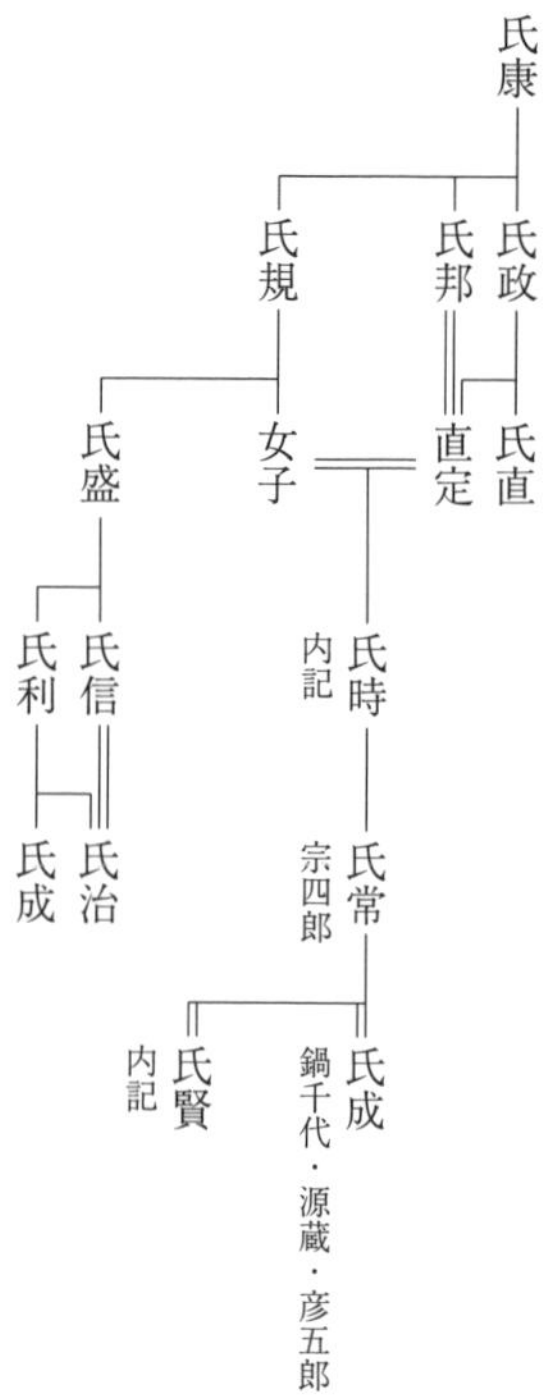

系図30　北条直定関係系図

妻は叔父氏規の娘で、元和三年（一六一七）六月に死去している。この時点で、直定はすでに死去していたと推測される。その子に氏時があり、通称内記を称した。紀伊徳川頼《より》宣《のぶ》に仕え、「国初御家中知行高」には、寄合衆のうちに「千石　北条内記」とみえており、知行一〇〇〇石を与えられていたことが知られる。

氏時の子には氏常《うじつね》があり、仮名宗四郎を称し、寛永五年（一六二八）生まれで、慶安三年（一六五〇）九月十六日に二十三歳で死去している。実子がなかったためか、狭山《さやま》藩北条氏三代氏治《うじはる》の実弟（氏利《うじとし》の子）氏成《うじしげ》が養子となっている。氏成は幼名鍋千代、仮名源蔵・彦五郎を称し、元禄十年（一六九七）五月三日に死去し、法名を円了院殿《えんりょういんでん》智舜日惣信士といった。また、氏成とは別に養子氏賢《うじかた》がある。彼は曽根《そね》氏からの養子で、通称内記を称している。*52 その後の動向や子孫の存在は確認できていない。

■源蔵　氏政の六男。幼名を鶴千代といい、叔父氏照の養子となって仮名源蔵を称した。「堀

北条直定の花押

*52　「狭山藩史料 一」所収北条家系譜

尾古記」天正十八年（一五九〇）条に、「鶴千代　七つ」とあるのがそれにあたるとみなされ、これによれば天正十二年生まれであったことがうかがえる。

「源蔵」は、正しくは氏照の仮名にあたる「源三」であろう。氏照の養子には兄直重が入っていたが、天正十三年（一五八五）に下総千葉氏の養子となったため、それに代わって氏照の養子に入ったとみられる。「源蔵」を称したのは、北条氏滅亡後に元服した後のことと推測され、さらにその後、通称釆女を称したようであるが、具体的な動向はまったく伝えられていない。

なお、早雲寺所蔵「平姓北条氏系図」には、後筆で「後相州鎌倉明月院《めいげついん》住職以心伝公、寛永十二乙亥年五月十九日」と補記されている。ただし、その典拠は確認できていない。

■勝千代　氏政の七男で、『小田原編年録』所収「北条系図」に「某」として挙げられ、「勝千代、天正十八年籠城ノ内ニ生ル」と注記がある。天正十八年（一五九〇）の小田原籠城中に出生したことが知られるが、これ以外のことは不明である。

なお、これまで母については後妻の鳳翔院殿とみられることがあり、旧版ではそれに依拠していたが、この点については根拠となる材料はなく、単に後妻の所生と推測されたためと思われる。ただし、その可能性がないわけではない。

■千葉邦胤の室（芳桂院殿）　「氏直の姉[*53]」とあるから、氏政の長女で、嫡子氏直の姉である。

＊53　「千学集抜粋」

母は黄梅院殿と推測され、黄梅院殿が弘治三年（一五五七）末頃に生んだ子が、芳桂院殿の可能性が推測されている。[*54]

千葉邦胤は、下総作倉領の「大名《たいめい》」である。胤富《たねとみ》の嫡子で、弘治三年三月二十二日生まれ。この年、ちょうど千葉氏当主であった叔父親胤が死去し、親胤には兄にあたる父胤富がその家督を継承している。胤富は北条氏との関係の強化を図って、指南の江戸城代遠山綱景を通じて婚姻関係の形成を要請している。[*55] 綱景は永禄七年（一五六四）正月の第二次国府台合戦で戦死してしまい、その生前には婚姻の取り決めは成立しなかったが、やがて胤富の要請は受け容れられたとみられる。

邦胤は、元亀二年（一五七一）十一月に元服した。芳桂院殿との婚姻も、この頃に行われたと推測される。そして、天正二年（一五七四）に娘（北条直重室）が生まれている。邦胤も、その年の九月から十一月の間に、胤富から家督を譲られたとみられる。[*56]

しかし、芳桂院殿はそれからほどなく同八年五月晦日に死去した。享年は二十四とみられる。法名は芳桂院殿貞室隆祥大禅定尼といった。[*57] 菩提寺として作倉に宝慶院《ほうけいいん》（のち隆祥寺）が建立された。[*58]

■里見義頼の室（竜寿院殿）　名は鶴姫とされる。[*59] 里見義頼は房総の戦国大名で、義弘の嫡子。義弘の代の天正五年（一五七七）十一月に、北条氏と和睦を結んだ。おそらくその際に、婚姻が取り決められたと考えられる。義頼には、すでに天正元年に嫡子梅鶴丸《うめづるまる》（義《よし》

芳桂院殿の菩提寺・隆祥寺　千葉県佐倉市

*54　高橋健一「芳桂院」（石橋一展編『下総千葉氏』〈シリーズ・中世関東武士の研究第一七巻〉戎光祥出版、二〇一五年）

*55　「豊前氏古文書抄」（『戦国遺文房総編』一三一六号）

*56　高橋健一「芳桂院」（石橋一展編『下総千葉氏』〈シリーズ・中世関東武士の研究第一七巻〉戎光祥出版、二〇一五年）

康《やす》）が生まれているから、竜寿院殿は後妻のかたちで嫁いだのであろう。

婚姻はその頃とみなされるが、そうであれば永禄期には生まれていたとみられ、このことから永禄九年（一五六六）に生まれた氏政の子が、彼女にあたる可能性が高いとみられる。そうであれば、正室黄梅院殿の所生であったことになる。しかし、同七年三月二十一日に死去し、法名は竜寿院殿秀山芳林大姉といった。[60] 享年はわずか十四と推測される。

■庭田重定の室　各種北条系図には「庭田少将《しょうしょう》」としているが、高室院「北条家系図」では「庭田宰相《さいしょう》殿室」とある。おそらく、嫁いだときには少将で、その後宰相（参議《さんぎ》）に昇ったのであろう。その場合、同系図の作成時に同官職にあった可能性が考えられる。詳しいことはわかっていないが、氏政の娘が京都の公家に嫁いだことがうかがわれる。

北条氏滅亡後では、こうした婚姻はなされないだろうから、氏政生前におこなわれたものであった可能性が高い。そうすると、夫の少将（宰相）は、天正年間に活躍がみられる庭田重保《しげやす》の子孫である可能性が推測される。重保の子重通《しげみち》（重具《しげとも》）は天文十六年（一五四七）生まれというから、該当しないだろう。

その子重定は天正五年（一五七七）生まれで、同十六年に少将、慶長十七年（一六一二）に参議に任官しているから、年齢的にみれば、氏政の娘が嫁した「庭田少将」とは、彼にあたるとみてよい。ちなみに重定はその後、権中納言まで昇り、元和六年（一六二〇）に四十四歳で死去している。

＊57　「隆祥寺《りゅうしょうじ》過去帳」

＊58　高橋健一「芳桂院」（石橋一展編『下総千葉氏』〈シリーズ・中世関東武士の研究第一七巻〉戎光祥出版、二〇一五年）

＊59　『小田原編年録』所収「北条系図」

里見義頼の墓　千葉県南房総市・光厳院

婚姻は、重定が天正十六年に少将に任官した後のことで、同十八年の小田原合戦以前であったとすれば、同十六年か同十七年の可能性が高いとみなされる。この時期、北条氏は羽柴秀吉への従属交渉を展開していたから、婚姻はその動向にともなうものであった可能性が高く、興味深いものとなろう。

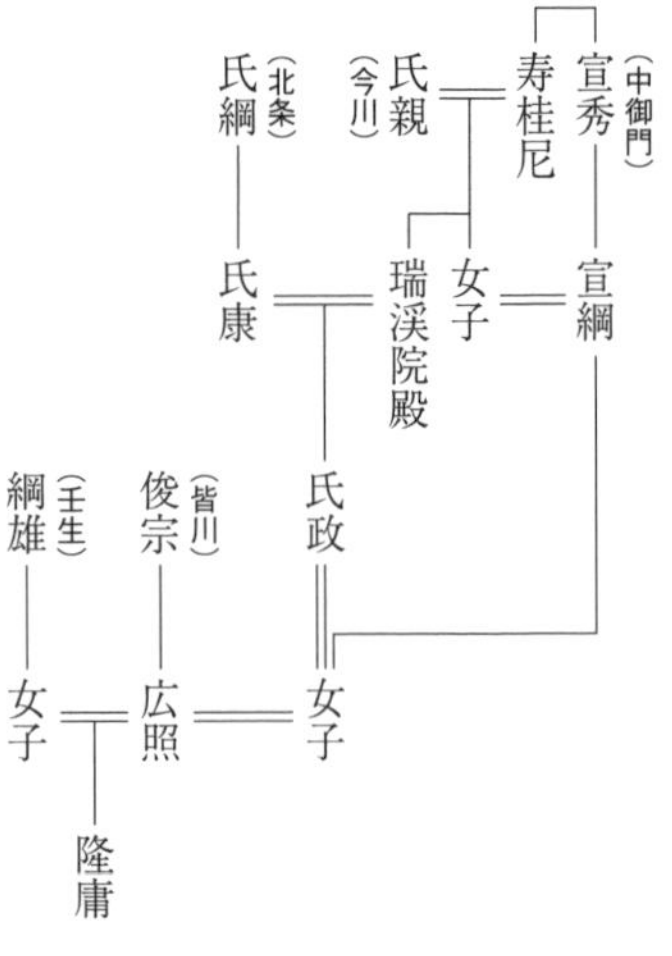

系図31　北条氏・皆川氏関係系図

■養女・皆川広照の室　実は、公家中御門宣綱の娘。宣綱の父宣秀《のぶひで》の妹が今川氏親室寿桂尼であり、宣綱はその娘を妻としているというように、今川氏と密接な関係にあった。永禄元年（一五五八）から今川氏を頼って駿府に居住したが、同十一年十二月の武田信玄の侵攻によって今川氏真に従って遠江懸川城（静岡県掛川市）に籠城し、翌十二年四月に同城籠城中に死去した。その翌月に氏真らは北条氏に引き取られるが、中御門氏の人々も、氏真に倣って北条氏を頼ったという*61。

宣綱の遺女について、詳しいことはわからない。後の天正十四年（一五八六）五月に、下野皆川城（栃木県栃木市）を本拠とする国衆皆川山城守広照が北条氏に従属したが、『寛政重修諸家譜』所収皆川系図によると、これは徳川家康の仲介によるものであり、併せて

皆川広照画像　栃木県栃木市・金剛寺蔵

*60「里見家過去帳」「正木氏一族諡号」（『勝浦市史資料編中世』所収）

*61「異本小田原記」

宣綱の娘を氏政の養女とし、翌十五年に嫁いだという。

宣綱の娘が、それまで北条氏のもとにあったのかどうかはわからない。今川氏真は、天正元年に北条氏のもとを離れて家康を頼っているから、宣綱の娘もそれに従って家康のもとにいた可能性もある。婚姻が家康の仲介によることからすると、その可能性のほうが高いだろうか。宣綱の娘のその後の動向などは、まったく伝えられていない。なお、各種皆川系図では、広照の嫡子隆庸《たかつね》らの母を彼女と記しているが、隆庸らはその婚姻以前に生まれているから、誤りである。

■養女・小山氏の妻　「下野国志」所収「重興小山系図」[*62]に、小山秀綱《ひでつな》の子秀広《ひでひろ》について、「小山小四郎、母ハ北条左京大夫平ノ氏政ノ女」とある。これに従えば、小山秀綱の妻は氏政の娘であったことになる。秀綱は、下野小山城（栃木県小山市）を本拠とする「大名」で、支城榎本城（同栃木市）と合わせて小山・榎本二領を領していた。天正三年（一五七五）に両城を北条氏に攻略されると没落し、常陸佐竹氏を頼った。同十年五月に、織田氏家老滝川一益の仲介により、本拠小山城を北条氏から返還され、同城に復帰し、同六月の滝川一益没落後は北条氏に従属して、他国衆となっている。

その子秀広の生没年は不明だが、死去は天正十九年（一五九一）から慶長四年（一五九九）までのことで、三月二十九日に享年三十五で死去したとされている。[*63]およそ、弘治三年（一五五七）から永禄八年（一五六五）の間の生まれとなる。

＊62　重興小山系図　重興小山氏は下野の有力豪族。本来の小山氏は十四世紀末に関東公方足利氏満の追討を受けて滅亡したが、その後名族の断絶を惜しんだ氏満が同族の結城泰朝に再興させた。しかし、小田原合戦の際、北条方に属したことで羽柴秀吉に所領を没収され、滅亡した。『小山市史史料編・中世』所収。

＊63　「小山系図」（『小山市史史料編・中世』所収）

そうすると、その母は遅くとも天文二十年（一五五一）前後の生まれとなるから、これは氏政より十歳程度の年少にすぎなくなる。このことから、氏政の娘が秀綱の妻となったことが事実であるとすれば、彼女は養女とみることができる。

また、婚姻は氏政が家督を継いだ永禄二年十二月以降のことになろう。この頃、秀綱は北条氏と友好関係にあったが、翌三年十二月には関東に侵攻してきた上杉謙信に従属している。その後、同五年二月には謙信から離叛して北条方となっており、*64 翌同六年三月に謙信から攻撃をうけ、従属している。*65 こうした動向からみると、秀綱が氏政の養女を娶るのは、永禄三年以前か、同五年頃に絞られることになる。

しかしながら、秀綱が氏政と同世代の人物であることをふまえると、氏政の養女が小山氏に嫁いだのは、秀綱の次世代の人物であった可能性も考えられる。そうした場合に注目されるのが、秀綱の嫡子「小四郎政種《まさたね》」が、忍成《おしなり》田《た》氏長《うじなが》の娘婿であったという所伝である。*66

そこで政種は、小田原合戦時における小山氏家督としてみえ、戦後は会津蒲生《がもう》氏郷《うじさと》に仕えた人物にあたり、「会津支配帳」にも知行千石として「小山小四郎」の名がみえており、そのことを確認することができる。*67 しかし、この人物は小田原合戦後に発給文書を残している秀広にあたると考えられ、「政種」はすなわち秀広のことになる。

ところが、「重興小山系図」では秀綱の子に政種、その子に秀広を挙げ、政種について「母ハ成田下総守藤原氏長ノ女」と注記している。世代的には、氏長娘はその妻とみるのが妥

---

*64 「渋江文書」『小山市史史料編・中世』五九三号・「小山文書」同前五八九号

*65 「御殿守資料室所蔵文書」（『戦国遺文房総編』一〇九四号他）

*66 『関八州古戦録』附録

*67 『近江蒲生郡志巻参』一二一頁

当なので、正しくは妻であったろう。そうすると、秀広の「母」についての注記も、実は「妻」の誤伝の可能性が高い。

しかも、成田氏長は氏政と同世代の人物であるから、氏長の娘と氏政の娘とは、実は同一人物の可能性が考えられる。その場合、成田氏長の娘が氏政の養女になって、小山氏に嫁いだということになる。成田氏と小山氏の家格を考えると、その可能性は十分に考えられる。

ただその場合、問題になるのが政種と秀広の関係である。両者は兄弟と伝えられ、政種が秀綱の最初の嫡子で、その死去により秀広が嫡子になったとみられている。実際、政種は天正年間前半から、秀綱の嫡子として、幼名伊勢千代丸《いせちよまる》の名でみえている。元服は天正十年以前、常陸に没落していた秀綱が小山城に復帰する以前のことで、そのまま常陸で死去したと考えられている。*68

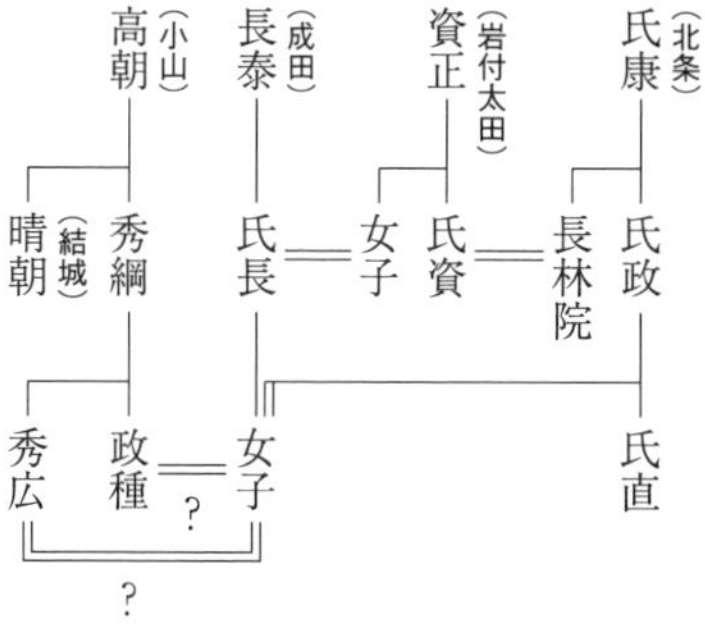

系図32 北条氏・小山氏関係系図

もっとも、北条氏に従属していた天正十年代の小山氏の動向は、必ずしも明確ではない。花押を据えた発給文書は一点もみられず、その名を記す関係史料もないように、実際には誰が当主であったのかも明確ではない状態にある。

なによりも、政種の実名は北条氏政から偏諱を与えられたものにふさわしいし、政種は同十七年九月

*68 市村高男「戦国時代の小山」(『小山市史通史編1』小山市、一九八四年)

小山秀綱画像 東京大学史料編纂所蔵模本

二十七日に常陸で死去したとする史料がある。[*69] 北条氏に従属した後に、離叛して佐竹氏を頼った可能性もあろう。政種の妻も同年八月二十八日に常陸で死去したと伝えられている。[*70] 仮にその妻が氏長の娘であれば、氏政の養女となっていたのは彼女の可能性も想定される。法名は月海妙心大禅定尼。

なお、政種の忌日（ないし供養日）は、ちょうど妻の忌日の一ヶ月後になる。そうすると忌日自体、そのまま信用することはできなくなるから、こうしたところにも、一概に政種を早世したと決めつけられないように思われる。

実名政種は氏政からの偏諱の可能性があり、『関八州古戦録』附録がわざわざ政種の名を記していること、「重興小山系図」における政種の「母」と秀広の「母」が同一人物らしいことなどからすると、両者は同一人物の可能性も想定できる。北条氏からの離叛後、もしくは小田原合戦後に、小山氏由緒の「秀」字を冠して改名したとも考えられる。

いずれにしろ、成田氏長の娘が、氏政の養女として小山秀綱の嫡子に嫁いだ可能性は十分に想定されるものの、この問題については確実な史料がみられないため、今後の検討が求められる。

なお、現段階においては、秀綱の長男政種は天正五年頃以降は北条氏に従属しており、北条氏政から偏諱をうけて「政種」を名乗ったが、同八年九月十六日に戦死し、享年は十四とみられる。その後に秀綱の家督を継承した次男秀広は、永禄十一年から元亀元年の間の生まれ、天正十年六月に父秀綱が死去したと推測され、その後に家督を継いで、北条

小山城（祇園城）跡の空堀　栃木県小山市

*69　「常陸日月牌過去帳」（『小山市史通史編Ⅰ史料編補遺』八三号）

*70　同前八二号

氏政から偏諱を与えられて、兄と同じく「政種」を名乗り、成田氏長の娘と氏政の養女として婚姻し、同十七年に北条氏から離叛して常陸に移住した、と推測している。[*71]

なおその場合、同十七年に菩提を弔われている政種夫妻の忌日については、兄政種夫妻にあたる可能性、「霊位」とはあるが、弟政種（秀広）妻の死去にともなうもので政種は逆修、両者とも逆修などの想定ができるが、いずれかは決めがたい。

＊71　「小山領没落後の小山氏」（『栃木県立文書館研究紀要』一八号、二〇一四年）

小山氏歴代の墓　栃木県小山市・天翁院

第五章　五代氏直とその妻子

一、北条氏五代最後の当主・氏直

■羽柴秀吉との対立へ　氏直は、北条家四代氏政の長男。永禄五年（一五六二）の生まれで、母は氏政の正室武田信玄の娘（黄梅院殿）[*補注1]。幼名は国王丸《くにおうまる》といい、永禄十二年五月、没落した駿河今川氏真から名跡を譲られたが、その後の甲相同盟の締結によって、この話は自然消滅した。天正四年（一五七六）末か同五年初め頃に元服して、歴代の仮名新九郎を称した。そして同八年八月十九日、甲斐武田氏との対戦の最中に、氏政から家督を譲られた。武田氏との抗争は、遠江徳川家康と連携してすすめられ、さらにその同盟者の織田信長に服属を表明した。その際、氏直に信長の娘を迎える約束がなされた。家督交替は、信長の婿となる氏直を当主に据える必要からだった。

天正十年二月、信長による武田氏攻めが行われ、北条氏も駿河・西上野の武田領国に侵攻した。武田氏はわずか一ヶ月で滅亡し、三月二十三日に武田領国の仕置が発表され、駿河は家康に、上野は宿老滝川一益に与えられた。氏直は武田攻めの過程で東駿河を制圧し、東上野の国衆を従属させていたから、これは事実上の領国削減であった。

北条氏直の花押（1）

北条氏直の花押（2）

ところが、六月二日に本能寺の変によって信長が死去したため、にわかに織田分国は動揺し、北条氏と滝川氏はともに互いに「疑心」を抱き、上野・武蔵国境地域の情勢が不安定になった。十六日には両者は手切れとなり、氏直を大将とする北条軍が上野倉賀野《くらがの》（群馬県高崎市）を攻め、十八日・十九日に上野・武蔵国境の神流川《かんながわ》畔の金窪《かなくぼ》（埼玉県上里町）・本庄原《ほんじょうはら》（同本庄市）において神流川合戦が展開された。氏直はこれに大勝し、敗走する滝川軍を追撃して上野に進出、さらに七月に入って信濃国に侵攻し、小県《ちいさがた》・佐久《さく》・諏訪郡の国衆らを従属させた。その後は川中島《かわなかじま》（長野市）に進軍して越後上杉氏と対戦、さらには甲斐に進軍して徳川家康と対戦した。

北条氏直画像　神奈川県箱根町・早雲寺蔵

ところが戦局は思わしくなく、十月二十九日に家康と和睦した。そこでは、甲斐郡内《ぐんない》・信濃佐久郡・同諏訪郡を徳川氏に割譲、徳川方からは真田氏が領有する上野沼田領の割譲をうけるという「国分」協定を結び、さらに氏直は家康の次女督姫《とくひめ》を娶るという婚姻関係も約され、両氏間の和睦は同盟関係へと転換した。そして、翌天正十一年八月十五日に祝言が行われた。

同年九月、前年末から離叛していた上野厩橋毛利北条《きたじょう》氏を従属させたが、十月には今度は

＊補注1　その後、黄梅院殿の実子ではなかった可能性が想定されている（浅倉直美『小田原北条氏一門と家臣』）。

北条氏直の朱印

新田由良国繁・館林長尾顕長が離叛したため、同十三年正月までその鎮圧にあたった。その間の同十二年四月、由良・長尾両氏と隣接する下野佐野氏攻略のため下野に進攻したが、由良・長尾両氏らを支援する常陸佐竹氏らが出陣してきたため、渡良瀬《わたらせ》川を挟み、藤岡と沼尻（栃木県栃木市）で対陣した。対陣は七月上旬まで約三ヶ月におよんで展開された。ちょうどこの間、中央では羽柴秀吉と徳川家康との小牧《こまき》・長久手《ながくて》合戦が行われていた。北条氏は徳川氏と、佐竹方勢力は羽柴氏と結んでいたから、両合戦は密接に結び付いて展開されていた。もはや関東での抗争も、中央情勢とまったく無関係に展開されることは許されなくなった。こうして、氏直は明確に秀吉と敵対関係になった。

■小田原合戦への道　天正十三年（一五八五）六月頃から、秀吉は家康・氏直討伐を広く表明した。それをうけて十月、北条氏の家老と徳川氏の国衆・長人（家老）衆が起請文を交換し、互いの同盟関係を強化した。しかし、翌同十四年正月に家康は秀吉の圧力に屈して和議を決し、十月に上洛して、秀吉に出仕した。そして家康から、あらためて「関東惣《かんとうそう》無事令《ぶじれい》」*1の通達をうけ、秀吉への従属か、対決かの選択を迫られた。

天正十五年末から翌十六年初めにかけて、秀吉による北条氏攻めが広く風聞され、そのため氏直は、全領国あげて軍勢の大動員を行った。しかし、三月に秀吉による北条氏攻めは取りやめになり、家康から五月二十一日、秀吉への出仕を勧告された。氏直はこれを容れて閏五月に秀吉への従属を表明した。秀吉からは了承され、六月初めに御礼言上のため

『近古名臣圖録』に描かれた豊臣秀吉

＊1　関東惣無事令　惣無事令は、羽柴政権による全国的な私戦禁止令。戦国大名間の領土紛争を私戦と位置づけ、これらをすべて羽柴政権が裁定する方針を打ち出した。天正十三年（一五八五）十月に九州地方、同十五年十二月に関東・東北地方に向けて発令され、九州平定や小田原合戦の口実となった。

＊2　聚楽第　羽柴秀吉が京都内野の大内裏跡に建てた城郭風の邸宅。天正十四年（一五八六）春着工、

叔父氏規が上洛することになり、氏規は八月二十二日に聚楽第[*2]に出仕し、秀吉に対面した。これをうけ、秀吉は氏政・氏直父子のうちいずれか一人の上洛・出仕を要請、これに対して氏直は、上洛の交換条件として沼田領問題の解決を要求した。

同十七年二月、秀吉は北条氏が自力で沼田領を経略しえなかった経緯をふまえて、北条氏に同領のうち三分二を割譲、残る三分一は真田氏にそのまま安堵すると裁定、氏直は六月初めにこれを了承し、十二月に父氏政が上洛する旨を秀吉に言上した。秀吉は氏直の返答をうけて、七月に上使《じょうし》[*3]を派遣して沼田領の割譲を実行した。

ところが十月末、沼田城主猪俣邦憲が、真田氏に留保されていた名胡桃城（群馬県みなかみ町）を攻略するという事件が生じた。秀吉はこれを違約行為とみなし、氏政の年内上洛と猪俣の成敗がなければ北条氏を赦免しないとして、十一月二十四日付で氏直に、俗に宣戦布告状と称される条書を送付し、討伐の意志を示した。

秀吉の強硬な態度に接した氏直は、来春の氏政の上洛の意志と、名胡桃城奪取事件について弁明したが、秀吉には受け容れられず、十二月十七日には羽柴軍迎撃のための態勢をとり、秀吉との全面的対決に突入していく。同十八年三月から羽柴軍に領国への侵攻をうけ、四月初めには本拠小田原城を包囲される。六月下旬には領国の重要拠点のほとんどが攻略された。そして七月一日、氏直は秀吉への降伏に同意し、五日に弟氏房とともに城を出て投降した。六日に開城、十日には父氏政も出城して、翌十一日に氏政・氏照は切腹させられた。氏直は家康の娘婿のために助命され、高野山への追放となり、戦国大名北条氏

翌年九月落成。同十六年四月には後陽成天皇の行幸を受けた。豪華絢爛をきわめた桃山文化の代表的な建築物で、後に養子秀次の居所となったが、文禄四年（一五九五）七月の秀次切腹に伴い翌月破壊、殿舎の多くは伏見城に移された。

＊3 上使 朝廷、幕府、主家などの上級権力者が上意下達のために派遣する使者。この場合の上級権力者は「天下人」たる羽柴秀吉である。

北条氏滅亡の遠因となった名胡桃城跡 群馬県みなかみ町

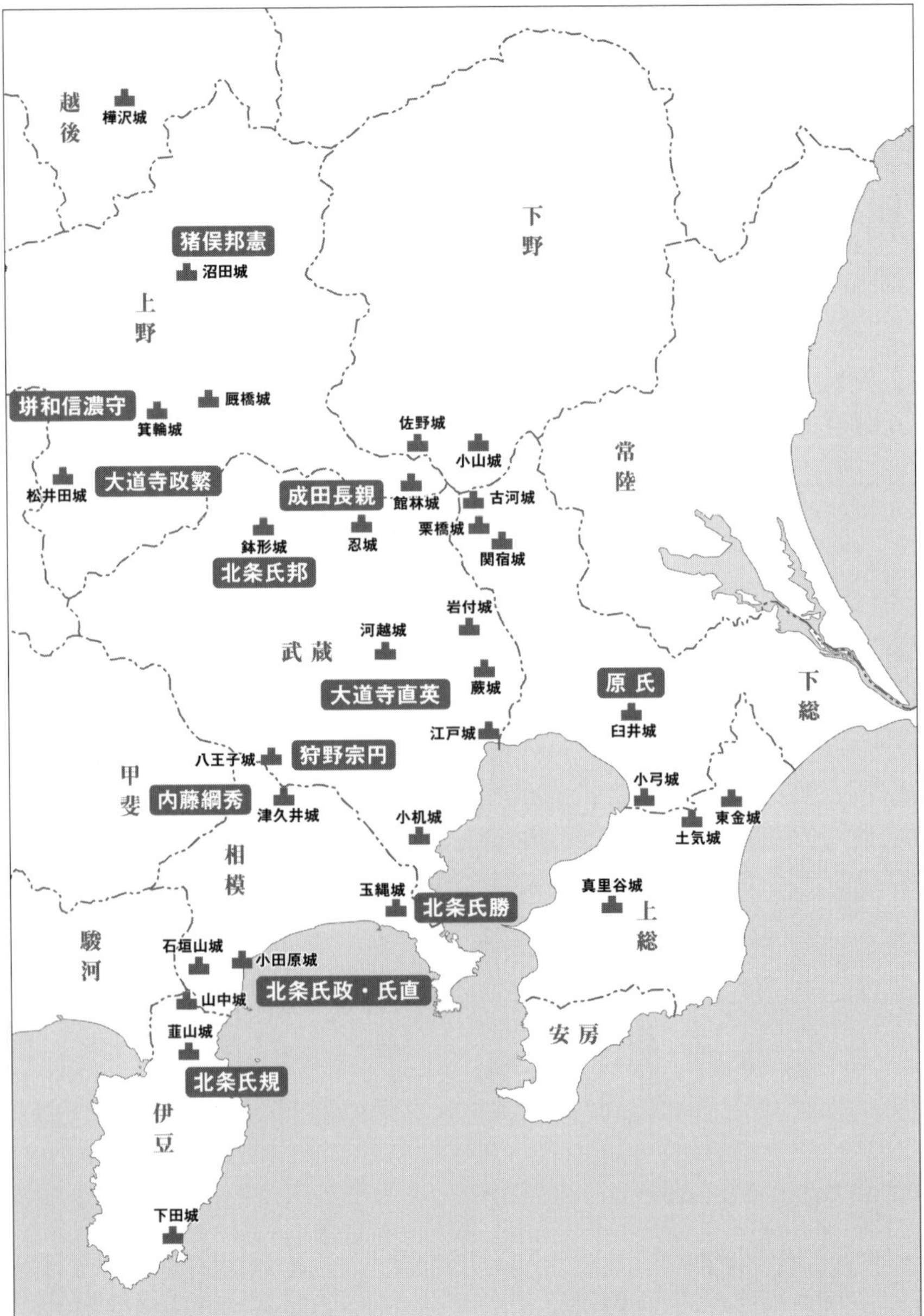

図3　小田原合戦時の主な北条方の城

は滅亡した。

氏直は八月に高野山に入ったが、翌天正十九年、家康らを通じて秀吉に赦免を求め、二月には秀吉から赦免の内意が伝えられた。五月には秀吉から大坂への移住を命じられ、八月十九日についに大坂城に出仕し、秀吉に拝謁して正式に赦免され、知行一万石を拝領した。氏直は、ここに秀吉の旗本家臣として再出発を果たした。しかし、十月下旬に疱瘡《ほうそう》を患い、十一月四日に三十歳で死去した。

二、氏直の妻と子ども

■氏直の妻　氏直の妻は、徳川家康の次女督姫である。天正三年（一五七五）生まれで[*補注1]、母は側室の西郡の局（三河鵜殿長忠《うどのながただ》の娘）である。天正十一年八月十五日に氏直に嫁いだ。

氏直
国王丸・新九郎・左京大夫・見性斎
初今川氏真養子
母黄梅院殿
天正19・11・4没（30）
松巌院殿大円宗徹大居士

＝徳川家康娘
督姫　後、池田輝政室
元和元・2・15没（41）
良照院殿智光慶安大禅定尼

（氏直の子）
摩尼珠院殿
文禄2・2・14没
摩尼珠院殿妙勝童女

池田利隆室
慶長7・2・28没
宝珠院殿華庵宗春大禅定尼

‖氏盛
実北条氏規男

系図33　北条氏直とその妻子

氏直の死後は実家に引き取られ、後に文禄三年（一五九四）十二月に秀吉の媒介によって池田《いけだ》照政《てるまさ》（のち輝政《てるまさ》）に再嫁した。慶長五年（一六〇〇）に照政が播磨国に転封した後は、「播磨御前」

＊補注1　初版では永禄八年（一五六五）生まれとしていたが、その後の検討により、天正三年生まれ説が妥当と考える（『戦国大名・北条氏直』）。

池田輝政画像　東京大学史料編纂所所蔵模本

と称された。元和元年（一六一五）二月五日に死去し、享年は四十一、法名は良照院殿《りょうしょういんでん》智光慶安大禅定尼といった。[*4]

■氏直の子　氏直の子女については、二女が確認できる。長幼の順は不明であるが、ともに督姫の所生である。一人は、氏直死後の文禄二年二月十四日に死去しており、法名を摩《ま》尼珠院殿《にじゅいんでん》妙勝童女といった。[*5]「童女」とあるから、成人以前に死去したことが知られる。

もう一人は、母督姫が池田照政に再嫁した後、母に従って池田家に赴いた。そして、照政の先妻所生の嫡子照直《てるなお》（のち利隆《としたか》）に嫁いだが、慶長七年二月二十八日に死去している。法名は宝珠院殿《ほうじゅいんでん》華庵宗春大禅定尼といった。[*6]

＊4　「北条家過去帳」

＊5　『小田原編年録』所収「北条系図」

＊6　「北条家過去帳」

第二部　北条氏を支えた御一家と重臣

第一章　玉縄北条氏──領国支配の要

氏綱の三男為昌は、享禄五年（天文元年、一五三二）に、前年に死去した叔父氏時に代わって玉縄城主となった。これは、氏時に後継者がいなかったことによろう。その為昌も、天文十一年に死去してしまった。為昌にも実子がなかったが、義兄の綱成が、玉縄城主の地位と遺領の一部を継承した。これより以後、為昌の家系は、綱成の家系によって受け継がれていくこととなる。

綱成の後も、その子氏繁、その子氏舜・氏勝と三世代にわたって、北条氏滅亡時まで一貫して玉縄城を本拠としていった。そのため、他者からは「玉縄殿」と称された。これによって、為昌とその子孫は玉縄北条氏と称されている。ここで、その動向をまとめてみていくこととしたい。

なお、旧版ではそれまでの研究に基づいて、綱成は為昌の養子になっていたとする見解に拠っていたが、その後の検討により、綱成は為昌の養子にはなっていなかったと考えられることになった。[*1] したがって、その部分は旧版とは大きく異なるものとなっている。

玉縄城跡　一九八七・八八年調査時のもの

一、玉縄北条氏の初代・為昌

■北条為昌　為昌は氏綱の三男で、[*2] 永正十七年（一五二〇）生まれ。仮名彦九郎を称した。享禄五年（天文元年）七月二十三日に、鎌倉光明寺《こうみょうじ》に宛てて、「新」の印文を刻んだ方形朱印を押捺した朱印状を発給しているのが、史料上の初見である。[*3]時にわずか十三歳であった。

　これは、同寺に対して三浦郡の一向宗檀徒《いっこうしゅうだんと》を安堵したものであり、三浦郡を支配下においていた者によって出されたと考えられること、この後、為昌は同郡支配を行っていることから、この朱印状は為昌のものとみて間違いない。[*4]

　そしてここから、為昌は玉縄城主就任とともに、それまでの相模東郡・武蔵久良岐郡からなる玉縄領に加えて、三浦郡をも管轄したことがうかがえる。さらに、天文六年には武蔵小机領も管轄していたことが確認される。玉縄城主化から五年後のことなので、為昌は当初から同領支配も管轄していたとみていいであろう。

　すなわち為昌は、それまでの玉縄領に加えて、三浦郡・小机領を合わせて管轄するものとして登場してきたのである。これは、相模川から多摩川までにわたる一帯にあたる。しかも、当時の北条氏領国は江戸地域が最前線であったから、為昌の支配領域は、ほぼ半分ほどを占めるものであった。為昌は、当初から北条氏の領国支配において、極めて重要な

＊1　「北条綱成の父母」（浅倉直美編『玉縄北条氏』〈論集戦国大名と国衆9〉岩田書院、二〇一二年）

＊2　「快元僧都記」

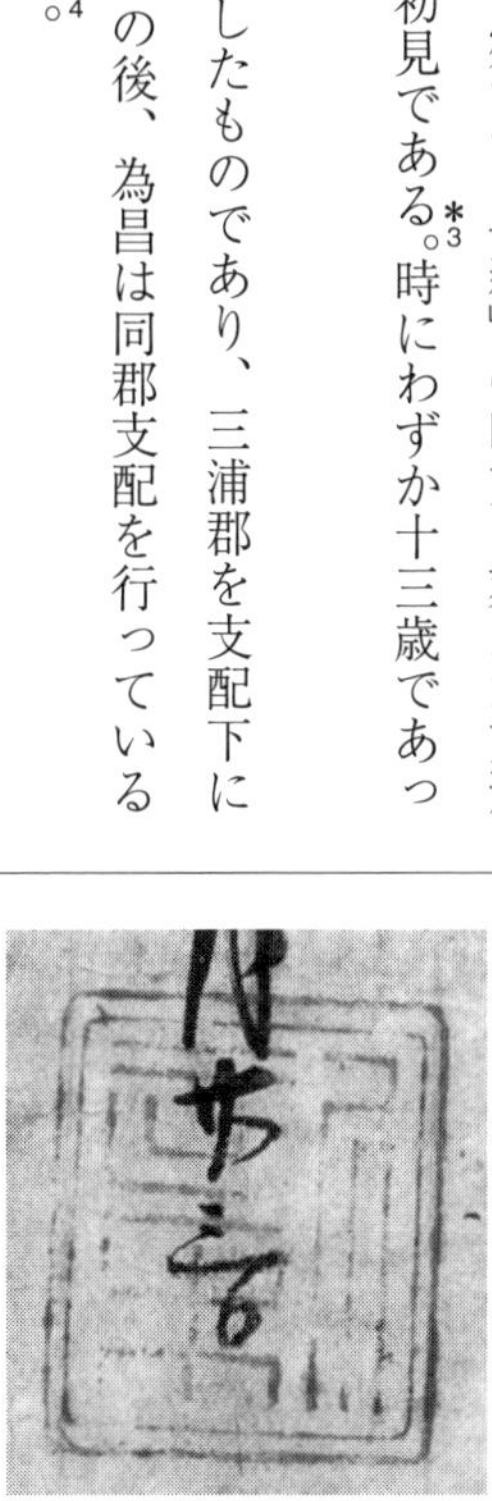
北条為昌の朱印

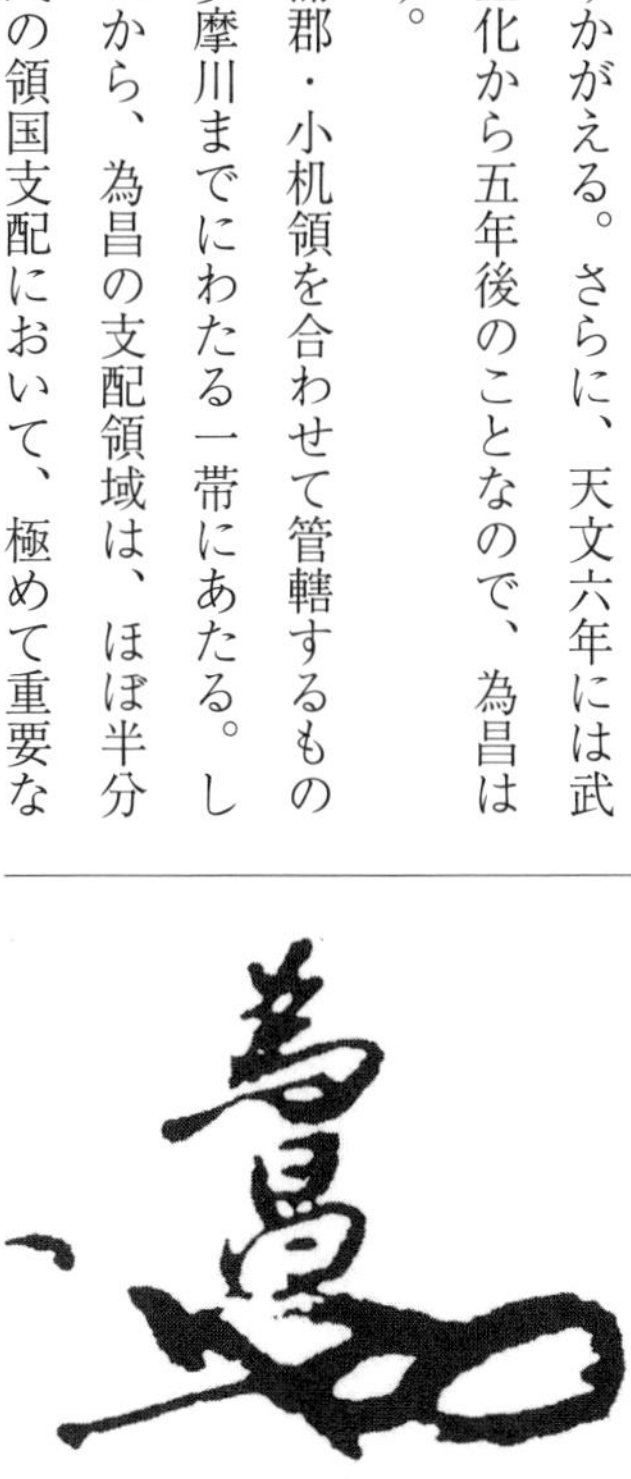
北条為昌の花押

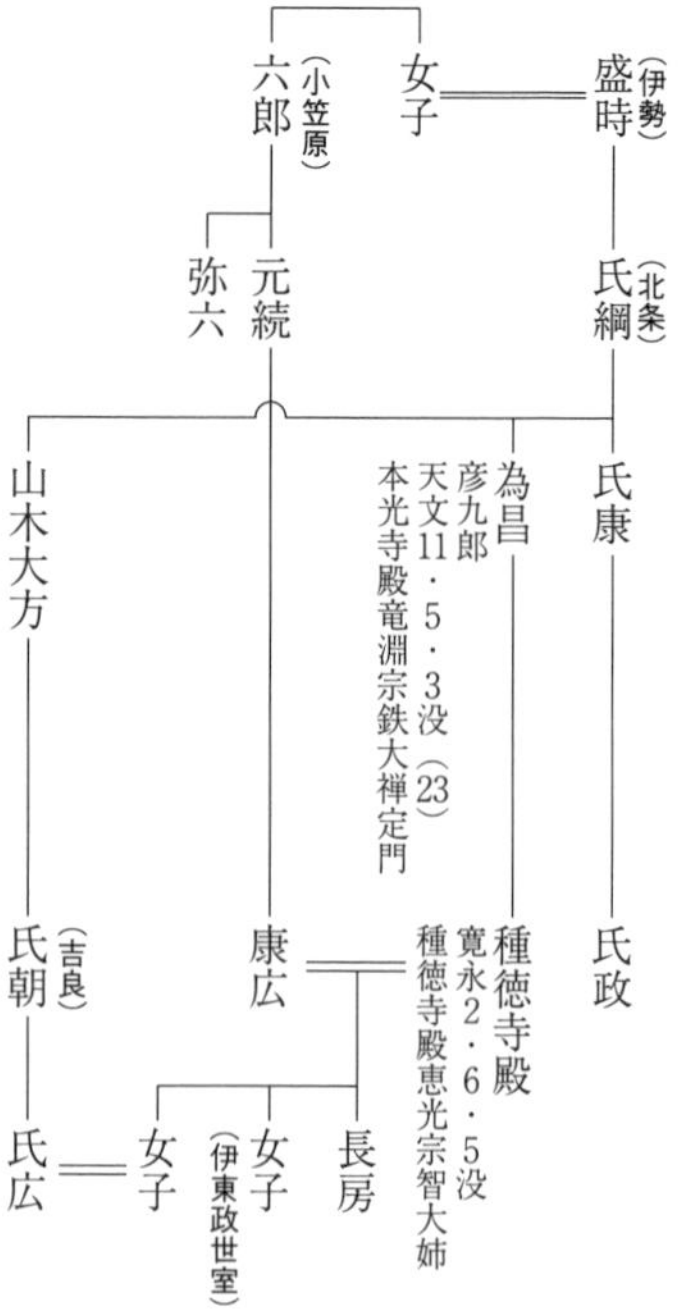

系図34　北条氏・小笠原氏関係系図2

役割を担うものとされていたのである。*5

天文二年八月、安房里見氏の内訌に際して、北条氏は庶家《しょけ》義堯を支援してこれに介入していくが、為昌は三浦郡から海路、援軍を働き、二十一日に妙本寺要害（千葉県鋸南町）で合戦している。*6 これを契機に、この後は里見氏に対して指南を務めることになる。*7

また、これ以後、同四年の甲斐山中合戦、同五年の武蔵入間川《いるまがわ》合戦などにおいて、父氏綱・兄氏康・叔父宗哲と並んで、一軍の将を務めた。*8 そして同六年七月に、扇谷上杉氏の本拠河越城を攻略すると、為昌はその城代をも兼ねた。まさに、軍事・外交・行政のあらゆる側面において、氏綱・氏康父子を支える存在となっていた。

しかし、同十一年五月三日にわずか二十三歳で死去した。法名は本光院殿《ほんこういんでん》龍淵宗鉄大禅定門といい、*9 小田原城内に菩提寺本光寺《ほんこうじ》が建立された。

■為昌の妻子　為昌の妻を、旧版ではそれまでの研究に基づいて、朝倉氏（養勝院殿《ようしょういんでん》）と

---

*3　「光明寺文書」戦一〇二

*4　佐脇栄智『後北条氏と領国経営』吉川弘文館、一九九七年

*5　「北条為昌の支配領域に関する考察」（『戦国大名北条氏の領国支配』〈戦国史研究叢書1〉岩田書院、一九九五年）

*6　「越前史料」戦一〇八

*7　「里見家永正・元亀中書札留抜書」（『戦国遺文房総編第四巻』所収）

*8　「甲州山中・武蔵河越入間川両合戦図」（『北区史資料編古代中世2』所収）

*9　「北条家過去帳」

とらえていたが、その後の検討によって、彼女は綱成の実母とみるのが妥当であるから、為昌の妻ではなかったことになる。したがって、現在のところ為昌の妻についてはまったく不明の状況となっている。

為昌の子女の存在については、旧版ではまったく触れることができていなかったが、これもその後の検討によって、氏康の娘と伝えられていた小笠原康広室（種徳寺殿）が、実際には為昌の娘であった可能性が高いと考えている。*10

小笠原氏は幕府奉公衆系の一族で、康広の父元続《もとつぐ》は北条氏綱の母方の従兄弟にあたる。すなわち、宗瑞の妻の父政清の次男六郎・兵部少輔の子が元続である。*11 元続も仮名六郎・官途名兵部少輔を称し、天文七年（一五三八）頃に弟弥六とともに相模に下向し、氏綱に仕え、相模西郡飯泉郷（小田原市）を所領として与えられた。*12 以後は客分として遇されて、幕府関係者との交渉にあたるなど、側近として活躍した。

元続は天正元年（一五七三）五月十七日に死去し、法名を広岳院殿《こうがくいんでん》月渓宗光といった。*13 弟弥六は、同十六年七月二十五日の死去、法名を□□院殿宗雪といったとみられる。*14

康広は享禄四年（一五三一）生まれ。元続は氏康から、死後に飯泉郷を子・孫増に継承されることの保証を与えられている。*15 孫増は康広の幼名とみられる。天文十五年二月に所領内の飯泉山別当坊に寺領を寄進している。*16 これ以前に元服し、家督を継承したことが知られるが、これは代替わりによる寄進とみられる。

実名康広は、氏康から偏諱を与えられたものである。仮名は六郎を称したとみられるが、

---

*10　「北条氏康の子女について」（黒田基樹・浅倉直美編『北条氏康の子供たち』宮帯出版社、二〇一五年）

*11　米原正義「室町幕臣の東下り」（拙編『北条氏綱』〈シリーズ・中世関東武士の研究第二一巻〉戎光祥出版、二〇一六年）

*12　「古文書」戦一八八

*13　「北条家并家臣過去帳抜書」（杉山博『北条早雲』〈小田原文庫4〉所収、名著出版、一九七六年）

*14　「相州過去帳」

*15　「古文書」戦一五二五

*16　「勝福寺文書」戦二六七

現在のところ確認できない。天正二年二月から官途名兵部少輔でみえる。[*17] そこで氏政から、所領飯泉郷・矢畑郷（神奈川県茅ヶ崎市）を子孫増に譲与することの保証をうけている。孫増はその嫡子とみられ、のちの長房《ながふさ》のことと推定される。この時点で幼名を称しているから、およそ永禄年間半ば頃の生まれであろうか。とすると、康広と種徳寺殿との婚姻は、永禄年間前半頃のことであったとみられる。

その後、受領名播磨守を称し、[*18] 外交関係や武家故実面で活躍した。[*19] 同十八年の小田原合戦後は、当主氏直に従って高野山に入った。おそらく、これを機に出家したとみられ、以後は播磨入道と称した。[*20] なお、高野山に蟄居中の同十九年八月に、康広は宗栄大禅定尼と月慶宗信禅定尼の供養をしている。[*21] いずれも家族とみられるが、関係は不明である。

氏直死去後の文禄元年（一五九二）に徳川家康に仕え、慶長二年（一五九七）十二月八日に死去した。享年は六十七、法名は宗有《そうゆう》といった。[*22]

妻種徳寺殿は、嫡子長房、伊東政世《いとうまさよ》室・吉良氏広《うじひろ》室の母とされているが、詳しい動向などは不明である。寛永二年（一六二五）六月五日に死去、法名を種徳寺殿恵光宗智大姉といった。[*23] 菩提寺として、小田原城内本光寺を移転して江戸赤坂種徳寺が再興された。

なお、彼女を氏康の娘とするのは、『寛政重修諸家譜』所収小笠原系図での記載のみであり、他の北条系図にはまったくみえていない。それに対して、菩提寺は本光寺を移転したものであり、同寺は為昌の菩提寺であったから、むしろ彼女は為昌の娘の可能性が高いとみなされる。

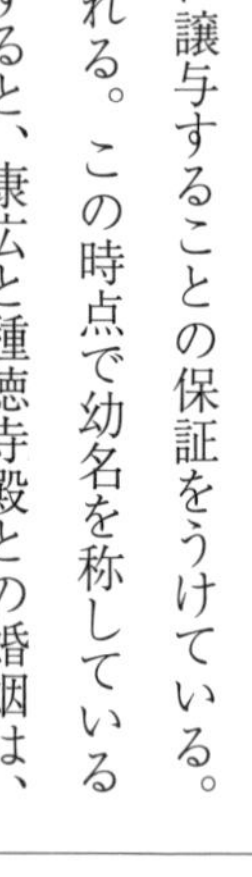
小笠原康広の花押

*17 「古文書」戦一六八八
*18 「宝泉寺文書」戦三八八五
*19 「榊原文書」戦四〇九五他
*20 「高室院文書」戦四〇九六他
*21 「相州過去帳」
*22 『寛永諸家系図伝』
*23 「御府内備考続編」巻六七

二、跡を継いだ綱成の系統

■為昌領の解体　為昌の死後、義兄の綱成が玉縄城主の地位を継承したが、綱成はその支配領域と家臣団をすべて継承したわけではなかった。綱成に継承されたのは、玉縄領と三浦郡、玉縄領に配属された玉縄衆であった。

その他の、三浦郡に配属された三浦衆（「役帳」では「本光院殿（為昌）衆」）は、当主氏康が管轄し、後の永禄十年（一五六七）から、三浦郡の支配権とともに、その四男氏規に継承されることとなる。小机領とそれに配属された小机衆は、為昌の死去を契機に、北条氏の領国支配に参加するようになった宗哲が管轄した。[*24]

河越地域とそれに配属された河越衆についてははっきりしていない。これまでは綱成が管轄したとみられてきたが、実際にそのことを示す史料は存在していない。永禄二年には、宿老大道寺周勝が管轄していることが確認されている（「役帳」）。その父盛昌も、河越城に在城したことがうかがえるから、[*25]むしろ大道寺氏は、為昌死去後から河越地域と河越衆を管轄した可能性が考えられる。途中で綱成から大道寺氏に管轄替えされたとみるよりは、このように考えたほうが整合的であると思われる。

このように、為昌の支配領域はその領域ごとに分割され、それぞれ綱成・氏康・宗哲・大道寺盛昌に継承されることとなった。そもそも、それらの領域は別個に存在していたが、為昌の登場にともない、彼に一括して委ねられたものであった。それは、為昌の政治的地

＊24　「北条為昌の支配領域に関する考察」（『戦国大名北条氏の領国支配』〈戦国史研究叢書1〉岩田書院、一九九五年）
＊25　「鈴木文書」戦四一五五

小机城跡遠景　横浜市

位の重要性に対応させたものであった。しかし綱成は、義兄であったとはいえ、家格的には政治的な位置も為昌とは大きく異なっていたから、同様の位置を与えられることはなく、支配領域は右のように分割されることとなったと考えられる。

■綱成の出自

綱成の出自については、通説では今川氏の宿老で、遠江土方《ひじかた》（高天神《たかてんじん》）城主を務めていた福島《くしま》上総介正成《まさしげ》の子で、正成が大永元年（一五二一）に甲斐武田信虎《のぶとら》との飯田河原《いいだがわら》合戦で戦死したため、氏綱が引き取って婿養子とした、と伝えられている。[*26]

しかし、当時の今川氏宿老福島氏のなかに、上総介正成という人物は存在していないし、その戦死後にその遺児を氏綱が引き取る、というのも整合的な話ではない。綱成が福島氏の出身であったことは間違いないが、その父が正成なる人物であったとはみられないから、正成は創作上の人物であると考えるのが妥当である。

そうした場合、綱成の父にふさわしいのは、大永五年八月二十二日の武蔵白子原《しらこはら》合戦で大将を務め、同合戦で戦死している「伊勢九郎」である。彼は別の史料では「櫛間《くしま》九郎」とも記されているから、福島氏出身であったことがわかる。[*27] 伊勢名字を称しているのは、氏綱から同名字を与えられたものと推測され、また仮名九郎も、北条氏当主歴代の新九郎に通じるから、彼は一門として処遇された存在であったとみていいであろう。

彼についてはこれ以上のことはわからないが、宗瑞の伊豆乱入以降に、福島氏のなかで宗瑞に従った者があったのであろう。そして、彼が一門として処遇されたのは、すでに何

高天神城跡堀切　静岡県掛川市

*26　『寛永諸家系図伝』所収北条系図・福島系図

*27　「石川忠総留書」「年代記配合抄」（『北区史資料編古代中世2』所収）

らかの姻戚関係があったのではないか、と推測される。そうでなければ、この時期に自らの名字を与えることは想定できないだろう。綱成はこの伊勢九郎の子であった可能性が高いとみられる。

のちの「役帳」には、綱成の家臣として、福島左衛門・同四郎右衛門がみえる。彼らは綱成の子弟などではないから、伊勢九郎の他にも、福島氏のなかで宗瑞に従った者があったか、伊勢九郎を頼って相模に移住してきた者たちがあり、彼らはその系統の者たちであったとみられる。

■母朝倉氏（養勝院殿）　綱成の母、すなわち父「九郎」の妻は、北条氏家臣朝倉氏の出身で、法名を養勝院殿華江理忠大姉といった。天文十三年（一五四四）閏十一月の「江島遷宮《えのしませんぐう》寄進注文」[*28]に、「孫九郎（綱成）ゐんきよ」とみえている。次いで同十八年九月十八日に、その木像を逆修奉納している。[*29]これにより、その子女に綱成・綱房《つなふさ》・松田盛秀《まつだもりひで》室があったことがわかる。しかし、その後の動向は不明である。

朝倉氏の出身であることに注目すると、小田原板橋村の香林寺《こうりんじ》の開基が注意される。その忌日は天文七年三月一日と伝えられている。同寺の開基は氏綱室養珠院殿とされているが、忌日が異なるなどから、誤伝とみて間違いない。

同寺は、朝倉氏が檀那となっており、享禄四年（一五三一）に朝倉右京進が、同寺開山時に行われた祖父古播磨守からの寄進寺領について、あらため安堵している。[*30]右京進は北

＊28　「岩本院文書」『小田原北条氏文書補遺』一族・家臣発給文書四

＊29　「北条九郎室朝倉氏木像銘」戦三五五

＊30　「相州文書」戦九八

条氏当主の御馬廻衆に所属し、天文三年六月にも所見される。[*31]年代的に考えると、養勝院殿の父は彼であった可能性が高い。そうすると、同寺開基のものとされている忌日は、養勝院殿のものである可能性も考えられる。ただし、彼女の死去は天文十八年以降のことであることからすると、その忌日は、母のものか、あるいは逆修供養日ということになろう。

なおこの頃、為昌・綱成配下の玉縄衆の一員として、朝倉与四郎・彦（藤か）四郎がみえ、[*32]為昌死後の天文十三年閏十一月の「江島遷宮寄進注文」には、朝倉弥四郎・藤四郎がみえており、それぞれ同一人か父子にあたるとみられる。彼らは、養勝院殿との関係から、綱成の家臣となった存在とみられ、その兄弟くらいにあたるのではなかろうか。

■綱成の登場　綱成は、永正十二年（一五一五）生まれで、氏康と同年齢である。実名綱成は、氏綱から偏諱をうけたものである。他の御一家衆《ごいっかしゅう》は、いずれも北条氏の通字の「氏」を冠しているのに対し、綱成は当主の偏諱を与えられているから、その家格は他の御一家衆よりも低く位置付けられていたことがうかがえる。

天文二年（一五三三）十月から史料上にみえ、北条名字と、仮名孫九郎を称している。いずれも氏綱から与えられたものとみられる。また、氏綱の娘大頂院殿《だいちょういんでん》を妻に迎え、氏綱の婿となったのも、この頃のこととみられる。

綱成は、玉縄城に恒常的に在城していたことがうかがわれ、基本的には小田原に在城した城主為昌のもとで、城代を務めていたと推定される。[*33]同十一年の為昌の死去後、玉縄城

＊31　「快元僧都記」

＊32　「快元僧都記」

＊33　佐藤博信「北条為昌と北条綱成」（同著『中世東国足利・北条氏の研究』〈中世史研究叢書7〉岩田書院、二〇〇六年）

＊34　前出「岩本院文書」

主の地位を継承した。

仮名孫九郎は、同十三年閏十一月の「江島遷宮寄進注文」[*34]まで確認される。そして、次の史料[*35]によって、同十七年五月には官途名左衛門大夫を称したことが確認される。

相模東郡岩瀬邑
寄進亀鏡山護国院大頂寺如来前
施主北条左衛門大夫綱成
時天文十七戊申稔五月十日

永禄二年（一五五九）の「役帳」では、玉縄衆の筆頭としてみえ、一五三三貫文余の知行高を有している。この知行高は、「役帳」中では五位にあたる。

また、綱成には弟一人と妹一人があった。先に触れた「北条九郎室朝倉氏木像銘」には、養勝院殿の「御子」として、綱成に続いて、北条刑部少輔綱房《つなふさ》と松田尾張守盛秀《もりひで》室があげられており、両者は綱成の弟妹とみることができる。

綱房は大永元年（一五二一）生まれで、幼名弁千代を称した。[*36]ちなみに他の系図・軍記類では、福島伊賀守勝広《かつひろ》として登場する人物にあたる。兄綱成と同じく、北条名字と氏綱の偏諱を与えられていることが知られる。また、天文十三年閏十一月の「江島遷宮寄進注文」において、孫九郎（綱成）とともに名字が省略されている「孫次郎」は、綱房のこととみられる。

綱房は、仮名孫次郎を称し、後に官途名刑部少輔を称したと推測される。官途名への改

＊35　「大長寺銅雲板銘写」『小田原北条氏文書補遺』一族・家臣発給文書五

＊36　「豆相記」

北条綱成の花押（1）

北条綱成の花押（2）

- 福島九郎 ＝ 朝倉氏娘 養勝院殿華江理忠大姉
  - 綱成 実福島九郎カ男 孫九郎・左衛門大夫・上総守 道感 天正15・5・6没(73) 円竜院殿覚眩道感大禅定門 室北条氏綱娘
    - 氏繁 初名康成 善九郎・左衛門大夫・常陸守 母北条氏綱娘 天正6・6・13カ没(43) 竜宝寺殿大応宗栄大居士 室北条氏康娘
      - 氏舜 左衛門大夫 母北条氏康娘カ
      - 氏勝 左衛門大夫 母北条氏康娘 慶長16・3・24没(53) 上嶽寺殿角翁良牛大居士 ＝
        - 氏明 善九郎
        - ＝繁広 実氏勝弟
    - 氏秀 初名康元 孫二郎・治部少輔 天正11・6・2没 玉岩寺新養道雲大禅定門
      - 乙松丸
    - 遠山隼人佑室 永禄3・3・9没 浄光院殿華陰宗順大禅定尼
    - 北条氏規室 寛永5・6・14没 高源院殿玉誉妙顔大禅定尼
  - 綱房 綱成弟 孫二郎・刑部少輔
  - 松田盛秀室 綱成妹

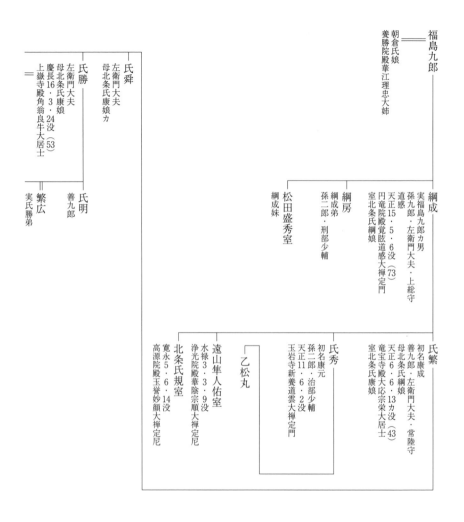

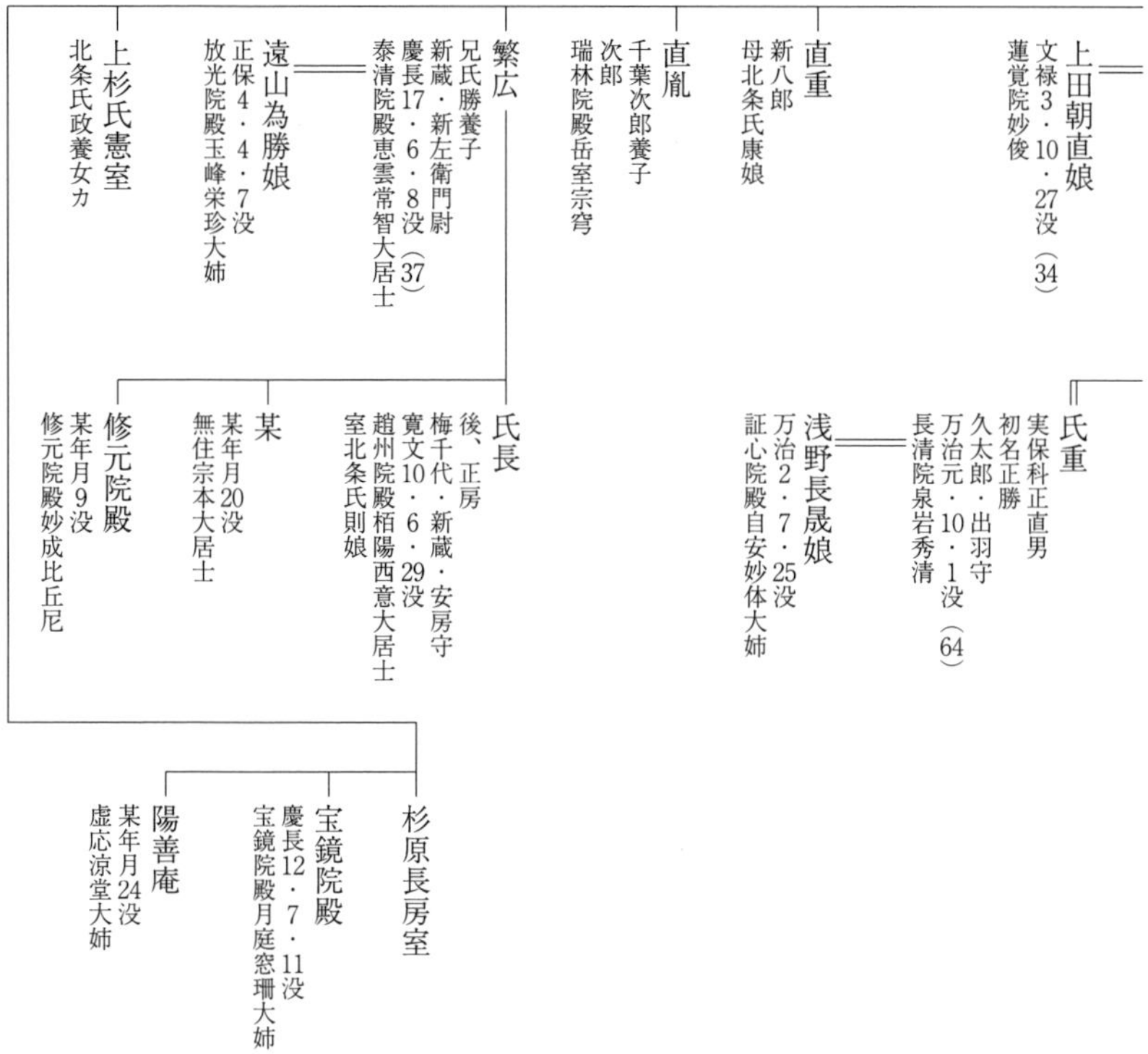

系図35　玉縄北条氏系図

称も、綱成と同時期のことであったとみられる。しかし、その後は史料にみられず、子孫の存在も確認されないから、実子のないまま早くに死去した可能性がある。なお、「江島遷宮寄進注文」には「孫次郎殿御内《おんうち》」がみえるので、妻帯とその存在が知られる。

妹については、天文十三年閏十一月の「江島遷宮寄進注文」に、「松田殿御内儀」としてみえていて、このときには松田盛秀の妻となっていたことが確認される。その後では、先の「木像銘」にみられるにすぎない。

夫の松田盛秀は、宿老松田氏の当主である。実名のうちの「盛」字は、伊勢宗瑞の実名盛時から偏諱をうけたものとみられるから、宗瑞のもとで元服した存在とみられる。宿老松田氏としては二代目にあたるとみられる。史料上の初見は天文八年で、武蔵浅草寺《せんそうじ》（台東区）奉加帳《ほうがちょう》にその名がみえるという。[*37] なお、同十三年閏十一月の「江島遷宮寄進注文」には、「松田殿ゐんきよ」がみえ、この時点での母の生存を知ることができる。

弘治元年（一五五五）二月まで家督としてみえ、[*38] 永禄元年（一五五八）四月には隠居し、嫡子憲秀《のりひで》が家督としてみえている。[*39] そして、同七年正月が史料上の終見である。

■綱成の動向　綱成は、天文十三年九月に安房への軍事行動を展開したのをはじめ、[*40] 弘治三年（一五五七）六月には、甲斐武田氏への援軍として信濃上田《うえだ》（長野県上田市）に進軍するなど、[*41] 各地における軍事行動で、しばしば中心的な役割を果たした。

また、天文十四年秋から同十五年四月にかけて、叔父宗哲とともに河越城に在城し、両

北条綱成の印判

*37「江戸紀聞」（『北区史資料編古代中世2』所収）
*38「相州文書」戦四八〇
*39「鶴岡八幡宮社参記」
*40「妙本寺文書」戦二四九
*41「市川文書」『戦国遺文武田氏編』五六一号。なお、旧版では「上田」を越後上田とみていたが、その後の検討により訂正する。
*42「異本小田原記」
*43「上杉文書」戦一二六五他

上杉氏の攻撃から同城を死守し、[42] 永禄十二年六月から元亀二年（一五七一）正月にかけては、妹の子松田憲秀とともに駿河御厨地域の深沢城（静岡県御殿場市）に、[43] 同城落城後は、北条氏光らとともに相模・駿河国境の足柄城（神奈川県南足柄市）に在城するなど、[44] しばしば最前線拠点に在城して、前線防衛の任を果たした。こうした役割は、元亀二年末に隠居してから後においても同様であった。

（「印文未詳黒印」割印）
高根之郷田中玄蕃に我々鳩預□□間、誰人致所望候共、不可出之候、若自当地之所用付而ハ、此判形并印判を以、可申付候間、為無左申付候共、不可致承引候、為其証文判形出置者也、仍如件、
丑（天正五年）九月四日　道感（北条綱成）（花押）

これは、綱成が法名道感《どうかん》を称しているから、丑《うし》年は天正五年（一五七七）にあたり、上総一宮《いちのみや》荘高根《たかね》郷（千葉県長生村）の土豪《どごう》田中氏に出されたものである。[45] これまでは、署名が判読されていなかったため、永禄八年のものとみられることが多かったが、右のように訂正することができる。

内容は、綱成が徴発する鳩は、田中玄蕃に仕切らせるので、他者に渡してはならないと命じ、綱成からの徴発の場合は、花押もしくは袖に示した印判を押した文書で行うことを伝えている。田中氏は、鳩の取扱者にこの文書をみせて廻ったと推測される。

ここで、綱成は「当地」に在城し、その周辺地域に鳩の徴発を行っていたとみられるが、

---

*44　「岡本文書」戦一四九五
*45　「上総国古文書」戦九三〇

深沢城跡　静岡県御殿場市

その「当地」は、高根郷近辺に位置していたと考えられる。確定はできないが、一宮荘の拠点である一宮城（千葉県一宮町）である可能性が考えられる。いずれにせよ、このとき上総の最前線地域に在城していたとみられる。

この他、天正十年十月には、坍和《はが》伊予守とともに信濃小諸《こもろ》城（長野県小諸市）に在城し、[*46]同十二年二月から八月にかけては、上野厩橋《まやばし》城（前橋市）に在番している。[*47]

綱成はまた、外交関係でも大いに活躍している。天文二十二年三月から、陸奥白川氏に対して取次を務めたのをはじめ、[*48]武蔵岩付太田氏、下総結城《ゆうき》氏、下野那須《なす》氏、陸奥会津芦《あし》名《な》氏などに対して取次を務めている。ただし、これらへの取次は、ほぼ永禄十年頃から氏康の三男氏照に交替されているから、氏政兄弟の成長にともなって、綱成はそれらの側面においては、後景に退いていったとみられる。

■綱成の死去と子女　綱成は、元亀二年（一五七一）末に隠居した。翌年正月から、嫡子氏繁が官途名左衛門大夫を称しているから、家督交代は年末に行われたとみられる。この後、綱成は受領名上総守を称し、また、出家して法名道感を称した。そして、天正十五年五月六日に死去した。享年は七十三。法名は円竜院殿《えんりゅういんでん》覚眩道感大禅定門といった。[*49]

綱成の妻大頂院殿については先に述べているので、ここでは子女について述べておきたい。男子は二人の存在が確認される。長男は氏繁で、天文五年（一五三六）生まれ。母は大頂院殿で、綱成の家督を継いだ。次男は氏秀で、のちに江戸城将を務めた。彼について

＊46　「田中文書」戦二五八三
＊47　「堀内文書」戦二六二六
＊48　「白川文書」戦四六三
＊49　「北条家過去帳」他
＊50　「玉縄北条氏の族縁関係」（『戦国大名領国の支配構造』岩田書院、一九九七年）
＊51　「御府内備考続編」巻九七

は後にあらためて触れることとしたい。女子も二人の存在が確認される。長女とみられるのは遠山隼人佑室（浄光院殿《じょうこういんでん》）で、次女とみられるのは北条氏規室（高源院殿）である。[*50]

遠山隼人佑室は、永禄三年（一五六〇）三月九日の死去で、法名は浄光院殿華陰宗順大禅定尼といった。[*51]夫の隼人佑は、宿老遠山丹波守綱景の嫡子である。最初の嫡子藤九郎が天文十六年頃に死去したため、次男とみられる弥六郎が新たに嫡子に立てられた。[*52]兄藤九郎が大永七年（一五二七）生まれと推定されるから、[*53]彼は享禄年間（一五二八～三二）頃の生まれであろうか。

永禄元年四月には、父綱景と同じ官途名隼人佑を称している。[*54]しかし、同七年正月八日に、第二次国府台合戦で父綱景とともに戦死した。法名は瑞鳳院殿《ずいほういんでん》月渓正円大居士といった。

北条氏規室の夫の氏規は、氏康の四男で天文十四年生まれ。長男氏盛が天正五年（一五七七）に生まれているから、婚姻はその数年前のことと推測される。氏規は永禄十年から、三浦郡の領域支配を担うが、その際、綱成から同郡における郡代支配権を継承している。その後も、綱成から後見をうけたようであるから、そうした関係から婚姻が結ばれたとみられる。

北条氏滅亡後、氏規の家系は河内狭山藩として存続するが、彼女は曽孫の氏宗の代の寛永五年（一六二八）六月十四日に死去し、法名は高源院殿玉誉妙顔大禅定門といった。[*55]

■康成（氏繁）の登場　氏繁は、天文五年（一五三六）生まれで、母は大頂院殿。仮名は

*52　「新撰総社伝記考証附巻」戦四二〇

*53　『扇谷上杉氏と太田道灌』（岩田選書地域の中世1）岩田書院、二〇〇四年

*54　「鎌倉公方御社参次第」

*55　「北条家過去帳」

龍宝寺　玉縄北条氏の菩提寺。北条綱成が建立した香華院（瑞光院とも）がはじまりとされる　神奈川県鎌倉市

善九郎《ぜんくろう》を称し、実名は初め康成といった。「康」は氏康からの偏諱である。父綱成も氏綱から偏諱をうけているのと同じく、康成も当主の偏諱をうけて、綱成の「成」字に冠したものであった。さらに、妻に氏康の娘新光院殿を迎え、その娘婿とされた。いわば、綱成とまったく同じ経歴をもったのである。なお、嫡子氏勝が永禄二年（一五五九）に生まれているから、婚姻はその数年前のことと推測される。

康成の史料上の初見は、永禄元年三月で、陸奥白川氏との取次関係のなかでみえている。[*56] 次いで同年六月、上総周東郡《すとう》（千葉県君津市）の国衆秋元《あきもと》氏の家臣東《とう》氏に対し、その戦功を賞するとともに、氏康への上申を約している。[*57] 秋元氏への取次を務めていたことがうかがわれる。同四年には、越後上杉氏の来攻に際し、父綱成不在の玉縄城を守備し、鎌倉周辺の確保を果たしている。[*58]

こうして康成は、父綱成に従い、あるいはその代行を務めて、早くも軍事・外交など多方面にわたって活躍をみせている。

■康成から氏繁へ　しかし、康成の立場は綱成とまったく同じというわけではなかった。康成は綱成の嫡子であったが、北条氏の出身ではない綱成に対して、氏康の甥でかつ娘婿という、二重の姻戚関係にあった。そのため、綱成の嫡子としてだけではなく、氏康の子息に準じる扱いをうけたのである。

永禄十年（一五六七）九月に、北条氏は武蔵岩付領を接収するが、康成はその城代に任

＊56　「白川文書」（『埼玉県史料叢書12』一七七号）
＊57　「旧記集」戦五八四
＊58　「岩本院文書」戦六七一他
＊59　「武州文書」戦一〇三八
＊60　「伊藤長太郎氏所蔵文書」戦三八四一
＊61　「御書集」戦一二五八
＊62　「西光院文書」戦一三八三
＊63　「龍珠院文書」戦一五七三

じられ、領域支配と岩付衆の統制を担うこととなった。[*59] 同十二年正月には、鎌倉代官を兼任し、[*60] 同年六月の越後上杉氏との同盟成立の際には、氏康・氏政父子、その弟で上杉氏への取次にあたっていた氏照とともに、康成は上杉輝虎《てるとら》に起《き》請文《しょうもん》を提出している。[*61] いまだ綱成は、玉縄北条氏の当主として健在であったから、これらの康成の動向は、綱成の嫡子としてではなく、氏康の子息に準じる立場によるものであったといえる。

元亀元年（一五七〇）になると、再び岩付城に着任し、本格的に領域支配を展開した。[*62] そして、同二年末に綱成から家督を譲られ、仮名善九郎から改めて、綱成と同じ官途名の左衛門大夫を称した。さらに、当主氏政から通字を授けられて、実名も氏繁と改めた。[*63]

氏繁はこの改名によって、他の北条氏御一家衆と同様に、ついに北条氏の通字を冠することとなった。これは、玉縄北条氏の家格が向上されたことを示している。しかしそれは、むしろ氏繁はすでに氏政兄弟に準じる立場にあったから、その家督相続によって、そうした氏繁の立場が、玉縄北条氏の家格にも反映されたと考えられる。この後、玉縄北条氏の嫡流については、北条氏の通字が冠されていくこととなる。

氏繁が家督を継承したのと同時期に、北条氏は上杉氏との同盟を破棄した。氏繁が在城する岩付城は、上杉氏方の武蔵羽生《はにゅう》城（埼玉県羽生市）や下総関宿《せきやど》城（千葉県野田市）に対する最前線に位置していた。そのため氏繁は、両城攻略としての先兵としての役割を担った。

天正元年（一五七三）二月に、関宿簗田氏の軍勢を領内糟ケ部《かすかべ》（埼玉県春日部市）で迎

北条氏繁の花押（1）

北条氏繁の花押（2）

撃し、[*64] 翌二年二月から三月にかけて、武蔵深谷《ふかや》城（同深谷市）・羽生城を相次いで攻撃し、[*65] 五月には関宿城攻撃にかかっている。[*66] そして十月に、上杉謙信（輝虎）が羽生・関宿両城救援のために越山し、上野新田《にった》領（群馬県太田市）に進攻してくると、迎撃のために上野に移って島《しま》村（同伊勢崎市）に在陣した。[*67]

同年閏十一月の両城攻略により、氏繁の当面の役割は果たされたが、その後の北条氏の戦略配置のなかで、常陸方面の攻略を担当することとなった。同三年八月から四年五月までの間に、氏繁は受領名常陸守に改称している。[*68] これは、そうした役割を通称にも表現したものである。[*69]

■氏繁の飯沼在城と死去　天正五年（一五七七）六月に下総結城氏が離叛したことによって、常陸方面への防御が緊急的課題として浮上した。北条氏は七月に結城氏を攻撃するとともに、下総幸島《さしま》郡・下河辺《しもこうべ》荘に展開する古河公方領国の東端に、防衛のための拠点として飯沼《いいぬま》城（茨城県坂東市）を築城した。その城代として氏繁が派遣された。

飯沼城が初めて史料上にみられるのは、天正五年七月二十四日付で氏繁が瀬上《せがみ》太郎右衛門に宛てた判物で、「今度当地在城」とある。[*70] この「当地」が飯沼城を指し、「今度」とあるので、氏繁はこれよりごく近い時期から同城に在城するようになったのであろう。

続いて、同年に比定される八月二十日付で、氏繁が武蔵総泉寺《そうせんじ》（東京都台東区）に宛てた書状にも「当地在城に就き」とある。[*71] 同寺から飯沼在城について使僧を送られているか

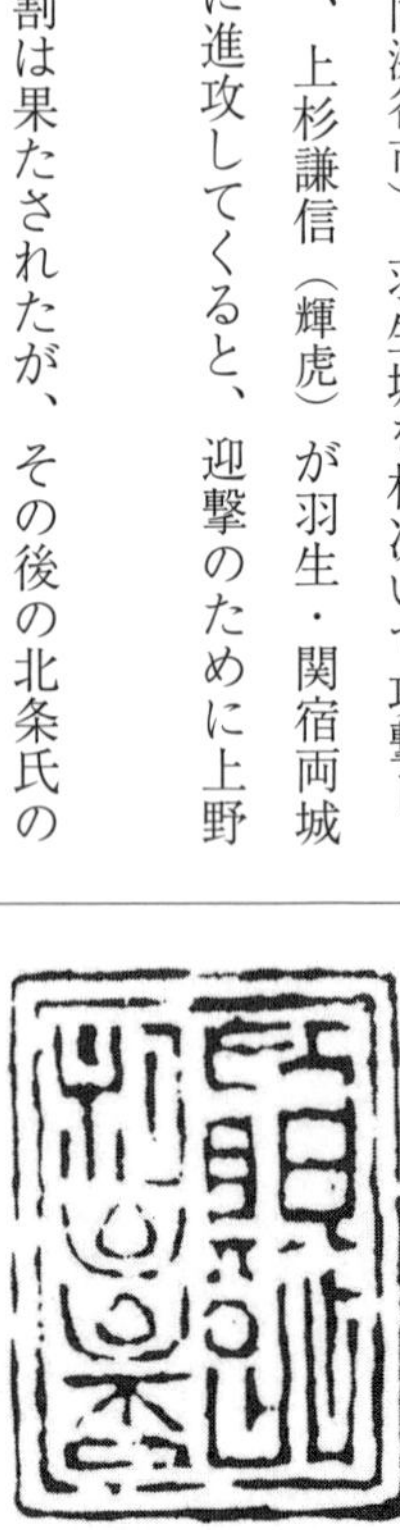
北条氏繁の印判

＊64 「関根文書」戦一六二九
＊65 「結城寺文書」戦一六三三
＊66 「簗田文書」戦一七〇一
＊67 「鶴岡八幡宮文書」戦一七四四
＊68 「小田原編年録」戦一九一一
＊69 長塚孝「戦国武将の官途・受領名」（拙編『北条氏康』〈シリーズ・中世関東武士の研究第二一巻〉戎光祥出版、二〇一六年）
＊70 「士林証文」戦一九二四
＊71 「武州文書」戦一九三七

ら、氏繁の同城在城は七月頃からみられたのであろう。飯沼城は氏繁の在城にともなって新たに取り立てられたものであり、そのため氏繁入城後も氏繁自身によって普請《ふしん》が続けられた。

同年十月二十二日付で氏繁が玉縄領内藤沢（神奈川県藤沢市）の大鋸引頭《おがびきがしら》の森大工助に宛てた判物《はんもつ》には、[*72]「当城を取り立て候処」「仍って新地《しんち》といい、際限なき用所《ようしょ》に候」とあり、飯沼城は新たに構築したものであるため、必要な普請は際限がない、と述べられている。

ここで氏繁は、森大工助に大鋸二絃の借用を求め、貸してくれたならば、飯沼城管轄地域における大鋸職人の統制権を森に申し付ける、と述べている。借用とあるので、役として賦課するのではなく、あくまでも氏繁が個人的に借用するものである。大鋸は簡単には用意できないものであったので、氏繁は新たな特権の付与と引き替えに、とくにその借用を求めたのである。そうして翌六年四月には、氏繁は「当城普請、形の如く出来」と述べており、[*73]その頃には一応の普請が遂げられていたようである。

飯沼は、幸島荘と豊田《とよだ》郡の境界域に広がる大湖沼で、飯沼城はその北側の西岸に位置している。幸島荘の北部や飯沼城の対岸の北方は、結城氏に従う下館山川《しもだてやまかわ》氏の勢力圏であり、対岸の南方には、常陸佐竹氏に従う下妻多賀谷《しもつまたがや》氏の勢力圏が広がっていた。飯沼城は、まさに佐竹氏勢力に対する最前線に位置していた。ここに在城した氏繁が、それら佐竹氏勢力から公方領国を防衛する役割を担ったことはもちろん、同時に佐竹氏勢力への進出のための先兵としての役割を担っていたことはいうまでもない。

＊72　「森文書」戦一九五四
＊73　「橋本文書」戦一九八七

飯沼城跡　茨城県坂東市

ところが、その直後の天正六年五月頃から、氏繁は病気になったようである。北条氏は五月から七月にかけて、結城氏の本拠結城城（茨城県結城市）と山川氏の本拠山川城（同下館市）を攻撃し、続いてその救援のために出陣してきた佐竹氏と、絹川《きぬがわ》を挟んで対陣した。しかし氏繁は、ここには病気のために従軍しておらず、代わりに嫡子氏舜が出陣している。*74

そしてそのまま、同年中に死去した。忌日については六月十三日*75・八月二十八日*76・「十三日」*77の諸説がある。六月二十四日の時点で生存していたとみられるので*78、忌日は「十三日」、すなわち十月三日の可能性が高いとみられる。享年は四十三、法名は竜宝寺殿《りゅうほうじでん》大応宗栄大居士といった。*79 また、竜宝院殿《りゅうほういんでん》法空一無大居士とするものもある。*80

■氏繁の妻子　氏繁の妻は、氏康の娘新光院殿である。彼女については、氏康の子女についての部分で触れることにする。氏繁の子女は、五男二女の存在が確認されている。男子のうち、長男は嫡子氏舜で、氏繁の家督を継承した。母は新光院殿であろう。次男にあたるとみられるのが氏勝で、永禄二年（一五五九）生まれ。母は新光院殿。兄氏舜の死去後に、その家督を継いだ。この二人については、後にあらためて取り上げる。

三男は新八郎直重で、母は新光院殿。天正十一年（一五八三）五月十二日付で、兄氏勝と連署して、伊豆下田《しもだ》（静岡県下田市）の長楽寺《ちょうらくじ》に対し、寺領安堵を行っていることが確認される。*81 ここで「新八郎直重」と署名しており、「直」は北条氏当主氏直からの偏諱と

北条直重の花押

*74 「白川文書」戦二〇〇五
*75 「竜宝寺位牌」、杉山博「後北条氏の藤沢支配」（『戦国大名後北条氏の研究』名著出版、一九八二年）
*76 『寛永諸家系図伝』
*77 「北条家過去帳」
*78 「白川文書」戦二〇〇五
*79 「竜宝寺位牌」
*80 「北条家過去帳」
*81 「長楽寺文書」戦二五三五

みられる。同年十一月に、玉縄城下の慈眼寺《じがんじ》に十一面観音立像を寄進し、その胎内銘《たいないめい》に、*82「玉縄之住北条新八郎」「老母平氏女」とある。「平氏女」は、新光院殿とみられ、直重がその所生であることが確認される。

同十八年の小田原合戦の際は、兄氏勝に従う人々として「弟新八郎・新三《しんぞう》（繁広《しげひろ》）」とみえているから、氏勝と行をともにしたようである。*83 その後の動向は不明で、死去年や法名についても不明である。なお、系図類では官途名左馬助、実名氏成《うじしげ》と記しているが、他の史料で確認することはできない。また、「北条家過去帳」に「北条左馬助」としてみえている法名天桂道安禅定門は、これまで直重のこととされていたが、これは松田左馬助直《なお》秀《ひで》（憲秀の子）のことである。

四男は次郎直胤《なおたね》で、武蔵千葉氏の養子となった。天正二年十月の下総関宿城攻めにおいて、武蔵千葉氏の当主次郎が戦死したため、氏繁の子が婿養子となって、その家督を継承したとされる。*84「千葉次郎直胤」と署名した発給文書があり、*85 仮名次郎は武蔵千葉氏の当主歴代のものである。実名のうちの「直」は、氏直からの偏諱とみられる。

発給文書二点を残している他は、その動向は不明で、法名を瑞林院殿《ずいりんいんでん》岳室宗穹といったことが確認できるにすぎない。*86 なお、系図類では仮名善九郎、実名氏常《うじつね》と記しているが、他の史料では確認できない。とくに前者については、明確に誤りと考えられる。

五男は新蔵（のち新左衛門尉）繁広で、天正四年生まれ。母は新光院殿とされるが、年齢的にみて違うだろう。北条領国下における動向は確認されず、わずかに小田原合戦の際

*82 戦四七四八

*83 「異本小田原記」

*84 「異本小田原記」

*85 「相承院文書」戦四〇五三

*86 「北条家過去帳」

千葉直胤の花押

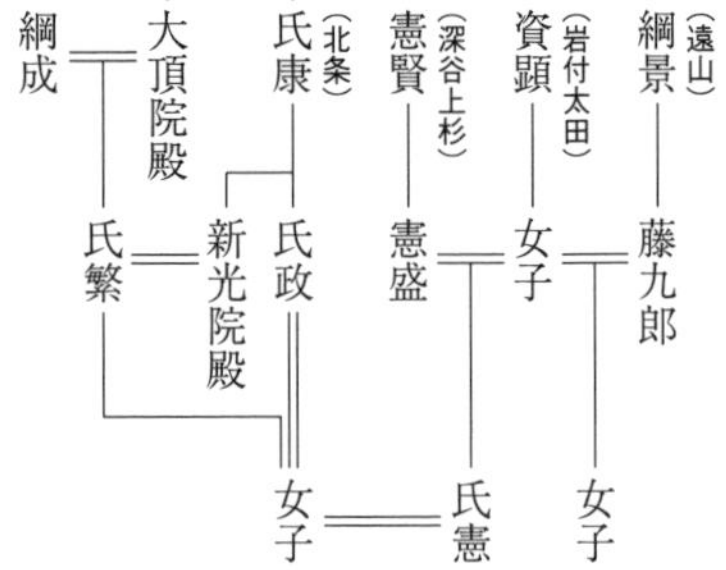

系図36　北条氏・深谷上杉氏関係系図

に、兄氏勝に従う人々として弟「新三」がみえている程度である。*87

北条氏滅亡後は、兄氏勝に従い、その養子となったという。慶長十六年（一六一一）の氏勝の死後、家臣らの抵抗にあって家督を継承できず、徳川家康に訴訟した最中の同十七年六月八日に、駿府で死去した。享年は三十七、法名は泰清院殿《たいせいいんでん》恵雲常智大居士といった。*88 妻は、徳川氏家臣遠山彦六郎為勝《ためかつ》（景信《かげのぶ》とも）の娘で、正保四年（一六四七）四月七日の死去、法名は放光院殿《ほうこういんでん》玉峰栄珍大姉といった。*89

女子のうち、一人は深谷上杉氏憲《うじのり》室である。深谷上杉氏は、関東上杉氏の一流で、武蔵深谷城（埼玉県深谷市）を本拠とする国衆である。北条氏に従属して、他国衆となっていた。氏憲は憲盛《のりもり》の嫡子で、仮名三郎を称した。実名のうちの「氏」は、北条氏からの偏諱とみられる。天正三年の父憲盛の死去により、その家督を継いだ。「深谷上杉系図」*90によると、同六年九月十三日に氏政の娘を妻に迎えたとされているから、彼女は氏憲に嫁ぐにあたって、当主氏政の養女とされた可能性もある。

なお、氏憲は北条氏滅亡とともに没落し、浪々して信濃に居住し、寛永十四年（一六三七）正月二十二日に死去し、法名を嘯松院殿《しょうしょういんでん》賢翁静喆大居士といった。*91

もう一人については所伝がないが、『断家譜』所収系図では、杉原《すぎはら》伯耆守長房《ながふさ》室として

深谷城跡　埼玉県深谷市・高台院

*87　「異本小田原記」

*88　「北条家過去帳」「新編相模国風土記稿」巻九九

*89　「北条家過去帳」

*90　深谷上杉系図　武蔵深谷上杉氏の系図。著者は上杉憲景とされている。藤原鎌足から始め庁鼻《こばな》和《わ》上杉＝深谷上杉一族の名が並ぶ。小田原合戦の際、北条方に属したことで羽柴秀吉に所領を没

いる。

なお、宝鏡院殿《ほうきょういんでん》と陽善尼《ようぜんに》という、法名のみ確認される女子二人がある。前者は、慶長十二年七月十一日の死去、法名は宝鏡院殿月庭窓珊大姉といった。[*92] 後者は、命日が二十四日、法名は虚応涼堂大姉といった。[*93] ちょうど二人なので、先の二人に相当する可能性が高いとみられるが、それぞれいずれにあたるのかは不明である。

■北条氏舜　氏舜は、父氏繁の死去前後の天正六年（一五七八）六月二十四日に陸奥白川義親《よしちか》に書状を出しているのが、史料上の初見である。[*94] ここで玉縄北条氏当主歴代の官途名左衛門大夫を称しているから、これ以前からその嫡子として存在していたことがわかる。

氏繁の死後、家督を継承したが、その存在は同八年八月までしか確認されない。[*95] その後の動向についてはまったく不明であり、死去年や法名についても伝えられていない。

氏舜は、家督継承にともなって氏繁が務めていた岩付城代・飯沼城代の地位も継承したとみられる。しかし、岩付領については、同八年七月から十二月までの間に、氏政の三男源五郎が岩付太田氏の名跡を継承して同領支配を管轄するようになっている。飯沼城については、同年に佐竹氏方によって落城したことが知られる。[*96]

これらにより、氏舜は結果的には本領の玉縄領支配のみの管轄にとどまるものとなる。また、外交関係における活躍も、先にあげた氏繁の代理として白川氏に宛てた書状以外はみられないから、綱成・氏繁の段階とは、その役割も大きく異なるものとなっていたこと

収されたが、子孫は後に旗本に取り立てられている。『続群書類従』所収。

＊91　「重修岡谷家譜」（『深谷市史』）

＊92　「北条家過去帳」・「本土寺過去帳」（『千葉縣史料中世篇本土寺過去帳』）

＊93　「北条家過去帳」

＊94　「白川文書」戦二〇〇五

＊95　「相州文書」戦二一九〇

＊96　「年代記配合抄」

北条氏舜の花押

がうかがえる。北条氏宗家とは、次第に血縁的に遠くなりつつあったため、そうした重要な役割を与えられることが少なくなってきたのであろう。

■北条氏勝　氏舜が史料上からみられなくなった後、天正十年（一五八二）五月から、玉縄北条氏の当主として氏勝がみえるようになる。この時点で、官途名左衛門大夫を称している。[*97] 氏勝は、実名も花押形も氏舜とは異なるから、現時点では別人と考えておくのが妥当だろう。

氏勝が史料上にみられるのはこれよりも早く、同八年五月二十四日付で、欠落《かけおち》していた某に宛てて、居住村への還住《かんじゅう》を認める朱印状を出している。[*98] これは、自身の所領支配に関するものととらえられる。

氏勝は、同十年五月に足柄城在番を北条氏光と交替しているから、それまで同城在番を務めたことが知られる。[*99] 同十一年十一月と同十二年正月に、上野厩橋城に在番し、[*100] 同年四月に下野足利《あしかが》城攻めを行っている。[*101]

同十八年の小田原合戦では、三月初め頃に伊豆山中《やまなか》城（静岡県三島市）に援軍として入城した。しかし、同二十九日の豊臣軍の猛攻により同城は落城、氏勝は退去して本拠玉縄城に帰還した。その後は小田原籠城には加わらず、玉縄城に籠城したが、四月二十日夕方に、東海道を進軍してきた浅野《あさの》長吉《ながよし》らの別働隊に投降した。[*102] 羽柴秀吉から助命され、徳川家康に付属された。[*103] これにより、玉縄北条氏は滅亡を遂げた。

北条氏勝の花押（1）

北条氏勝の花押（2）

＊97「萩野文書」「神原文書」戦二三三五～六

北条氏滅亡後は、代わって入部してきた徳川家康にそのまま仕え、下総弥富《やとみ》領（千葉県佐倉市）一万石を与えられた。その後は、花押形も印判も改判している。慶長十六年（一六一一）三月二十四日に同地で死去し、佐倉宝金寺《ほうきんじ》（現宝金剛寺）に葬られた。享年は五十三。法名は上嶽院殿《じょうがくいんでん》角翁良牛大居士といった。[*104] また、法輪院殿《ほうりんいんでん》窓雲常観大居士とするものもある。[*105]

■氏勝の妻子　氏勝の妻は、北条氏の他国衆上田朝直《ともなお》（案独斎宗調《あんどくさいそうちょう》）の娘蓮覚院《れんがくいん》である。上田氏は、もと扇谷上杉氏の重臣出身で、武蔵松山《まつやま》城（埼玉県吉見町）を本拠とし、北条氏に従属してその他国衆となっていた。

蓮覚院は、永禄四年（一五六一）生まれで、文禄三年（一五九四）十月二十七日に死去した。享年は三十四。法名は蓮覚院妙俊《みょうしゅん》といった）[*106]。

氏勝の子女としては、最初の嫡子とみられる善九郎氏明《うじあき》、弟で養子となっていたとされる繁広、末期《まつご》養子として家督を継承した出羽守氏重《うじしげ》（保科正直《ほしなまさなお》の子、初名は久太郎正勝《まさかつ》）の存在が知られている。繁広については先に述べた。氏重は北条氏の出身ではなく、養子に入るのも北条氏滅亡後のことであるから省略する。ここでは、氏明について述べておくことにする。

■北条氏明　氏明は、仮名善九郎を称しているが、これは祖父氏繁のそれと同じであるか

＊98　「武州文書」戦二一七二

＊99　「神原文書」戦二三三六

北条氏勝の花押（3）

北条氏勝の花押（4）

ら、玉縄北条氏の嫡子にふさわしいものといえる。史料上の初見は、天正十八年（一五九〇）二月二十一日付の北条家朱印状写で、[107]奉者《ほうじゃ》として「善九郎」とみえている。ただし、この文書は史料的に問題があるため、そのまま信用することはできないが、この頃には氏明の活躍がみられるようになっていた可能性はあろう。

確実な初見は、北条氏滅亡後の文禄元年（一五九二）三月に、家臣堀内《ほりうち》日向守勝光《かつみつ》に宛てた証文である。[108]「御隠居様」の文書の通りに、三六〇貫文役を務めるよう規定している。内容的には、代替わり安堵とみることができるものである。この他では、舞々《まいまい》治部左衛門に宛てて、弥富領における勧進《かんじん》を承認する判物がある。[109]これもその内容は、嫡子の立場の者が出すようなものではなく、新当主による代替わり安堵とみることが可能である。

そうすると、先にみえた「御隠居様」というのも、氏勝を指している可能性が考えられる。実際、氏勝は文禄年間（一五九二〜九六）の活動はみられず、再びその動向が確認されるのは慶長二年（一五九七）からである。[110]

氏明の動向を示す史料は、以上のものがあるにすぎないが、これらの状況から考えると、弥富領入部からしばらくして、おそらく天正十九年末頃に氏勝は隠居して、嫡子氏明に家督を譲っていた可能性が高いとみられる。しかし、氏明が慶長元年頃までに死去したため、氏勝は再び家督を管掌したと推測される。

なお、「北条家并家臣過去帳抜書」に次の記載がある。

華翁昌栄禅定門　逆修　北条善九郎為自分

北条氏勝の印判

北条氏明の花押

＊100　「楓軒文書纂」「後閑文書」戦二七四二・二六一四

＊101　「古今消息集」戦二六六六

＊102　「甲斐国志草稿」（『山梨県史資料編4』一六七二号）

仮名善九郎を称したのは、氏繁の他には氏明が確認されるだけだから、これは氏明の法名の可能性が高いとみられる。

■江戸北条氏　綱成の次男氏秀は、江戸城将を務め、その子乙松丸《おとまつまる》もその跡を継承した。氏秀父子は二代にわたって江戸城将を務めたことから、これを江戸北条氏と称している。*111
ここで、その動向をまとめてみていきたい。

■北条氏秀　氏秀は、仮名を孫次郎と称し、実名は初め康元《やすもと》といった。*112 仮名孫次郎は、叔父綱房と同じであるから、氏秀はその家系を継承した可能性もある。実名のうちの「康」は、氏康からの偏諱とみられ、彼も父綱成・兄康成（氏繁）と同様の立場にあったことがわかる。
永禄二年（一五五九）八月からみえ、そこで「沼田《ぬまた》孫次郎」と称していたこと、上野沼田城（沼田市）に在城していたことが知られる。*113 これは、同城を本拠とする国衆沼田氏の名跡を継承し、同城に在城していたことによる。

前年頃に沼田氏に内訌《ないこう》があり、北条氏は近辺の国衆厩橋長野《ながの》氏とともにこれに介入し、当主弥七郎を支援した。内訌の過程で弥七郎が死去したため、康元がその家督を継承したとみられる。*114

しかし、同三年九月に越後長尾景虎（上杉謙信）の来攻をうけ、同城は落城し、康元も同城から退去した。*115 後退にあたってはいったん、上野高山城（群馬県藤岡市）に在城したが、

*103　「島津文書」小Ⅰ八一八
*104　「竜宝寺位牌」
*105　「北条家過去帳」
*106　「妙本寺大堂并常什回向帳」（『大田区史資料編寺社２』所収）
*107　「武州文書」戦三六五四
*108　「堀内文書」戦四三二三
*109　「相州文書」戦四三四三
*110　「七条墨書銘」戦四三二八
*111　長塚孝「江戸在番衆に関する一考察」（戦国史研究会編『戦国期東国社会論』吉川弘文館、一九九〇年）
*112　「諸岡家略系」戦五三三
*113　「御府内備考」戦六〇八
*114　「北条氏の上野進出と沼田氏」（『増補改訂 戦国大名と外様国衆』〈戎光祥研究叢書第四巻〉戎光祥出版、二〇一五年）

同年十二月には同城からも後退している。*116

その後、同七年正月に江戸城中城《ちゅうじょう》に在城し、*117 元亀元年（一五七〇）十二月に兄康成とともに足柄に在陣したことなどが知られる。*118 そして、天正二年（一五七四）二月から実名も氏秀でみえ、江戸地域において一定の権限を有する存在としてみえている。*119 同年七月には、官途名治部少輔を称したことも確認される。*120

実名の改名は、兄氏繁と同じく北条氏の通字「氏」を冠されたものであり、これにより氏秀も、氏繁と同様に家格が向上したことがわかる。その時期は、おそらく氏繁と同時とみられ、官途名への改称も同時であったと推測される。

これ以後、氏秀は江戸地域の郡代支配権を管轄し、城代を務めた。それ以前、城代を務めていたのは宿老遠山政景《まさかげ》（綱景の子）である。彼の城代としての動向は元亀二年八月までであるから、*121 それ以降に交替があったと推測される。氏秀への改名と官途名への改称はその間のことであるから、あるいはそれが契機になっていたかもしれない。

江戸地域は、大きく江戸と葛西両地域からなっていた。在城衆も単一ではなく、「役帳」段階では、遠山氏・富永《とみなが》氏・江戸太田氏・太田大膳亮をそれぞれ「物主《ものぬし》」とする軍団（「手」）によって構成されていた。その後、永禄七年の第二次国府台合戦で江戸太田氏が没落するが、その所領と家臣の多くは、氏秀に継承されたとみられている。*122

したがって、氏秀が城代に就任した際も、それらの構成は基本的には変わらなかった。ただし、氏秀が郡代支配権を行使しえたのは江戸だけであったようで、葛西は従来通り、

北条氏秀の花押

*115 「歴代古案」（『戦国遺文房総編』一〇一八号）

*116 「師岡家略系」戦五三三

*117 「楓軒文書纂」戦八三五

*118 「岡部文書」戦一三五八

*119 「武州文書」戦一六九三

*120 「森田周作氏所蔵文書」戦四七〇五

*121 「新編武蔵国風土記」戦一五〇六

遠山氏が同権を行使したとみられる。[*123] いわば江戸と葛西で、郡代支配権が分離された格好となったとみられる。

氏秀は、その一方で天正二年八月には、城代の兄氏繁の出陣の留守を守って武蔵岩付城に在城し、[*124] 同十年三月から七月にかけて下総関宿城に在番している。[*125] どちらかというと、最前線ではなく、その後方確保の役割を担った傾向がみられる。

しかし、その七月に病気によって江戸城に帰城し、そのまま回復しなかったのか、同十一年六月二日に死去した。法名は玉岩寺《ぎょくがんじ》新養道雲大禅定門といった。[*126]

■北条乙松丸　氏秀の家督は、嫡子乙松丸が継承したが、いまだ元服前の幼少であったため、当時「御隠居様」と称されていた宗家隠居の氏政が後見を務め、家臣団統制を行っている。[*127]

乙松丸は、翌十二年三月に江戸平河法恩寺《ひらかわほうおんじ》に対し、寺領について代替わり安堵を行い、[*128] 同年十月に石神井《しゃくじい》三宝寺《さんぽうじ》（練馬区）に代替わり安堵的な禁制を与えているから、[*129] この年から、氏秀の後継者としての活動を開始しはじめたことが知られる。しかし、その後は史料にみられなくなるから、早世したと思われる。

これにより、江戸北条氏は断絶した。そして、その権限や所領・家臣は、「御隠居様」氏政がそのまま管轄していった。[*130]

＊122　長塚孝「江戸在番衆に関する一考察」（戦国史研究会編『戦国期東国社会論』吉川弘文館、一九九〇年）

＊123　黒田基樹「北条氏と葛西城」（『古河公方と北条氏』〈岩田選書地域の中世12〉岩田書院、二〇一二年）

＊124　「新編会津風土記」戦一七一九

＊125　「湯浅文書」「小田原編年録」戦二三三〇・六五

＊126　「北条家過去帳」

＊127　「武州文書」戦二五七一

＊128　「寺誌取調書立」戦二六四四

＊129　「武州文書」戦二七二二

＊130　「『御隠居様』北条氏政と江戸地域」（『戦国大名北条氏の領国支配』名著出版、一九八二年）

第二章　久野北条氏――特異な御一家衆

宗瑞の末子宗哲とその子孫は、代々小田原城近くの久野《くの》に居住し、そのため他者からは「久野殿」と称されている。これにより、宗哲とその子孫については、久野北条氏と称することができる。ここで、その動向をまとめてみていくこととしたい。

一、箱根権現別当となった初代・宗哲

■宗哲の登場　宗哲は、宗瑞の末子とみられる。生年については明らかではないが、およそ永正年間（一五〇四～二一）前半頃の生まれと推測される。通説では、明応二年（一四九三）生まれとされているが、これは「北条五代記」等にみられる、天正十七年（一五八九）に九十七歳で死去したという記載に基づいたものにすぎない。その後の宗哲の動向から勘案すると、事実とは考えられないだろう。

宗哲は幼名を菊寿丸《きくじゅまる》といい、かなり幼少の時期から箱根権現（神奈川県箱根町）に入寺し、その後継者に位置付けられていた。永正十六年四月に、隠居してまもない父宗瑞から与えられた所領注文によれば、[*1]その所領は箱根権現領別当堪忍分、箱根権現領菊寿丸知行分、

箱根のシンボル・芦ノ湖　神奈川県箱根町

＊1　「箱根神社文書」戦三七

宗瑞譲与分から構成されており、その知行高は四四〇〇貫文余にのぼっている。しかも、そのうち三五〇〇貫文余がもと箱根権現領であり、別当堪忍分までもが宗哲の所領となっていることから、この時点ですでに、宗哲が箱根権現領そのものを継承していることが知られる。このことは宗哲が、箱根権現そのものをすでに実質的に継承していたことを示すものであろう。

そして、大永二年（一五二二）から近江三井寺《みいでら》上光院《じょうこういん》（滋賀県大津市）に住院し、同四年春に出家《しゅっけ》を遂げている。*2 それからほ

- 宗哲（菊寿丸・長綱・幻庵／箱根権現別当／母善修寺殿／天正17・11・1没カ／金竜院殿明岑宗哲大居士）＝栖徳寺殿（天文23・4・5没／栖徳寺殿花厳宗信大禅定尼）
  - 三郎（永禄3・7・20没／宝泉寺殿大年宗用大禅定門）
  - 氏信（新三郎／母栖徳寺殿／永禄12・12・6没／少林院殿鉄恵宗心居士）＝西園寺公朝娘（春桂宗輝大姉）
    - 氏隆（菊千代・彦太郎・釣庵宗仙／母西園寺公朝娘／慶長14・11・9没／養鶴院殿松簷宗仙居士）＝東光院殿（慶長9・4・晦没／東光院殿嶺梅芳春大禅定尼）
  - 融深（箱根少将・長順・覚胤／前住妙覚院／永禄12・12・6没／密啓融深庵主）
  - 吉良氏朝室（北条氏康養女カ／鶴松院快密寿慶大姉）
  - 女子（上杉景虎室　後、北条氏光室）
  - 三郎（景虎）（実北条氏康男）

系図37　久野北条氏系図

*2「宗長手記《そうちょうしゅき》」小I三五五

箱根神社　神奈川県箱根町

どなくして帰国し、箱根権現の別当に就任したと推測される。なお、その間の同三年六月に、兄氏綱の箱根権現造営によって納められた棟札《むなふだ》に、[*3]別当海実《かいじつ》に並んで菊寿丸の名が記載されているものの、そこには花押が据えられていないから、これは宗哲が三井寺にあって不在であったためとみられる。

箱根権現別当としては、天文三年（一五三四）から同七年までの在職を確認することができるが、[*4]同九年には宗哲は同職名を冠されていない。[*5]そのため、この時点では同職になかったと推測され、おそらくその間に同職を融山《ゆうざん》に譲ったとみられる。

しかし、箱根権現領はその後も宗哲の所領としてその支配下におかれており（「役帳」）、同社そのものが宗哲の支配下に属しているといえる。別当職の譲渡はあくまでも表面的なものであったとみられる。

■二つの法名　出家した菊寿丸は、その後は法名を称したが、彼は二つの法名を有していた。すなわち、「長綱《ちょうこう》」と「宗哲」の二つである。

「長綱」は古義真言宗《こぎしんごんしゅう》系の法名で、同系に多く継承される「長」字と、兄氏綱の「綱」字を合わせたものであろう。箱根権現は東寺《とうじ》・高野山などの真言宗密教《みっきょう》系とかかわりが深く、同社別当としてみえている場合はすべて「長綱」の法名でみえているから、この法名は同社別当就任により称したものとみられる。そして、この法名は天文十五年（一五四六）六月までの使用が確認されるにすぎず、[*6]以後は使用しなかったようである。

北条長綱の花押

北条宗哲の花押

*3 「箱根神社文書」戦五六
*4 「為和集」「短刀銘」小Ⅰ五三四・三六二
*5 「快元僧都記」小Ⅰ四三九
*6 「相州文書」戦二七九

一方の「宗哲」は、「宗」字から臨済宗大徳寺派《りんざいしゅうだいとくじ》の法名であることは明確で、父宗瑞の法名と同派のものである。宗瑞が正式には「早雲庵宗瑞」と称したように、宗哲も「幻庵《げんあん》」という庵号を有している。すなわち、正式には「幻庵宗哲」と称していたのである。「宗哲」の法名は、天文五年八月から、[*7]「幻庵」の庵号は同十四年から、[*8]それぞれ確認され、かなり早い時期から法名を用いていたことが知られる。

この間、「長綱」の法名も用いられているから、同時期に二つの法名を用いていたといえる。ただし、使い分けの基準についてはは定かではない。そして、「長綱」の法名が確認されなくなる天文二十年代以降は、もっぱら「幻庵宗哲」の法名が用いられることとなる。

■北条家御一家衆として

箱根権現別当に就任したといっても、その活動は宗教面にのみ限定されていたわけではなかった。天文四年（一五三五）八月の甲斐山中《やまなか》（山梨県山中湖村）合戦、同年十月の武蔵入間川（埼玉県狭山市）合戦において、当主氏綱、甥氏康・為昌とともに出陣し、大将の一人としてあげられているように、[*9]軍事的な活動も活発に行っていた。その意味で、宗哲はけっして単なる宗教者・文化人ではなく、北条氏の軍事行動においてその一翼を担う武将でもあった。

さらに、天文十一年五月に北条為昌が死去すると、宗哲は北条氏の領域支配の一部を担うことになる。為昌が管轄していた諸地域支配と家臣団は、各領域ごとに分割されることになったが、そのなかで宗哲は、武蔵小机領とそれに配属された小机衆を継承した。

＊7　「藤川百首注奥書」小I三六一

＊8　「相州文書」戦二六〇

＊9　「甲州山中・武蔵入間川両合戦図」

こうした状況をうけて、宗哲は翌十二年から支配文書を発給しはじめ、同年六月に小田原谷（谷津）の願修寺《がんしゅうじ》内の薬師堂に禁制を与え、[*10] 同年九月には中郡《なかぐん》日向《ひなた》の石雲寺《せきうんじ》（神奈川県伊勢原市）に、北条家朱印状の内容通りに諸役《しょやく》等の免除を保証する朱印状を与えている。[*11] 谷は宗哲の本拠久野に隣接する地であり、同地は宗哲の所領内に含まれていたとみられる。日向郷は宗哲の所領ではなく、北条氏の直轄領であったとみられるが、隣接する白《しら》根《ね》郷（伊勢原市）内に所領を有しているので、その関係から日向郷では代官等の立場にあったとみられる。

ちなみに、この文書の存在から、宗哲は中郡の領域支配をも担い、郡代《ぐんだい》大藤《だいとう》氏をその代官としたとみる見解もある。のちに大藤氏の戦功を宗哲が北条氏康父子に上申しており、[*12] 北条氏政からの大藤氏に対する軍事的指示が宗哲に伝えられているところをみると、[*13] 宗哲と大藤氏が密接な関係にあったことは間違いなく、その可能性は十分に考えられる。

また、宗哲が使用した朱印は、直径六・五センチメートルの丸印で、「静意《せいい》」の印文が刻まれたものである。こののち「幻庵印判」「久野御印判」などと称され、確実なところでは天正九年（一五八一）までの使用が確認される。[*14]

甥為昌の死去を契機に、宗哲は軍事行動だけでなく、北条氏の領域支配にも参加を遂げた。まさに、北条氏当主の分身としての御一家衆として活動したのであり、しかもその有力な一人であった。天文二十一年に江戸城代遠山綱景が、武蔵六所明神《ろくしょみょうじん》（東京都府中市）に捧げた願文に、[*15] 当主氏康夫妻と並んで宗哲の名があげられ、その覚えにかなうことを望

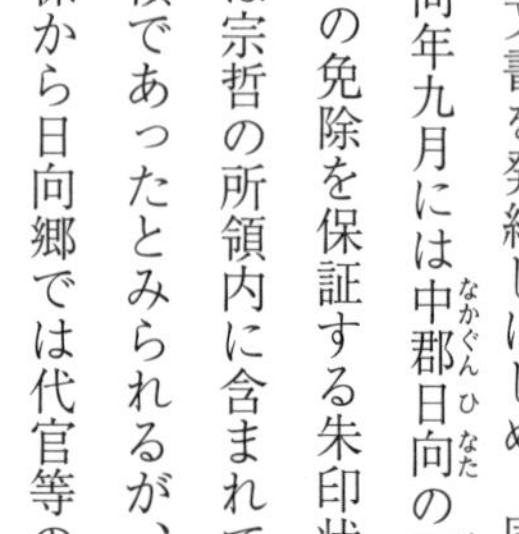

北条宗哲の朱印

＊10　「箱根七湯志」戦四六二九
＊11　「石雲寺文書」戦二三七
＊12　「大藤文書」戦六八七
＊13　「大藤文書」戦二三九六
＊14　「香山寺文書写」戦二二八五
＊15　「新撰総社伝記考証附巻」戦四一九

まれていることは、そうした宗哲の立場を端的に示していよう。

二、宗哲の子孫たち

■嫡子三郎　宗哲が為昌から継承した小机領の支配権は、その後さらに弘治から永禄年間（一五五五～七〇）初頭までに、三郎という人物に継承された。「役帳」において三郎は、小机衆の筆頭として記載され、武蔵小机本郷《ほんごう》（横浜市）一七六貫文余をはじめとする一六二〇貫文余の知行高（「役帳」中四位）を有している。そして、三郎に続いて小机衆二十六人が記載されている。

三郎は、本領が小机本郷とされているからも、小机城主の立場にあったことが知られる。三郎に続いてみえる小机衆二十六人は、その被官・同心であったとみられる。三郎の知行高は、北条氏御一家衆のなかでは宗哲に次ぐものであり、有力御一家衆の一人であったといえる。

この三郎の所領のなかに、宗哲から譲渡された二〇〇貫文があげられているから、三郎は宗哲の影響下におかれていた存在であったことがうかがえる。そして、「三郎」という仮名などからみると、三郎は宗哲の嫡子であったと考えられる。

三郎は、弘治二年から史料上に登場してきており、*16 おそらくこの頃にはすでに、宗哲から家督を継承していたと推測される。永禄元年（一五五八）四月に古河公方足利義氏が小

＊16　「北条文書」戦五二五

田原の氏康私宅に御成《おなり》した際には、北条氏堯、伊勢八郎[*17]に続いて三献目の給仕をつとめているように、[*18]御一家衆のなかでもかなり重要な位置にあった。

しかし、「役帳」を最後として史料上からその姿を消し、翌三年七月二十日に死去した。法名を宝泉寺殿《ほうせんじでん》大年宗用大禅定門といい、小田原風祭《かざまつり》の宝泉寺がその菩提寺とされた。[*19]宝泉寺は、のちに元亀三年（一五七二）四月に、宗哲から寺領の境界を確定されて制札《せいさつ》を立てる場所を定められている。[*20]これにみられるように、同寺は宗哲の保護下におかれていたことが知られる。

三郎には実子がなかったため、家督は弟の氏信が継承することとなった。しかし、小机城主の地位と小机領は、氏康の弟氏堯に継承された。

■宗哲と氏堯　弘治元年（一五五五）六月に、宗哲は武蔵仁見（埼玉県深谷市）の長吏太郎左衛門に対し、太郎左衛門が北条氏から与えられた上野平井（群馬県藤岡市）の長吏源左衛門の一跡について、他者が横合《よこあい》を申し懸けてきたならば、北条氏の奏者に断ったうえでその者を成敗することを保証している。[*21]

これはこの時期に、宗哲が平井城周辺の支配を担っていたことをうかがわせるものであるが、同日付で当主氏康の弟氏堯が、まったく同文の文書を発給している。[*22]平井周辺の支配権は宗哲のみが管掌していたのではなかったのであるが、この後、氏堯は宗哲から小机領支配を継承することから考えると、むしろ宗哲は氏堯の後見を務めており、そのため両

*17　京都伊勢氏の一族で、北条氏に家臣化していた系統があった。伊勢貞藤の孫貞辰の家系にあたる。旧版ではこの伊勢八郎を貞辰の子貞就とみていたが、年代から考えて、その子とみるのが妥当と思われる。

*18　「鶴岡八幡宮社参記」

*19　「新編相模国風土記稿」巻二六

*20　「宝泉寺文書」戦一五九一

*21　「平井文書」戦四八九

*22　「平井文書」戦四九〇

者の文書が同時に発給されたと考えられる。

氏尭については、第一部第二章のうち「北条氏尭」で述べているから、ここでは宗哲との関係をみていくうえで、必要な限りについて触れておくこととする。大永二年（一五二二）生まれで、父氏綱の死去時には二十歳であった。翌年に兄為昌が死去すると、当主氏康にとっては唯一の弟となったが、若年のためかすぐには重要な役割は与えられなかった。

為昌に代わる存在として登場したのは宗哲であった。氏尭は宗哲の後見をうけながら、政治的成長を遂げていったと思われる。そして、先の文書から史料上に姿をみせはじめ、永禄四年には、前年に死去した宗哲の嫡子三郎に代わって小机城主となり、以後は小机領支配を展開していった。

為昌の死去後、小机領は宗哲が管掌していたから、宗哲は、その嫡子三郎の死去をうけて、後見してきた甥の氏尭に、その遺領を継承させたとみられる。しかしその氏尭も、同五年八月を最後に史料上からみなれなくなり、それからしばらくのうちに死去したと推測される。おそらく、同六年四月八日のことと推測される。その後、小机領は宗哲の次男氏信に継承される。

■「宗哲覚書」と吉良氏朝　宗哲が後見を務めた北条氏御一家衆として、氏尭のほかにももう一人あげられる。それは吉良氏朝である。吉良氏は武蔵世田谷（東京都世田谷区）を本拠とする足利氏御一家で、北条氏の同地域進出にともなってその旗下に属した。天文十五

平井城跡の土塁　群馬県藤岡市

年（一五四六）から当主としてみえる頼康は、氏綱の娘を妻とした。その養子となって家督を継承したのが、氏朝である。

氏朝は遠江堀越《ほりこし》六郎の嫡子で、天文十一年生まれ。母は氏綱の娘高源院であるから、氏康には甥にあたる。堀越氏は、遠江見付《みつけ》城（静岡県磐田市）を本拠とする遠江今川氏の嫡流である。駿河今川氏に服属していたが、河東一乱で北条氏に味方し、今川氏に敵対した。しかし、天文十年頃には今川氏によって制圧されている。弘治三年（一五五七）には父六郎は死去しており、それまでに母とともに北条氏に引き取られ、堪忍分として与えられた伊豆山木郷（静岡県伊豆の国市）に居住している。

こうした氏朝の素性をみると、彼は堀越氏の嫡子というよりも、北条氏の一門としての政治的立場を強く有していたといえる。氏朝の吉良氏継承は、実体は北条氏一門による同氏の継承であった。吉良氏の名門性が鑑みられて、吉良氏の分家筋にあたる今川氏出身の氏朝に、白羽の矢が立てられたのであろう。

氏朝は、永禄三年（一五六〇）十二月には頼康の養子となって、その嫡子としてみえており、[*23] 翌四年二月には頼康は隠居して、氏朝が家督を継承したことが確認される。[*24] 天正元年（一五七三）十月には、歴代の官途名左兵衛佐を称している。[*25]

養父頼康は、「諸願成就回令《かいれい》満足候」という印文を刻んだ、一辺七・五センチメートルの朱印を使用していた。[*26] これは、北条氏の虎朱印《とらしゅいん》に匹敵する規模のものであり、同規模のものは他の御一家衆にもみられないから、これも、吉良氏の家格の高さを反映するものといっ

吉良氏朝の花押

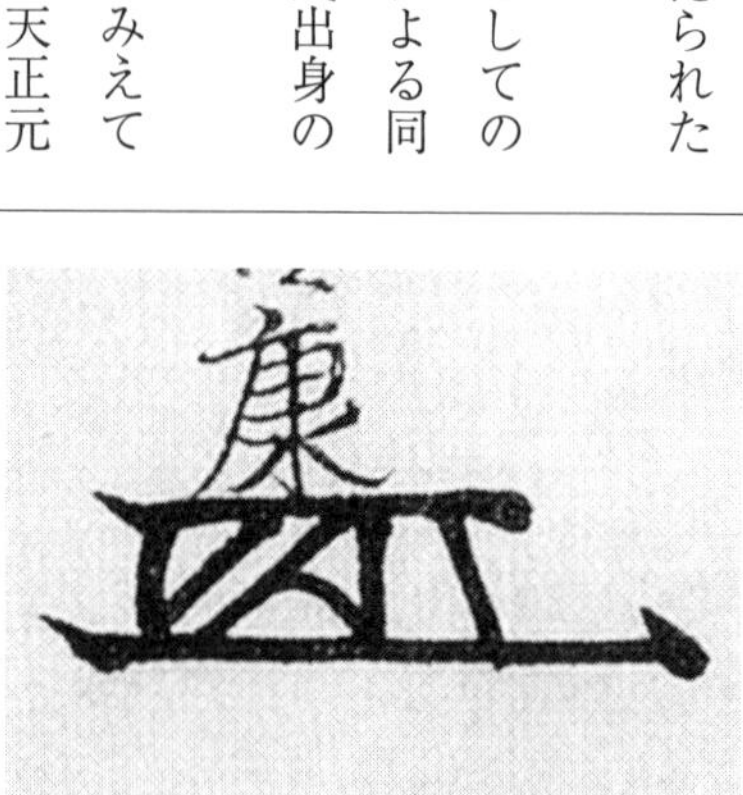
吉良頼康の花押

＊23　「東光寺文書」戦六五七
＊24　「江戸文書」戦六六六
＊25　「常徳院文書」戦一六七〇

ていい。氏朝もこの朱印を継承し、天正元年十月にはその使用が確認される。[*27]

この氏朝も、永禄三年十二月に北条氏の娘を妻に迎えた。これまで婚姻については、同三年から同九年までの間のこととみてきたが、近時、同三年のことであることが明らかになっている。[*28] 吉良氏としては、頼康・氏朝二代にわたって北条氏の娘婿となったのである。

この北条氏の娘が氏朝に嫁ぐ際に、宗哲がその輿入れにあたってのさまざまな心得等を記し与えたのが、有名な「宗哲覚書《そうてつおぼえがき》」[*29]である。これは漢字交じりの仮名文で、全二十四条にわたり、内容も多岐にわたっているため、当時の大名家の奥向きの様子や大名家の女性の教養等について詳しく知ることができる、極めて重要な史料とされている。

氏朝の妻となった北条氏の娘については、これまでは系図類の記載に基づいて氏康の娘とされてきた。名目的には氏康の娘とされていた可能性はあるが、永禄十年十月に宗哲が「息女」の希望により、「太平記」を書写して与えていることから、[*30] 彼女は宗哲の娘であったとみるのが妥当である。むしろ、実の娘であったからこそ、輿入れに際してのさまざまな心得等を懇切に「宗哲覚書」として記し与えたといえるであろう。この後、氏朝は宗哲から武蔵大井郷（埼玉県ふじみ野市）を譲渡されている。[*31] 宗哲の娘婿として、その後見をうけたとみられる。

氏朝妻の宗哲の娘は、永禄十一年に嫡子氏広《うじひろ》（のち頼久《よりひさ》）を生んでいる。その後の動向やその死去年については不明であり、法名を鶴松院殿《かくしょういんでん》快密寿慶大姉といったことが知られるにすぎない。[*32] なお、この点に関してその後、山口博氏によって、天正七年から同十五

＊26　「泉沢寺文書」戦五二九他
＊27　「常徳院文書」戦一六六九
＊28　武田庸二郎「「北条幻庵覚書」の作成年代について」（『世田谷区立郷土資料館資料館だより』二七号、一九九七年）
＊29　「宮崎文書」戦三五三五
＊30　「相承院本太平記奥書」戦四六七九
＊31　「新井文書」戦二二一七・二二一九
＊32　「新編武蔵国風土記」巻四八

吉良氏の朱印

年までのうちに死去し、婚姻にともなって宗哲から氏朝に譲渡された大井郷が、ふたたび久野北条氏の支配に帰していることをもとに、それまでに死去していたこと、それにともなって同郷も返還されたことが想定されている。[*33]

夫の氏朝は、天正十八年の北条氏滅亡後は徳川家康に仕え、それを契機に隠居して家督を嫡子氏広に譲っている。そして、慶長八年（一六〇三）九月六日に六十二歳で死去した。法名を実相院殿《じっそういんでん》学翁（宗高）玄参居士といい、世田谷実相院が菩提寺として建立された（同前他）。

その子氏広は、北条氏滅亡の直前にあたる天正十八年正月から所見されている。[*34] 仮名は源六郎を称した。徳川氏のもとでは、三河吉良氏の存在から吉良名字を称することを認められなかったため、蒔田《まいた》名字を称し、実名も北条氏の通字「氏」を廃して、吉良氏の通字「頼」を冠した頼久に改めた。後に歴代の官途名左兵衛佐を称した。慶長十四年（一六〇九）三月二十七日に死去し、享年は四十二、法名は耕雲寺殿《こううんじでん》□翁宗英といった。[*35] その妻は、小笠原播磨守康広《やすひろ》の娘（母は為昌の娘種徳寺殿《しゅとくじでん》）で、氏広とは又従兄弟にあたる。

■**氏信と融深**　宗哲の次男氏信は、仮名新三郎を称した。史料上に登場してくるのは永禄元年（一五五八）からで、同年四月の足利義氏の小田原の氏康私宅への御成に際し、兄三郎に続いて給仕を務めている。[*36] 同三年の三郎の死去により、その家督を継承したと推測される。

吉良氏広の花押

*33　山口博「幻庵宗哲使用『静意』印判に関する考察」（同著『戦国大名北条氏文書の研究』〈戦国史研究叢書4〉岩田書院、二〇〇七年）

*34　「江戸文書」戦三六二〇

*35　『系図纂要』所収系図他

*36　「鶴岡八幡宮社参記」

*37　「江間文書」（『小田原北条氏文書補遺（二）』補遺一三一）

さらに数年後の永禄六年四月に、氏堯が死去すると、その跡をうけて小机城主となり、小机領支配を管轄した。また同七年正月には、武蔵河越城将を務めていたことが推定される。[*37] そこには「新太（三）郎事」「従川越走着」とある。これも、氏堯からの継承とみなされる。

同十二年七月には、小机衆二宮《にのみや》織部丞・長谷川八郎左衛門尉両人を奉者とする「福寿《ふくじゅ》」朱印状[*38]が存在している。この「福寿」朱印は、一辺六センチメートルの方形のもので、氏信が使用していた朱印と推定される。

また、氏信は同六年十一月に公家の西園寺公朝《さいおんじきんとも》の娘を妻に迎えている。[*39] 宗哲とその一族は、箱根権現別当としての立場を通じて、京都の僧侶のみならず公家や文化人とも独自の交流を有していた。北条氏御一家衆のなかで公家の娘を妻に迎えているのは、この氏信がみられるにすぎない。ここに久野北条氏の特異な立場が示されている。

ちなみに、この西園寺氏は嫡子氏隆《うじたか》の生母であり、氏信死後の天正九年（一五八一）四月十七日に逆修（生前供養）し、法名を春渓宗輝大姉と称しているが、[*40] その後の動向は不明で、死去年も伝えられていない。

永禄十一年十二月に武田氏が駿河に侵攻すると、北条氏は今川氏真救援のために駿府（静岡市）に向けて援軍を進軍させ、蒲原城（静岡市）を前線拠点とした。この蒲原城の城将として派遣されたのが氏信であった。[*41] 翌十二年五月に、遠江懸川城（静岡県掛川市）に籠城していた氏真とその妻子らは北条氏に引き取られ、十七日に蒲原城に到着した。当主氏

＊38　「多聞坊文書」戦一二七五〜六
＊39　「厳助大僧正記《げんじょだいそうじょうき》」小Ⅰ三七七
＊40　「北条家過去帳」小Ⅰ四〇一
＊41　「上杉文書」小Ⅰ三八一

北条氏信の花押

北条氏信の印判

政はこのことを宗哲に伝えているが、[*42]これは氏信が同城に在城していたため、同城をめぐる状況を報告したものであろう。

しかし、同年十二月六日に蒲原城は武田氏の総攻撃をうけて落城し、城将氏信とその弟融深《ゆうしん》をはじめとして、清水新七郎（康英《やすひで》の子）・笠原氏（美作守か）・狩野介らの在城衆等はすべて戦死を遂げた。[*43]氏信は、法名を少林院殿《しょうりんいんでん》鉄恵宗心居士といった。[*44]なお、常楽寺《じょうらくじ》殿《でん》衝天良月居士（蒲原常楽寺）・善福寺殿《ぜんぷくじでん》衝天良月大居士（同善福寺）とするものもある。[*45]三島祐泉寺《ゆうせんじ》が菩提寺として建立された。

氏信と同時に戦死した弟融深は、箱根権現に入寺しており、おそらく将来は父宗哲のように同社別当職を継承することを予定されていた存在と推測される。公名《きみな》を箱根少将、法名は他に長順《ちょうじゅん》・覚胤《かくいん》とも伝えられているが、[*46]ここでは「今川家瀬名家記」にみえる融深の名を採用しておく。融深の「融」字は、宗哲から別当職を継承した融山の一字を承けたものであり、他の法名の「長」「覚」の字も、宗哲の関係者に多くみられるものであるから、融深も宗哲と同様に、法系ごとに数種の法名を有していたとみられる。

■養子三郎と娘婿氏光　氏信には嫡子氏隆があったものの、当時は幼名菊千代を称するにすぎない幼少であった。そのため、宗哲は氏康の六男で末子の西堂丸《せいどうまる》を末娘の婿養子に迎え、氏信の家督継承者とした。西堂丸は天文二十三年（一五五四）生まれで、このとき十六歳であった。宗哲の婿養子となって宗哲のもとで元服し、仮名三郎を称した。この仮

北条氏信の墓　静岡県三島市・祐泉寺

*42　「色色証文」戦一二二二

*43　「恵林寺文書」小I三八五。ただし清水新七郎については、その後の生存が確認されるので誤伝とみなされる。

*44　「今川家瀬名家記」

*45　『蒲原町史』

*46　『小田原編年録』所収「北条系図」

名は宗哲の嫡子三郎のそれを襲用したものである。元服の際に実名も称したとみられるが、それは伝えられていない。

しかし、この三郎も翌元亀元年（一五七〇）二月に、越後上杉氏との同盟締結のための条件の一環として、上杉輝虎（謙信）の養子とされ、三月に越後に移った。輝虎からその初名である景虎の実名を与えられて、上杉三郎景虎と名乗った。

三郎の上杉氏入嗣にともない、その妻の宗哲娘は三郎と離別して小田原にとどまり、後に氏康の子（実は氏堯の子であろう）の氏光に再嫁した。氏光は仮名四郎、次いで官途名右衛門佐を称した。元亀三年から小机城主を務めている。[*47]

小机城主の地位は宗哲の管掌するものであり、これまで三郎―氏堯―氏信と、宗哲の関係者によって相承されていた。氏光がこの小机城主の地位に就いたのも、氏光が宗哲の末娘を娶って、その娘婿となったことによるとみられる。宗哲は、氏信の死去と、続く養子三郎（景虎）の上杉氏入嗣によって不在となった小机城主に、娘婿となった氏光を据えたのである。以後、氏光は北条氏滅亡時まで小机城主を務めた。なお、氏光と妻宗哲娘との間には、子供は一人もできなかったといわれる。[*48]

■大平城の今川氏真

ここまでみてきたように、宗哲は甥氏堯・娘婿吉良氏朝の後見をつとめ、氏康の子三郎（景虎）、氏堯の子と推測される氏光を相次いで婿に迎えるなど、北条氏御一家衆のなかでも、どちらかといえば非主流系の人々と密接な関係を有していた。

---

*47　「諸州古文書」戦一五七七
*48　「異本小田原記」

小机城跡東曲輪の空堀　横浜市

これは宗哲が、北条氏御一家衆における長老として、彼らのような人々を束ねる役割を担っていたためとみられる。こうした宗哲の役割をふまえてみると、もう一人取り上げねばならない人物が存在する。前駿河国主の今川氏真である。

氏真は、永禄十一年（一五六八）十二月の武田氏の駿河侵攻により、駿河を退去して遠江懸河城に籠城したが、翌十二年五月十五日に、武田氏と同盟を結ぶ三河徳川家康の攻勢に抗しきれず、同城を開城し、妻早河殿（氏康の娘）の実家である北条氏のもとへ身を寄せて、閏五月初めに駿河沼津（静岡県沼津市）に移った。[*49]

そして、それと同時に氏真は氏政の長男国王丸《くにおうまる》（のち氏直）を養子とし、名跡と駿河支配権を譲り渡した。[*50] 国王丸は幼少のため、その実権は当然のことながら実父の氏政が掌握した。北条氏は氏真を迎え入れることによって、駿河国主今川氏の名跡と駿河支配権を継承し、武田氏の駿河侵攻に対抗しうる名目を確保して、自らもその領国化に乗り出していくのである。

これまでは、氏真は沼津からさらに徳倉《とくら》城（静岡県清水町）に入城したといわれてきたが、[*51] 当時は徳倉城はいまだ存在せず、これは正しくは大平《おおひら》城（沼津市）である。[*52]

ところで、翌元亀元年（一五七〇）八月に、宗哲は駿河泉郷《いずみごう》（清水町）に対して、郷外の者が同郷の作毛《さくもう》を苅り取ることの禁止を保証する禁制《きんぜい》を発給している。[*53] 泉郷はかつて今川氏の直轄領であり、当時においても氏真の所領とされていた。さらに同二年三月には、宗哲は今川氏の旧臣紅林《くればやし》八兵衛に対して、御厨地域（御殿場市周辺）での戦功を賞する感《かん》

*49 「岡部文書」戦一二三四
*50 「諸家所蔵文書」戦一二三一
*51 「異本小田原記」他
*52 「北条氏の駿河防衛と諸城」（『戦国期東国の大名と国衆』岩田書院、二〇〇一年）
*53 「泉郷文書」戦一四四〇

状《じょう》を与えており、[54]同四年（天正元年）二月には、やはり今川氏の旧臣三浦八郎左衛門尉義次《よしつぐ》に対して、所領を与えるなどしている。[55]これらは、今川氏旧臣の紅林氏・三浦氏が、宗哲の家臣もしくは同心とされていたことを示している。

このように、宗哲には氏真に関連する動向が多くみることができる。氏真の所領泉郷に対して禁制を発給していることは、宗哲が同郷を保護する役割を担っていたことを示している。そして、氏真の家臣の一部が、宗哲の家臣もしくは同心として編成されていることをみると、宗哲は大平在城後の氏真に対して、後見をつとめていたと考えられる。

■氏真の小田原移住　氏真は、その後さらに大平城から小田原早河（神奈川県小田原市）に移った。その早河も、宗哲の所領であった。時期は明確ではないが、元亀元年（一五七〇）四月には妻の早河殿の移住が確認され、[56]同年九月には氏真も同地への移住が確認される。[57]

宗哲が氏真の所領泉郷に禁制を発給しているのは、その前月であることからすると、それは氏真の小田原移住をうけて出されたものと考えられる。[58]さらに氏真は、ちょうどこの八月から、所領支配のために用いた朱印を、それまで駿河時代に使用していたものから改めている。これも、小田原移住を契機としたものであったと推測される。

これらのことから考えると、宗哲は氏真の小田原移住後も、泉郷以下の所領や三浦氏らの家臣を維持していたことは間違いなく、宗哲は氏真に代わり、それらの管理・統率にあたっていたと推測される。宗哲は、氏真に代わって大平城に在城したことも考えられるで

＊54　「紅林文書」戦一四六七
＊55　「古文書」戦一六三二
＊56　「相州文書」戦一四一四～五
＊57　「山吉文書」（『戦国遺文今川氏編』二四七〇号）
＊58　東島誠「戦国時代の清水町」（『清水町史通史編上巻』清水町、二〇〇三年）

あろう。北条氏のもとに身を寄せた氏真は、ある意味で北条氏の一門的存在であった。宗哲は北条氏御一家衆の長老として、氏真に対しても後見をつとめたといえよう。

元亀二年十月の氏康の死去を契機として、氏政は一転して武田氏と同盟を締結し、氏真の駿河復帰の希望は失われることとなった。これ以後、氏真は朱印の押捺方法を今川氏様から北条氏様に改めている。[*59] ここからは、北条氏の一門としての立場を強めていったことがうかがわれる。

しかし、天正元年（一五七三）に氏真は家族とともに小田原を離れ、武田氏と対立する徳川氏を頼った。前年五月までは相模に在住していたことが確認されているが、[*60] この年の八月には徳川氏の本拠遠江浜松での在所が確認されるから、[*61] 移住はその間のことであった。おそらく同年四月の武田信玄の死去、あるいは同年七月の勝頼の家督継承が契機であったように思われる。武田氏と同盟している北条氏のもとにいたのでは駿河復帰の夢は果たせないから、徳川氏を頼ることでそれを果たそうとしたのであろう。

宗哲が氏真の旧臣三浦氏に所領を充行っているのはその前月のことなので、これは氏真の小田原退去をうけてのことであった可能性が高い。氏真の旧臣の一部は、そのまま北条氏に従い、宗哲の家臣として編成されたことが知られる。

■宗哲の文芸と風流　宗哲の事績のなかで特筆されるのは、その文化的素養である。宗哲は箱根権現に入寺したことにより、寺僧の教養として多くの学問・文芸を習得したとみら

＊59　久保田昌希「懸川開城後の今川氏真と後北条氏」（同著『戦国大名今川氏と領国支配』吉川弘文館、二〇〇五年）

＊60　前田利久「後北条氏庇護下の今川氏真について」（『地方史静岡』二九号、二〇〇一年）

＊61　「譜牒余録《ふちょうよろく》」（『戦国遺文今川氏編』二五三六号）

れる。さらに、箱根権現が関東でも有数の有力寺社であることから京都とのかかわりも深く、そのため宗哲は同社を通じて京都の公家や文化人との交流を有し、それらの習得をさらに深めたとみられる。

当時の文芸のなかで最も重視されていたのは和歌であるが、宗哲は天文三年（一五三四）十二月十八日に、公家冷泉為和《れいぜいためかず》を招いて歌会を催しており、[*62]同五年八月に藤原定家《ふじわらのさだいえ》の歌集「藤川百首」について、定家から数えて八代目の相伝者である高井堯慶《たかいぎょうけい》の所説による注釈書を著している。[*63]そして、天正八年（一五八〇）閏三月には、北条氏政の側近家臣板部岡融成《ゆうせい》に「古今伝授《こきんでんじゅ》」にかかわる証文を与えている。[*64]

また、同十一年六月に、小田原西光院《さいこういん》住持義山《ぎざん》（のちに箱根権現別当）が宗哲所蔵の藤原定家の歌集「員外雑哥《いんがいぞうか》」を書写しており、[*65]宗哲がそうした古典的歌集を所蔵していたことが知られる。こうしたことから、宗哲が和歌について深い教養を身につけていたことは間違いない。

この他にも、宗哲は「太平記」を所蔵していることからみて、[*66]おそらく多くの古典的文芸書を所蔵していたとみられる。

さらに、宗哲は連歌《れんが》にも通じており、たとえば、連歌師宗長《そうちょう》・宗牧《そうぼく》とは、宗哲が近江三井寺上光院に住院していた頃から親交があり、[*67]天文十四年二月に宗牧が小田原を訪れた際には連歌会《れんがえ》を催している。[*68]こうした文芸とともに、有職故実《ゆうそくこじつ》にも通じていたことは、娘に記し与えた「宗哲覚書」の存在に如実に示されていよう。

---

*62　「為和集」小Ⅰ五三四
*63　小Ⅰ三六一
*64　「陽明文庫文書」戦二一五六
*65　小Ⅰ四〇三
*66　「相承院本太平記奥書」小Ⅰ三七九
*67　「宗長手記」「東国紀行」小Ⅰ三五五・五五二
*68　「宗牧句集」小Ⅰ五五三

「異本小田原記」には、「尺八のはやる事」という項目が設けられて、宗哲がさまざまな細工に秀でていたことが記されている。伊勢氏には鞍《くら》作りの妙工があり、父宗瑞も幼少の頃から嗜んでいたという。宗哲はこれを相伝され、伝えられる寸法に寸分の違いもなく作製したという。

また弓の細工、石台作、茶臼作にも勝れていたという。とくに宗哲が考案した一節切《ひとよぎり》の尺八は、都鄙に流布し、朝廷からも所望され、これによってますます流行し、小田原の若侍らは皆これを所持したという。

「北条五代記」にも、「徳斎碁に興有事、付北条幻庵事」という項目が設けられて、鞍作の名人で当時の武士の多くが宗哲作製の鞍を用いていたこと、一節切の尺八は大名衆からも所望されていたこと、さらに宗哲築造の庭の築山《つきやま》・石台も流行ったことなどが記されている。

庭の築山は、山が聳え谷がめぐり、さらに岩岸が険しいなど、さまざまな様子があって面白いと評されている。また、石台は磯山で見出した丸石に、木を植える部分にだけ穴を掘った単純なもので、何の面白い風情もないものであったが、風流の心有る人は、「をのれと生まれつき」の石を目利きして選び出した、自然の山の体をなしており、素直な有り体に面白い風流があると評している。

このように、宗哲は学問・文芸のみならず、さまざまな細工に秀でており、風流の心にも長けていたようである。宗哲は、北条氏における随一の文化人であったといえよう。

北条幻庵の屋敷跡　神奈川県小田原市

■宗哲の屋敷　宗牧が小田原を訪れた際（天文十四年二月二十六日）に、宗哲は宗牧を自身の久野屋敷に招いて朝風呂を馳走し、次いで屋敷の後庭に築亭した山家《さんが》（茶屋）に、竹藪を踏み分けながら案内している。[*69] これは、宗哲の屋敷に庭園が築造されていたこと、さらに竹林があり、そのなかに茶屋が設けられていたことなどを知ることができる貴重な記述である。それらの庭園や茶屋には宗哲の風流がさまざまに施されていたのであろう。

宗哲の屋敷は、およそ現在の字中屋敷にあり、その北側の通称「幻庵屋敷」が庭園・竹林のあったところで、空堀《からぼり》と土塁《どるい》が周囲を巡らしていたようである。また、中屋敷の東側の字太鼓屋敷、「幻庵屋敷」の東側の字七軒屋敷も、屋敷地の一部にあたる。七軒屋敷の一角には、亡妻栖徳寺殿の菩提寺である栖徳寺が建っていたという。

■宗哲の死去　天正年間（一五七三～九二）になると、宗哲の政治的行動はほとんどみられなくなる。天正八年八月に、伊豆三島社護摩堂《みしましゃごまどう》に朱印状を発給し、[*70] 同九年十月に、伊豆韮山の香山寺《こうざんじ》塔頭永明院《えいみょういん》宛てに朱印状を発給している。[*71] これらをどのような立場から発給したのかは明らかではないが、いずれも韮山城の管轄であるから、この頃、宗哲は同城に在城していたのであろうか。

そして、永明院宛てのものを最後として、発給文書はみられなくなる。さらに、同十一年六月を最後として、[*72] 宗哲そのものが史料上から見えなくなる。次男氏信の死去後、嫡孫

*69　「東国紀行」
*70　「伊豆文書」戦二一八八
*71　「香山寺文書写」戦二二八五
*72　「員外雑哥奥書」小Ⅰ四〇三

北条幻庵御廟　神奈川県小田原市

氏隆が幼少のため、その後見を務めていたとみられるが、天正十年頃に氏隆が成人を遂げたのを機に、宗哲は実質的にも隠居し、所領等すべてを氏隆に譲渡したとみられる。

その後、宗哲は同十七年十一月一日に死去し、[*73] 法名を金竜院殿《きんりゅういんでん》明岑宗哲大居士とおくられたと伝えられる。[*74] ただし、死去年は、天正十一年以降は宗哲の名がまったく史料上に所見されないことをみると、そのままには信用し難く、実際にはもう少し早く、嫡孫氏隆の初見発給文書がみられる同十三年頃ではないかと推測される。いずれにせよ、宗哲の生涯は約八十年に及び、北条氏において、初代宗瑞から五代氏直の代までを生き抜いた唯一の存在であった。

宗哲の生涯については、武略をもって主君を助け、仁義を施して天意に達したと評された。その死に際しては、宗哲は手に印《いん》を結んで口では頌《じゅ》を唱え、即身成仏《そくしんじょうぶつ》の瑞相《ずいそう》を現じたといい、人々から権化《ごんげ》の再来と評されたという。[*75] 宗哲が、長く北条氏御一家衆の長老として歴代の当主を助け、また、文化人として高い教養を見につけていたなど、希代《きだい》の名傑であったことは間違いない。

宗哲の妻は、これよりも早く天文二十三年四月五日に死去している。法名を栖徳寺殿《せいとくじでん》花巌宗信大禅定尼といった。[*76] その出自については不明である。次男氏信の母であったことが知られる。

■嫡孫氏隆　宗哲の家督を継承したのは、嫡孫の氏隆であった。氏隆の生年は明らかで

---

*73 「北条五代記」
*74 「金竜院位牌」小I四〇七
*75 「北条五代記」
*76 「北条家過去帳」小I三七一
*77 「北条家過去帳」小I四〇一
*78 戦四二九五。なお、同史料の作成年は、天正十四年の可能性が高いとみられる。

はないが、父氏信の婚姻が永禄六年（一五六三）のことであるから、およそ永禄末年頃の生まれと推測される。氏信の戦死時は数歳の幼少にすぎなかったとみられ、天正九年（一五八一）の時点でも、いまだ幼名菊千代を称している。[*77]

翌十年頃の作成と推定される「小田原一手役《いってやく》之《の》書立《かきたて》写」[*78]には、「藤（彦）太郎殿　くの」という記載がみられることから、同年頃には元服して、仮名彦太郎《ひこたろう》、実名氏隆を称した。同十三年十一月四日付で西郡底倉《にしぐんそこくら》（神奈川県箱根町）百姓中に与えた禁制が[*79]、その初見発給文書である。

同文書は、天文十四年（一五四五）に宗哲が発給した禁制[*80]と同文のもので、「先御証文」（宗哲の文書）をうけて出されたものであった。このことから、これよりそれほどさかのぼらない時期に、氏隆は宗哲の家督を継承したことは間違いない。同文書は、いわゆる代替わり安堵として出されたものとみられる。さらに氏隆は、宗哲の「静意」朱印を襲用したとみられていて、現在のところ、天正十五年から同十八年における使用が推定されている。[*81]

天正十八年の小田原合戦では、宗家の氏政・氏直父子に従って小田原城に籠城した。羽柴方が北条方の武将やその軍勢数を調査して作成した「北条家人数覚書」[*82]には、久野北条氏について「又いとこ箱根寄斎《きさい》　同（相模）くの、城・箱根山二ヶ所　三百騎」と記載されている。

「箱根寄斎」は氏隆を指しているとみられるから、あるいは氏隆はすでに出家していたのであろうか。「又いとこ」というのは、氏隆は氏政と又従兄弟にあたるので、その関係

*79　「相州文書」戦二八八〇

*80　「相州文書」戦二六〇

*81　山口博「幻庵宗哲使用『静意』印判に関する考察」（同著『戦国大名北条氏文書の研究』〈戦国史研究叢書４〉岩田書院、二〇〇七年）

*82　北条家人数覚書　小田原合戦に際し、北条氏の軍事力を調査したもの。毛利家文書に収められている。小Ｉ八二一。

北条氏隆の花押

が示されたのであろう。

ここで氏隆は、「久野の城」と箱根山の二ヶ所が持城として挙げられている。「久野の城」は久野屋敷のことであるから、「城」と呼ぶにはふさわしくないが、羽柴方ではそのようにとらえていたのであろう。そして、箱根山が氏隆の持城とされているのは、久野北条氏が宗哲以来代々にわたって箱根権現を管掌していたことによろう。

合戦後の氏隆の動向は不明な部分が多いが、当主氏直に従って高野山に赴き、その後、赦免されたとみられる。翌十九年九月には出家して「釣庵宗仙《ちょうあんそうせん》」と号し、讃岐丸亀《まるがめ》城（香川県丸亀市）の城主生駒近規《いこまちかのり》に仕え、宿所や知行を与えられていることが知られる。[*83]

そして、慶長十四年（一六〇九）十一月九日に死去した。おそらく讃岐国においてであろう。法名は養靏院殿《ようかくいんでん》松谿宗仙居士といった。[*84] 四〇歳くらいと推定される。氏隆の妻については、出自が不明で、動向もほとんど知られないが、氏隆よりも早く、慶長九年四月晦日に死去しており、法名を東光院殿《とうこういんでん》嶺梅芳春大禅定尼といっている。[*85] 氏隆には子がなかったようで、その死去により、久野北条氏も断絶を遂げた。

生駒近規（親正）画像　東京大学史料編纂所蔵模本

*83　「高室院文書」戦四三一五

*84　「北条家過去帳」小Ⅰ四一三

*85　「北条家過去帳」

第三章　北条家を支えた家臣団

北条氏の家臣団構成の在り方は、三代氏康のときの永禄二年（一五五九）二月に作成された、『北条家所領役帳』（『小田原衆所領役帳』ともいわれる）によって知ることができる。これは、家臣個々の所領と貫高、それに賦課される所領役負担の状況を列記したものであり、北条氏が各家臣に対して、それぞれの所領役を賦課するための台帳として作成されたものである。現在、残存しているのはこのときのものだけだが、これ以前にも作成されていたことがうかがわれ、また、この後にも作成されたことがうかがわれるので、北条氏は、何度かにわたってこのような台帳を作成していたことがわかる。

これをみると、北条氏の家臣団は基本的にはいくつかの軍団によって構成されていた。具体的な軍団として、小田原衆・御馬廻衆・玉縄衆・江戸衆・河越衆・松山衆・伊豆衆・津久井衆・諸足軽衆・三浦衆・小机衆があげられている。小田原衆は、北条氏の本拠小田原城に配属された軍団で当主の指揮下にあり、御馬廻衆は当主の側近家臣団にあたる。また、諸足軽衆も当主直属下の軍団にあたり、これらが当主直属の軍団となる。その他は、領国内に配置された軍事・行政拠点である支城に配属された軍団である。例えば玉縄衆は、相模玉縄城に配属された軍団で、玉縄城が行政管轄する玉縄領の守備と行政を担った。

それ以外にも、職人衆・他国衆・寺社・客分衆などがあげられているが、これらは北条氏から所領を与えられているものの、それ以前にあげられている家臣とは異なって、所領役を務めないか、部分的にしか負担しない人々になる。その意味で、北条氏から同じように所領を与えられていたとしても、立場に違いがあり、小田原衆などに属して所領役を務める家臣こそが、いわゆる戦国大名家臣として基本的な存在で、それらが譜代家臣にあたる。職人衆・寺社や客分衆は、何らかの特別な奉公をする代わりに所領を与えられたものであり、他国衆は、北条氏に従属する国衆たちにあたっている。

また、軍団のうち、江戸衆から伊豆衆は、複数の有力家臣が寄親《よりおや》となって編成する軍団によって構成されていた。例えば江戸衆は、江戸城代として江戸領の行政を管轄する宿老の遠山氏が筆頭であるが、その他にも富永氏・太田氏という重臣が寄親となって独自の軍団を編成しており、軍事行動はそれぞれによって行われた。それぞれの軍団は、寄親（指揮者）の家臣を中心に編成されていたが、北条氏の直臣ではあるものの、日常的に寄親に付属されていた同心を含めて編成されていた。寄親と同心は、同じ北条氏家臣として同輩になるが、軍事・行政においては恒常的に上司と部下の関係にあった。こうした関係を、寄親―寄子関係と呼んでいる。

そして、それら譜代家臣は、北条氏から与えられている所領の高に応じて、北条氏から所領役を賦課された。所領役には、軍役（軍事力負担）・普請役（土木工事負担）・出銭（金銭負担）があった。所領は貫高（銭貨の単位）によって表示され、貫高何貫文について軍役何人といった具合に、負担は定数化されていた。ただ、そうした状況は、当初からそうなっていたのではなく、徐々に形成されていったとみられ、「所領役帳」が成立した時点では、完全に確立されていたことがわかる。

譜代家臣のなかで最も家格が高く、実力を持っていたのが、松田・遠山・大道寺の三家である。かれらは「宿老」とくくることができ、北条家御一家衆に準じた「一族」の家格にあった。さらに、松田氏は小田原衆筆頭、遠山氏は江戸衆筆頭、大道寺氏は河越衆筆頭というように、同時に軍事・行政においても大きな役割を担っていた。

それらに次ぐのが、伊豆・相模で郡代を務めて行政支配を担ったものたち、武蔵の支城で城将を務めたものたち、御馬廻衆に属して評定衆などを務めた行政支配に携わったものたちといえる。これらを「重臣」とくくることができるであろう。彼らは行政支配を管轄するとともに、同時にそれぞれを寄親とする軍事集団を持ったその指揮者でもあった。

伊豆・相模の郡代には、清水・笠原（綱信）・石巻・内藤・山中（康豊）などがあり、武蔵をはじめ各地域の支城で城将を務めたものに、笠原（信為）・富永・太田（越前守）・太田（康資）・山中（頼次・頼元）・垪和（氏続）・狩野介・太田（泰昌）などがあり、評定衆を務めたものに、狩野（泰光）・笠原（康明）・垪和（康忠）・山角などがあった。

これらの人々が、北条家を支えた重臣たちとなる。ここでは、それらの重臣たち四〇人を取り上げ、その概略をまとめておくことにする。

なお今回の増補改訂にあたり、側近家臣の有力者、所領五〇〇貫文以上の有力者を含め一五人を追加した。これにより北条氏家臣の多くについて概略を知ることができることとなろう。

一、宿老松田氏とその一族

■松田盛秀　生没年未詳。宿老で駿河吉原《よしわら》城将を務めた。仮名弥次郎、受領名尾張守を称した。実名の盛は、伊勢宗瑞（盛時）の偏諱と考えられるから、北条氏家臣としては二代目だろう。この松田氏は、室町幕府奉公衆で備前松田氏の一流にあたる。堀越公方足利政知の伊豆下向に従い、宗瑞の同家討滅により、宗瑞に従ったとみられる。

仮名弥次郎は、相模国人松田氏の仮名に因むものと考えられるので、盛秀はその名跡を継承した可能性がある。天文八年（一五三九）の武蔵浅草寺奉加帳にみえるのが初見。同十三年閏十一月までに、北条綱成の妹を妻に迎えている。同十四年に、駿河吉原城の城将を務めている。嫡子憲秀は、小田原衆筆頭であるから、盛秀も同様だったと考えられる。弘治元年（一五五五）二月まで家督としてみえ、永禄元年（一五五八）四月には隠居。同七年正月が終見。

■松田憲秀　生年は未詳。「堀尾古記」には天正十八年（一五九〇）時の年齢を「六十二」とし、これによれば享禄二年（一五二九）生まれとなる。ただし、同史料は氏政の年齢な

松田盛秀の花押

ど正確ではない部分があるから、そのままには採用できない。そこでは氏政よりも三歳年長となっているので、それをもとにすれば、天文五年（一五三六）生まれであったかもしれない。天正十八年（一五九〇）七月死去。宿老で小田原衆筆頭を務めた。官途名左馬助、

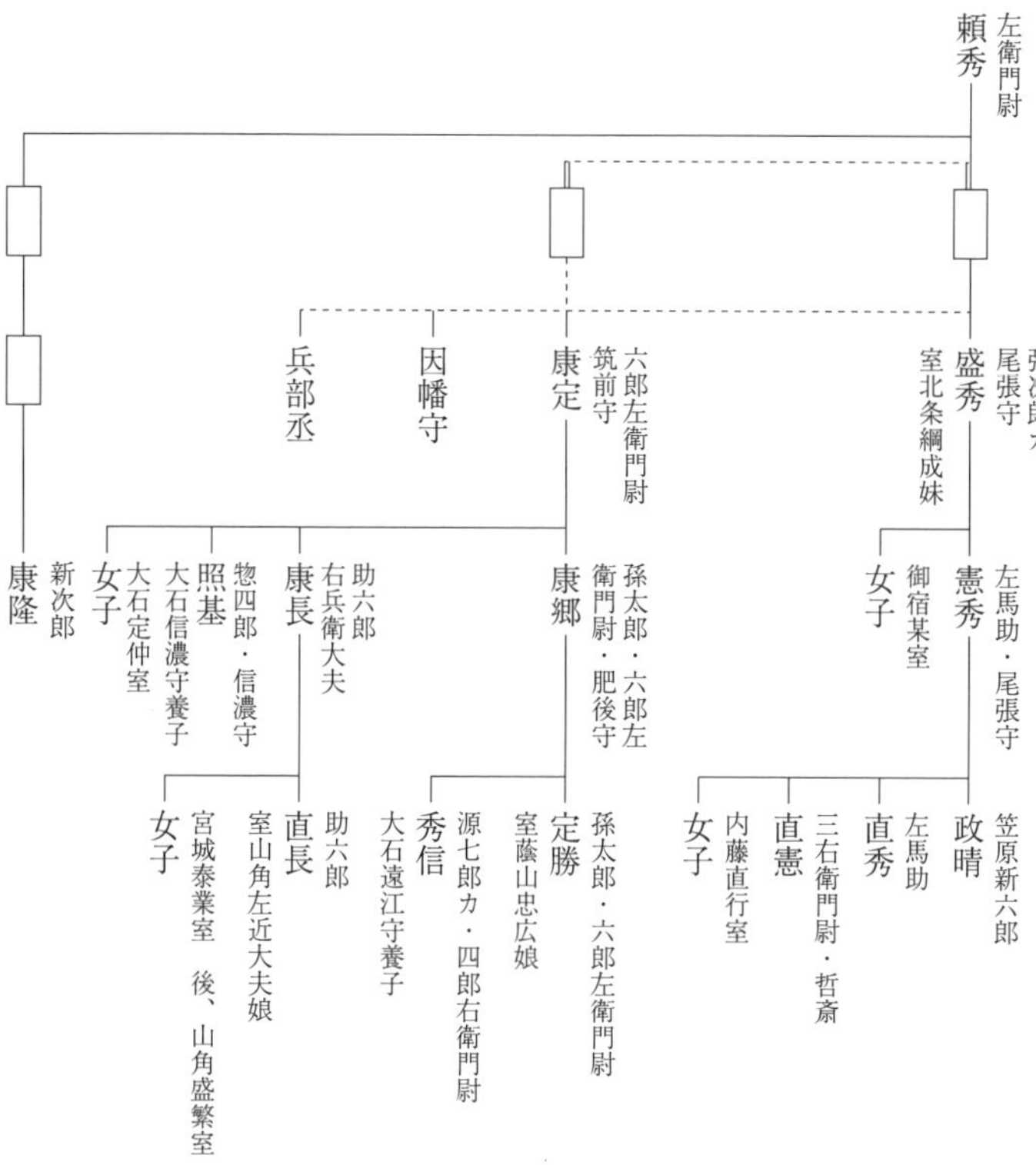

系図38　松田氏系図

松田憲秀の朱印

松田憲秀の花押

受領名尾張守を称した。松田盛秀の長男。母は北条綱成の妹。

永禄元年（一五五八）四月には家督を継いでおり、古河公方足利義氏の鎌倉鶴岡八幡宮参詣に参加しているのが初見。同二年二月の「役帳」では、小田原衆筆頭でみえ、知行高は本領の相模苅野庄《かののしょう》以下、約二八〇〇貫文に及び、久野北条宗哲に次いで第二位である。

小田原衆筆頭として、当主直属軍の主力をなしたが、永禄十二年六月から元亀二年（一五七一）正月にかけては、武田方への最前線拠点の駿河深沢城に母の兄北条綱成とともに在城している。同城落城後は、駿東郡南部に平山《ひらやま》城を構築し、城将を務めた。同城は、元亀三年正月、甲相同盟成立にともない武田氏に引き渡され、破却されたから、憲秀はこのときに退城したと思われる。

また、武蔵国衆の松山上田氏の従属後の天文十八年（一五四九）に、松山領で知行五〇〇貫文を一括、無役で与えられていることから、その後の松山領支配を担ったとみられている。同領支配は、天正元年から上田氏の全権支配に移行されたが、憲秀は同氏の指南を務めていた。

この他にも、下総臼井原《うすいはら》氏・同森屋相馬《もりやそうま》氏・同府川豊島《ふかわとしま》氏・上総土気《とけ》酒井氏・同万喜土《まんぎと》岐《き》氏・常陸江戸崎《えどさき》土岐氏について指南を務め、房総里見氏の取次を務めている。このように、北条氏の外交、他国衆統制においても大きな役割を担っていた。

天正十七年五月には隠居している。同十八年の小田原合戦では、小田原城に籠城した。しかし、長期包囲されて厭戦気分が広がりつつあった六月十六日、長男笠原政晴《まさはる》とともに

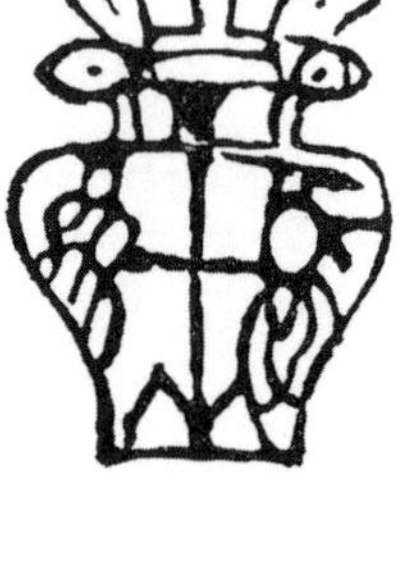
松田憲秀の壺印

羽柴方に内通し、それが露見した。そのため、政晴は即日に氏直に成敗された。ここでは憲秀の責任は問われなかったが、内通の主体は憲秀にあったろう。

七月五日の開城後、羽柴秀吉から抗戦の責任を問われ、自害させられた。忌日は不明だが、法名は竹庵道悟禅定門。*1

■松田直秀　生没年未詳。「堀尾古記」によれば、永禄二年（一五五九）生まれ。宿老で小田原衆筆頭を務めた。官途名左馬助を称した。松田憲秀の次男で、嫡子。兄に政晴があったが、伊豆郡代笠原氏の家督を継いだため、次男の直秀が嫡子になったのだろう。

天正十六年（一五八八）十一月、父憲秀とともに、同心蔭山《かげやま》氏の屋敷売却を保証する証文を出しているのが史料上の初見。翌十七年五月には憲秀の隠居が確認されるが、ここで直秀が歴代の官途名左馬助を称しており、また、憲秀とは別個に証文を出していることをみると、すでにこの時点で家督を継いでいた可能性が考えられる。

同十八年の小田原合戦では小田原城に籠城した。籠城中の六月十七日に父憲秀・兄政晴が羽柴方に内通したことを氏直に告発し、これを賞されている。

戦後は、氏直に従って高野山に入ったが、その後の動向はわかっていない。法名は天桂道安大禅定門。*2

■松田康郷　天文九年（一五四〇）生まれ、慶長十四年（一六〇九）五月二日死去。仮名孫太郎、

＊1　「相州日牌帳」

＊2　「北条家過去帳」

松田直秀の花押

官途名六郎左衛門尉、受領名肥後守を称した。小田原衆松田筑前守（実名は康定《やすさだ》か）の嫡子。筑前守は宿老松田盛秀の弟で、その同心だった。

永禄二年（一五五九）の「役帳」で、従兄の憲秀の所領のうち、相模飯田岡「孫太郎分」とある孫太郎が康郷のことであれば、これが史料上の初見で、憲秀から所領を与えられた同心だったことになる。

年代不明だが、「松田六郎左衛門尉康郷」と署判した、小田原感応寺《かんのうじ》に宛てた寄進状の署判部分が伝えられている。永禄九年四月、憲秀が指南する下総小弓《おゆみ》原氏の属城臼井城が越後上杉氏に攻撃された際、援軍として同城に籠城し、戦功を北条氏政から賞されている。

小田原合戦後は越前結城秀康《ゆうきひでやす》に仕え、知行六〇〇石を与えられている。法名は宗喜。

■松田康長　天文六年（一五三七）生まれ、天正十八年（一五九〇）三月二十九日死去。御馬廻衆《おうままわりしゅう》に所属した。仮名助六郎、官途名右兵衛大夫を称した。小田原衆松田筑前守（実名は康定か）の長男か。伝えられる享年によれば、康郷の兄にあたるが、康郷が筑前守の通称を襲用しているから、康長は庶子だったと思われる。あるいは享年に誤りがあるか。

永禄二年（一五五九）の「役帳」に御馬廻衆としてみえ、知行約七〇〇貫文を領している。当主親衛隊にあたる御馬廻衆に所属しているのも、康長が庶子であったことを示している。

天正十五年（一五八七）十一月、羽柴氏との対戦に備えて、伊豆山中《やまなか》城の構築にあたっている。以後、同城に在城して、西方防衛の任にあたったのだろう。

松田康郷の花押

松田康長の花押

同十八年の小田原合戦では、三月二十九日に羽柴軍に同城を攻められ、即日に落城し、康長は戦死した。四月十七日に名跡が嫡子直長《なおなが》に安堵されている。

二、江戸城代を務めた宿老遠山氏

■遠山直景　生年未詳、天文二年（一五三三）三月十三日死去。宿老で武蔵江戸城代・江戸衆寄親《よりおや》を務めた。官途名隼人佑、受領名加賀守・丹波守を称した。

この遠山氏は、室町幕府奉公衆で美濃遠山氏の一流にあたる。堀越公方足利政知の伊豆下向に従い、伊勢宗瑞の同家討滅により、宗瑞に従ったとみられている。宗瑞に従った初代が直景とみられる。宗瑞の相模西郡進出後は、国人松田氏の本領であった松田郷惣領《そうりょう》分を本領としたとみられ、当初は松田氏と並んで小田原衆の主要構成員であったか。

大永三年（一五二三）、北条氏綱の箱根権現社修造にあたっては、重臣としては唯一、棟札に署判していること、同四年の古河公方足利氏との交渉では起請文を提出していることと、山内上杉氏との和睦《わぼく》交渉を担当していることから、当時、直景は最有力の重臣であったとみられる。

大永四年、北条氏は武蔵江戸城を攻略。直景が城代を務めたとみられる。当時の史料によっては確認されないが、享禄三年（一五三〇）に直景が武蔵秩父郡に進軍していること、後年の史料によって江戸城下の吉祥寺《きちじょうじ》に寺領を寄進していることから、直景の江戸在城

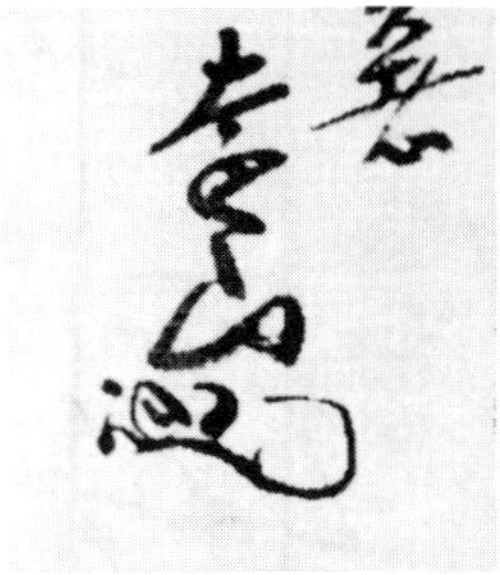
遠山直景の花押

は間違いない。当時、江戸城は北条領国の最前線に位置していたから、直景は領国支配の全般にわたり、中心的な役割を担っていたといえる。

法名は延命《えんめい》寺殿《じでん》節渓宗忠。妻は「平まつくす（松楠）」という名の人物であるが、出自などは不明。法名を等種院《とうしゅいん》香貞宗梅といった。

■遠山綱景　生年は未詳、永禄七年（一五六四）一月八日死去。遠山直景の嫡子。宿老で武蔵江戸城代・江戸衆寄親を務めた。仮名藤九郎、官途名隼人佑、受領名甲斐守・丹波守を称した。

直景の死後、江戸城代を継承したとみられ、翌天文三年（一五三四）には、小弓公方足利氏と抗争ないし政治交渉を行っている。同十年の相模八菅山《はすげやま》権現社修造、同十九年の伊《い》豆山《ずさん》権現社への鰐口《わにぐち》寄進において、重臣筆頭としてみえている。同二十年～二十三年の駿河今川氏・甲斐武田氏との政治交渉においては代表的役割を果たし、伊勢神宮に対しても取次を務めている。永禄元年四月の古河公方足利義氏の鶴岡八幡宮参詣に際し、綱景はこれを先導。直景に劣らず、最有力の重臣としての役割を示している。

天文二十二年五月頃、北条氏康の外甥古河公方足利義氏は、下総葛西城に御座所《ござしょ》を立てる。葛西城は、綱景が管轄していた。城代は弥九郎、綱景の子か。すなわち綱景は、足利義氏を直接的に保護する役割を担っていた。

遠山氏は江戸城代であったが、江戸地域には旧扇谷上杉氏勢力の所領が残存し、同地域

遠山綱景の花押

に所領を大量には設定できていなかった。代わりに、同七年に攻略した葛西地域において所領を大量に与えられ、葛西城の管轄も委ねられた。下総を本国とする古河公方足利氏の御座所を立てるにあたって、葛西城が選択されたのは、下総における唯一の北条氏の分《ぶん》国《こく》であり、直景以来、取次を務めていた遠山氏の勢力下にあることなどによる。

足利義氏は、永禄元年八月頃、下総関宿城に移座した。同四年七月、上杉謙信方に攻囲されていた関宿城から出城、下総小金《こがね》城・上総佐貫《さぬき》城・鎌倉と御座を移すが、いずれも綱

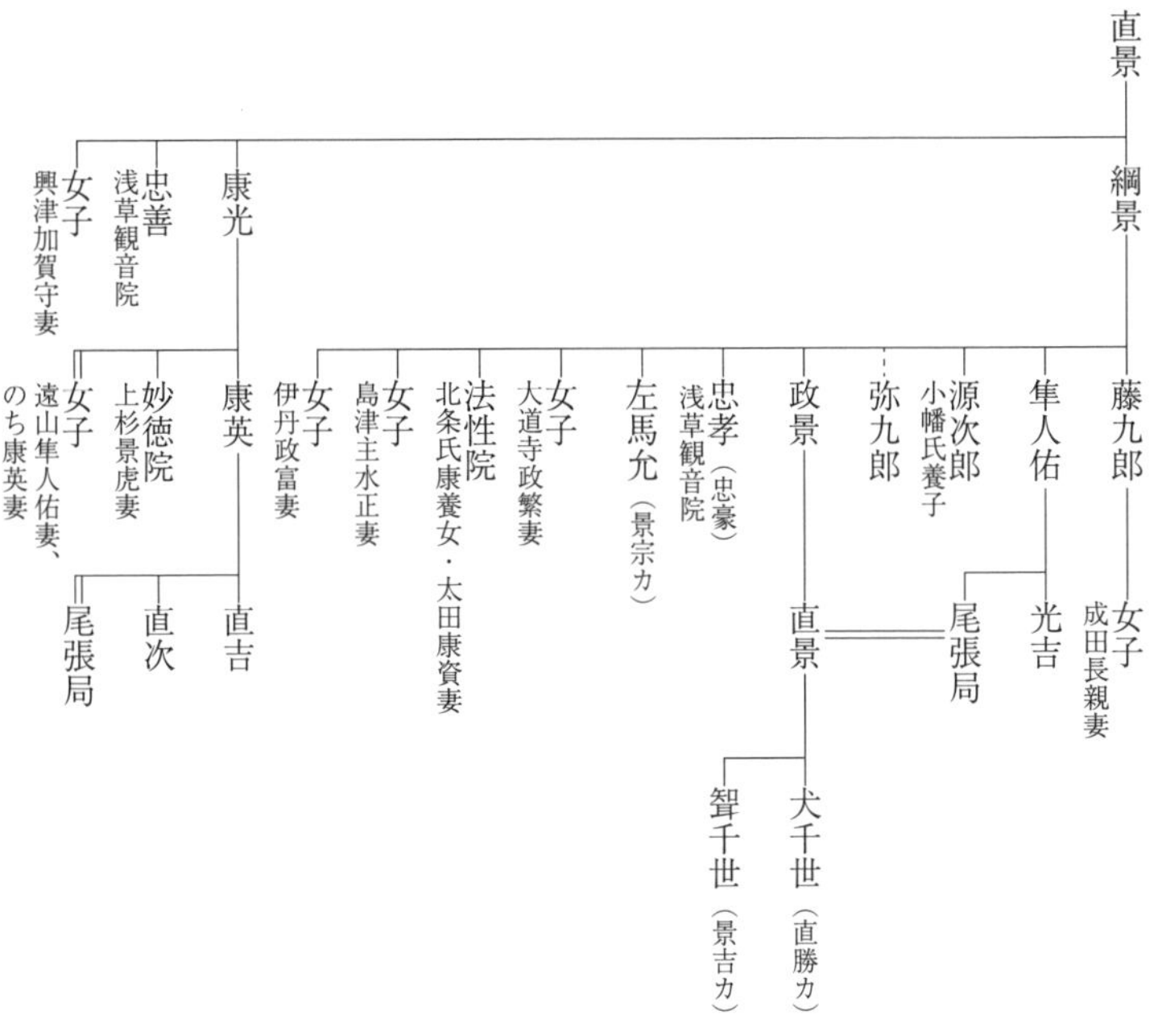

系図39　遠山氏系図

葛西城から出土した青花器台　葛飾区郷土と天文の博物館蔵

景が支援。公方家臣も江戸地域で所領を与えられた。

綱景は、同七年一月八日の下総国府台合戦で、嫡子隼人佑とともに戦死。法名は吉祥《きっしょう》寺殿《じでん》大虫宗岑大居士。

■遠山藤九郎　大永七年（一五二七）生まれか、天文十六年（一五四七）死去か。遠山綱景の長男か。天文十三年～十四年頃に所見。岩付太田資顕《すけあき》の娘を妻とする。

太田資顕は同十五年四月の河越合戦以前に北条氏に従属、翌十六年七月頃に死去しているから、婚姻は資顕が北条氏に従属した直後頃のことと推測される。資顕の死去時には、藤九郎はすでに死去していた。後室とその娘は、資顕に引き取られている。

しかし、資顕の死後、弟資正が家督を継承し、北条氏から離叛。そのため藤九郎後室とその娘は、生母（成田親泰《ちかやす》の娘）の実家忍成田氏に引き取られる。

また、資顕期の重臣は北条氏に帰参、綱景の同心衆となるから、綱景は岩付太田氏に対して指南を務めていたか。

■遠山隼人佑　生年未詳、永禄七年（一五六四）一月八日死去。遠山綱景の次男か。兄藤九郎の死去により嫡子となる。仮名弥六郎、官途名隼人佑を称した。初見は天文二十一年（一五五二）で、綱景の嫡子としてみえている。先妻は玉縄北条綱成の娘。玉縄北条氏は、綱景とともに岩付太田氏・下総結城氏・陸奥白川氏などに指南を務めているから、密接な

遠山隼人佑の花押

関係にあったとみられる。

永禄七年正月八日の下総国府台合戦で父綱景とともに戦死。法名は瑞鳳院殿《ずいほういんでん》月渓正円大居士。なお、後妻もしくは側室（のち遠山康英妻）生まれの娘（尾張局）が、甥直景の妻になっている。

■遠山政景　生年は未詳、天正八年（一五八〇）閏三月二十三日死去。遠山綱景の末子という。ただし、弟景宗《かげむね》がいるので末子ではない。下総葛西城代の弥九郎は兄であろうから、少なくとも四男以下か。宿老で武蔵江戸城代・江戸衆寄親を務めた。官途名右衛門大夫、受領名甲斐守を称した。

初見は永禄七年（一五六四）十月で、初め相模大山寺八大坊《おおでらやまはちだいぼう》の僧侶となっていたが、父兄の戦死により、北条氏政の命によって還俗《げんぞく》し、家督を継いだという。

父綱景の跡をそのまま継ぐが、古河公方足利氏への保護者としての役割は、元亀元年（一五七〇）六月まで。このとき、足利義氏は下総古河城に移座、永禄十一年から下総栗橋城を管轄する北条氏照がこれに代わる。江戸地域支配についても、城代としての職務は元亀二年八月まで。天正二年二月には北条氏秀（綱成次男）が江戸地域の城代に就任。政景は葛西地域においてのみ、城代的権限を保持したとみられる。以後は房総方面の軍事行動を担う。法名は無外宗関大居士。

遠山政景の花押

■遠山直景　生年は未詳、天正十五年（一五八七）五月二十九日死去。遠山政景の嫡子。妻は伯父隼人佑の娘。宿老で武蔵江戸衆寄親を務めた。幼名千世菊《ちよぎく》、官途名右衛門大夫を称した。

天正十一年の北条氏秀の死去後、「御隠居様」北条氏政が江戸地域支配にあたるようになり、直景の役割は専ら江戸衆筆頭としての軍事的役割、下総千葉氏に対する指南などの役割となる。法名は桃雲宗見居士。

■遠山犬千世　生没年未詳。遠山直景の嫡子。宿老で武蔵江戸衆寄親を務めた。初見は天正十五年（一五八七）で、幼名犬千世でみえる。同十八年の小田原合戦時には、「右衛門尉」とするものもあり、官途名右衛門大夫を称したか。

天正十五年、下総作倉城の在番を務めるなど、父直景の果たした役割を継承。しかし、政景以降、代々早死し、若年の当主が続いているため、かつてのような役割は果たしえなくなっている。小田原合戦後の動向ははっきりしていない。

三、河越城代を務めた宿老大道寺氏

■大道寺盛昌　生没年未詳、宿老で相模鎌倉代官・武蔵河越城代・河越衆寄親を務めた。官途名蔵人佐、受領名駿河守を称した。

大道寺氏は、山城宇治田原《うじたわら》出身で、伊勢宗瑞に仕え、小田原城で戦死したという太郎（法

遠山直景の花押

遠山直景の印判

名発専《ほっせん》）に始まる。史料で確認される最初が盛昌で、「盛」字は宗瑞の実名盛時の偏諱とみられるから、発専の子であろう。

永正十七年（一五二〇）二月、鎌倉本覚寺《ほんがくじ》に代官以外の諸役賦課の禁止を認めているのが初見で、内容から鎌倉代官として出したものと考えられる。以後を通じて、鎌倉代官を務めている。

当初は鎌倉代官だけでなく、相模東郡代の地位にあった可能性もあるが、氏綱の弟氏時が玉縄城主として同郡支配を管轄すると、その代官的な役割を果たしたと思われる。氏時の死後は、代わって玉縄城主になった氏綱の子為昌を補佐したと思われる。

天文元年（一五三二）五月から始められた、氏綱の鎌倉鶴岡八幡宮造営では惣奉行を務め、同事業を実質的に遂行した。同十九年閏五月に鎌倉浄智寺に寺領寄進しているのが終見。同二十一年四月から嫡子周勝《かねかつ》が家督としてみえるから、その間の死去か。忌日は七月十二日、享年は六十二とされ、法名は宗真《そうしん》（宗心）。没年が天文十九年とすれば、生年は延徳元年（一四八九）になる。

発専──盛昌──周勝──源六
　　　　　　┆
　　　　　　├┄資親（同一人か）┄政繁──直繁
　　　　　　┆　　　　　　　　　　　├─直昌
　　　　　　┆　　　　　　　　　　　├─直次（重次）
　　　　　　┆　　　　　　　　　　　├─重利
　　　　　　┆　　　　　　　　　　　└─直英
　　　　　　└┄弥三郎

系図40　大道寺氏系図

また、年代未詳であるが、武蔵河越城に在城していたことを示す史料がある。同城は、天文六年に扇谷上杉氏から攻略し、為昌が城代を務めた。為昌が同十一年五月

大道寺盛昌の花押

に死去した後、盛昌が河越城代を務め、河越地域支配と、後の河越衆にあたる在城衆指揮にあたったと考えられる。

なお、為昌の死後、同城はその後継者綱成が管轄したとする見解もあるが、これは同十四年から同十五年の河越合戦にともなう、一時的なものであろう。

■大道寺周勝　生没年不詳、宿老で相模鎌倉代官・武蔵河越城代・河越衆寄親を務めた。仮名源六、次いで受領名駿河守を称した。大道寺盛昌の子であろう。天文十七年（一五四八）八月に盛昌が鎌倉建長寺《けんちょうじ》に宛てた書状に、副状《そえじょう》発給者としてみえるのが史料上の初見。このときには盛昌の嫡子になっていたと思われる。

同二十一年四月に鎌倉鶴岡八幡宮造営惣奉行としてみえるのが、家督としての初見。盛昌の跡を承けて、鎌倉代官・河越城代を務めている。永禄二年（一五五九）の「役帳」では、河越衆筆頭でみえ、所領一二〇〇貫文余を領している。なお、周勝の同心大道寺弥三郎の所領を一部預けられている源六は、周勝の仮名と同名であるから、その嫡子の可能性がある。永禄四年四月、河越宿の町人清田《せいだ》氏に宿問屋《しゅくとんや》に任じる文書を出しているのが終見。同六年から資親《すけちか》が家督としてみえるから、その間に死去したのであろう。嫡子源六はそれ以前に死去していたか。

■大道寺資親　生年未詳、元亀元年（一五七〇）三月二十一日死去。宿老で相模鎌倉代官・

大道寺周勝の花押

武蔵河越城代・河越衆寄親を務めた。仮名は弥三郎か。次いで駿河守を称した。大道寺周勝の家督を継いだが、周勝と同世代なので、その弟ぐらいにあたると思われる。

永禄二年（一五五九）の「役帳」に、周勝の同心としてみえる大道寺弥三郎は、その後に資親の所領としてみえる伊豆丹那《たんな》郷が所領としてあげられているから、弥三郎は資親の前身にあたる可能性が高い。

同六年三月に、河越密厳院《みつげんいん》に河越足軽衆の乱暴狼藉《らんぼうろうぜき》の禁止を保証する禁制を出しているのが、家督としての初見。周勝の跡を承けて鎌倉代官・河越城代を務めている。確実な所見は同九年八月までだが、同十二年十二月までみえる大道寺駿河守は、資親にあたると思われる。法名は広照院殿《こうしょういんでん》実相道順大居士。家督は嫡子政繁《まさしげ》が継承した。

■大道寺政繁　天文二年（一五三三）生まれ、天正十八年（一五九〇）七月十九日死去。宿老で相模鎌倉代官・武蔵河越城代・河越衆寄親・上野松井田《まついだ》城将を務めた。大道寺資親の嫡子。

永禄十二年（一五六九）十二月に資親が史料にみえた最後から、翌元亀元年（一五七〇）八月に史料に初見されるまでの間に家督を継いだ。その間に父資親が死去しているから、それによって家督を継いだと思われる。当初から駿河守の名でみえている。

資親の跡をうけて、鎌倉代官・河越城代を務めた。ただし、鎌倉代官については、元亀二年から天正元年（一五七三）までは、玉縄城主北条氏繁が務めている。氏繁は、永禄

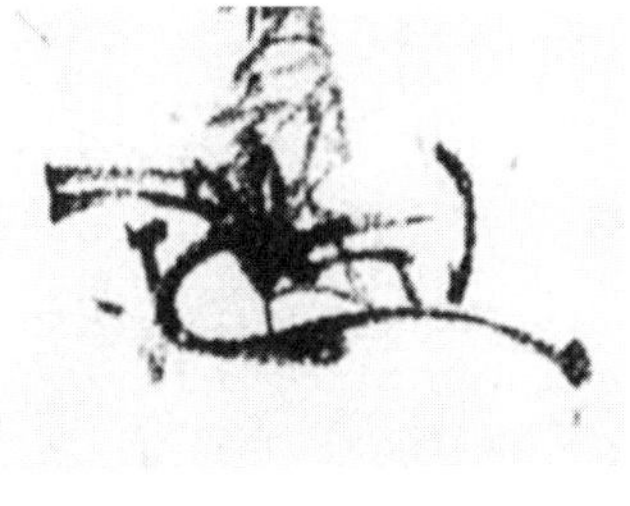
大道寺資親の花押

大道寺政繁の花押

十二年正月に、おそらく大道寺資親の駿河出陣のためであろう、代わって鎌倉代官を命じられていた。資親の帰陣後は再び資親が務め、家督を継いだ政繁も当初はそのまま務めたが、その翌年の元亀二年から、再び氏繁に交替されたことになる。理由はわかっていない。

政繁が再び鎌倉代官としてみえるのは、天正四年二月からになる。その間の天正元年十二月、武蔵岩付城の在番が明けて河越城に帰城しているから、河越・岩付に在城して、上杉方に対抗する役割にあたっていたか。

天正十年六月に北条氏が上野に進出すると、九月から西上野の松井田城（群馬県安中市）を管轄した。同城には次男直昌《なおまさ》が在城した。さらに十一月に、最前線拠点になっていた信濃小諸城在番に加わっている。同城在城は、翌十一年四月まで確認できる。その年八月の北条氏と徳川氏の婚姻により、同城は徳川氏に割譲される。

天正十五年以降の八月に、松井田衆福田氏らに宛てた書状から、上野惣社《そうじゃ》領をも管轄するようになっている。同十八年の小田原合戦では直昌とともに松井田城に籠城、河越城には養子直英《なおひで》が籠城した。なお、嫡子直繁《なおしげ》は小田原城に籠城した。四月二十日に信濃から侵攻してきた羽柴軍に降伏、以後はその案内者を務めたが、戦後、小田原合戦の責任を負わされ自害させられた。法名は松雲院殿《しょううんいんでん》江月常清大居士。

四、伊豆・相模の郡代を務めた重臣

大道寺政繁の印判

大道寺政繁の墓　群馬県安中市・補陀寺

■清水康英　生年未詳、天正十九年（一五九一）六月三日死去。宿老で伊豆郡代・伊豆衆寄親・評定衆《ひょうじょうしゅう》、伊豆下田城将を務めた。官途名太郎左衛門尉、次いで受領名上野介を称した。

伊豆郡代清水綱吉《つなよし》の子であろう。天文二十年（一五五一）七月が史料上の初見。なお、同年八月の発給文書には実名は「康実」とあるが、該当史料は写本で、草書《そうしょ》の具合からみて、康英の誤写と考えられる。伊豆郡代を務め、相方の笠原氏とともに伊豆衆寄親を務めた。弘治元年（一五五五）三月に、伊豆大夫に伊豆における陰陽《おんみょう》者統轄の権限を認めた裁許では、評定衆を務めている。永禄二年（一五五九）の「役帳」では、伊豆奥の加納《かのう》郷を本拠に、所領八四七貫文余を領している。

天正十六年（一五八八）、羽柴氏との対戦に備え、伊豆下田城を取り立て城将を務めた。同十八年の小田原合戦では同城に籠城し、四月二十三日に降伏。戦後は、河津三養院《さんよういん》に隠棲した。法名は常楽寺殿《じょうらくじでん》茂林祖繁居士。

■清水太郎左衛門尉　生年未詳、元和二年（一六一六）三月二日死去。宿老で駿河長窪《ながくぼ》城将・上野金山《かなやま》城将などを務めた。仮名新七郎、次いで官途名太郎左衛門尉を称し、出家後は意《い》笑《しょう》入道正花《しょうか》を称した。

伊豆郡代清水康英の嫡子。実名は不明。康英の嫡子としては、永禄十一年（一五六八）十二月から遠江懸川城に籠城した新七郎がみえ、同十二年十二月に駿河蒲原城で戦死している。その後、元亀二年（一五七一）六月から同名の新七郎がみられる。先の新七郎に代わり、

清水綱吉の花押

清水康英の花押

康英の嫡子に立てられたか。とすれば康英の次男であったか。

ただし、戦死は敵方の情報だから誇大戦果の可能性もある。元亀期の新七郎の所領は、永禄期の新七郎の所領と同一であり、太郎左衛門尉も永禄三年の上杉謙信侵攻のときに武蔵河越城に籠城するなど、早くから活躍していたし、懸川籠城もしていたから、先の新七郎と同一人の可能性も充分に考えられる。

天正七年（一五七九）からの武田氏との抗争では、駿河に進出して長窪城に在城した。この頃から康英とは別に、単独でしばしば各地の城将を務めるようになっている。同十八年の小田原合戦では、小田原城に籠城した。

戦後は結城秀康に仕え、慶長五年（一六〇〇）七月には下総で知行三〇〇石を与えられた。関ヶ原合戦後に越前に転封されると、それに従った。知行千石余と寄子《よりこ》知行一八〇〇石を与えられている。同九年十一月には嫡子太郎左衛門尉（天正十五年所見の新七郎直英《なおひで》の後身だろう）に家督を譲り、隠居している。越前で死去。法名は本政院殿《ほんせいいんでん》玉厳意笑居士。

■笠原綱信　生没年未詳。宿老で伊豆郡代・伊豆衆寄親・評定衆を務めた。受領名美作守を称した。笠原氏は、伊勢宗瑞の伊豆進出以前からの譜代家臣であったとみられる。伊豆に多くの所領を有していることから、宗瑞の伊豆進出後は、まずは伊豆で所領を充行われたとみられる。

大永七年（一五二七）十一月から史料上にみられ、天文十九年（一五五〇）まで確実に

金山城跡　群馬県太田市

笠原綱信の花押

所見される。弘治元年（一五五五）から永禄二年（一五五九）の「役帳」までみえる笠原美作守については、綱信であるという確証はない。すでに、天文年間前半頃から嫡子とみられる助三郎の活躍がみられ、同十年代には官途名玄蕃助でみえている。その後、玄蕃助が史料上にみられないことをみると、弘治年間以降にみえる美作守は、この玄蕃助の後身の可能性も考えられる。

ちなみに、永禄十二年以降にみえる笠原美作守は、同時期にその嫡子と推定される助三郎が存在していることから、綱信の嫡子にあたる人物と考えられる。この美作守は、同年十二月の駿河蒲原城落城に際して戦死している。家督を嫡子助三郎が継いだが、天正三年（一五七五）三月までに、幼少の子千松《せんまつ》を残して死去したとみられる。そのため千松が成長するまで、宿老松田憲秀の長男新六郎政晴が陣代《じんだい》を務めたが、千松も早世したのか、後に政晴が家督を継いでいる。

■笠原政晴　「堀尾古記《ほりおこき》」によれば弘治二年（一五五六）生まれ、天正十八年（一五九〇）六月十七日死去。宿老で伊豆郡代・伊豆衆寄親を務めた。松田憲秀の長男。仮名新六郎を称した。天正三年三月二日に、北条氏政から伊豆郡代笠原千松《せんまつ》（助三郎の子）の陣代に任じられているのが初見。陣代の期間は同十一年までとされていたが（その年に笠原千松は一五歳を迎えるか、永禄十二年〈一五六九〉生まれか）、天正八年七月に伊豆在庁に出した文書の署判部分が残されていて、そこで「笠原政晴」と署名しているので、それまでに笠原

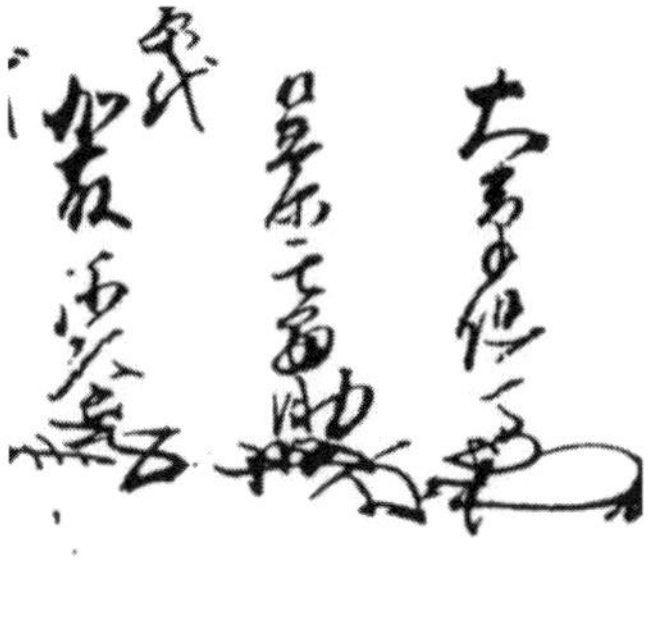
笠原玄蕃助（二代目美作守か）の花押（中央）

笠原政晴の花押

千松は死去し、陣代であった政晴が笠原氏の家督を継ぎ、あわせて伊豆郡代・伊豆衆寄親を継いだと考えられる。同年八月に徳川家康への取次を務め、そこで「笠原新六郎」とみえている。以後にみえる伊豆郡代としての「笠原」は、この政晴にあたる。同九年八月頃に武田方への最前線にあたる伊豆徳倉城の城代を務めたが、十月二十七日以前に武田家家臣曾禰河内守の調略に応じて武田氏に従属した。武田氏から「松田上総介」の名字・受領名を与えられたと推定される。同十年三月の武田氏滅亡の際、北条氏の攻撃をうけて二月二十八日に落城、北条氏に帰参した。以後はもとの名字・仮名に戻している。

同十八年六月十七日、父憲秀とともに小田原城を攻囲する羽柴方に内応したことが露見し、氏直により切腹させられた。法名は香義宗固禅定門。*補注1

■石巻家貞　生没年未詳。宿老で相模西郡郡代・御馬廻衆寄親・評定衆を務めた。官途名勘解由左衛門尉、次いで受領名下野守を称し、実名は後に家種《いえたね》に改めている。石巻氏は三河国八名《やな》郡石巻の出身とみられ、伊勢宗瑞の駿河時代以来の家臣であろう。

天文二年（一五三三）三月から史料にみられ、官途名勘解由左衛門尉を称している。同十五年五月から受領名下野守を称している。永禄九年（一五六六）三月からは実名家種でみえる。同十一年六月が終見。同十二年六月には、嫡子康保《やすもり》が家督としてみえているから、その間に死去したと思われる。

評定衆としては、弘治元年（一五五五）正月から永禄十一年六月まで、三点の北条家裁

*補注1「相州日牌帳」

石巻家貞の花押

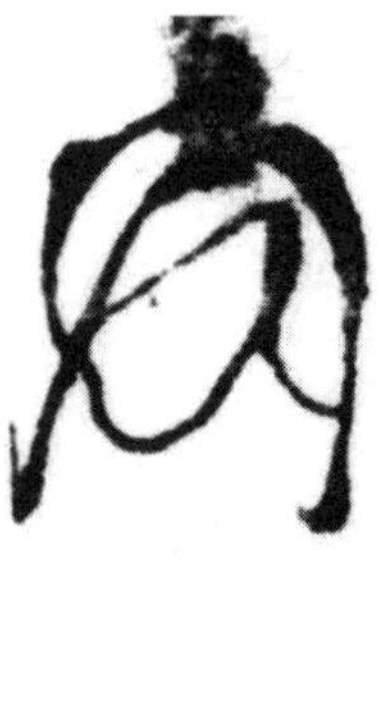

石巻康堅の花押

許朱印状に署判している。永禄二年の「役帳」では、御馬廻衆のうち、「一切役」無しという軍役以下の所領役は免除され、ただ当主の眼前での普請役などのみを負担するグループに属し、所領三二一貫文を領している。

　長男とみられるのは、天文二十二年からみえる右衛門尉康堅《やすかた》で、弘治元年二月には小田原衆板部岡《いたべおか》氏（天文五年に彦太郎で所見）の家督を継いでいる。後に実名を康雄《やすかつ》に改め、受領名能登守を称した。

■石巻康保　生没年未詳。宿老で相模西郡郡代・御馬廻衆寄親・評定衆を務めた。仮名は彦四郎か。官途名勘解由左衛門尉、受領名下野守を称した。石巻家貞の子で、その家督を継いだが、家貞の子としては康堅のほうが早くみられるから、康保は次男であったと思われる。兄康堅が板部岡氏の家督を継いだため、代わって嫡子になったと思われる。

　永禄二年（一五五九）の「役帳」で、家貞に続く集団のなかにみえる石巻彦四郎が、康保のこととすれば、それが史料上の初見。同四年二月から官途名勘解由左衛門尉でみられ、同十二年六月には家督を継いで、評定衆としてみえている。裁許朱印状の署判数は十一点におよび、この時期の中心的な署判者になっている。天正三年（一五七五）十二月から受領名下野守を称している。同七年六月が終見。その後死去したとみられる。

　家督は弟康敬《やすまさ》が継いだ。天文三年（一五三四）生まれで、仮名彦六郎、官途名左馬允、受領名下野守を称している。「役帳」が史料上の初見で、北条氏政の側近家臣として活躍している。

板部岡康雄の花押

石巻康保の花押

■石巻康敬　天文三年（一五三四）生まれ、慶長十八年十月一日死去。宿老で相模西郡郡代を務めたと考えられる。石巻家貞《いえさだ》の三男で、板部岡康雄《やすかつ》・石巻康保《やすもり》の弟。仮名彦六郎、官途名左馬允、次いで受領名下野守を称した。永禄二年（一五五九）の「役帳」が初見で、仮名彦六郎で、御馬廻衆として石巻家貞に続いてみえ、所領八〇貫文を領している。同十一年十二月から北条家朱印状の奉者としてみえ、北条氏政の側近家臣になっている。元亀三年（一五七二）二月から官途名左馬允でみえる。天正四年（一五七六）から上野国衆の取次を務めている。同七年六月に兄康保の所見がみられなくなり、その後に康保が死去したことをうけて、家督を継いだ。ただし評定衆・御馬廻衆寄親の動向は確認されないので、それらには任じられなかったとも考えられる。同十七年十月に羽柴秀吉に使者として派遣され、歴代官途の下野守を称している。上野名胡桃城問題により拘束され、同十八年の小田原合戦にともない連行され、駿河三枚橋《さんまいばし》城に軟禁された。武蔵岩付城落城をうけて、羽柴秀吉が城主北条氏房《うじふさ》の家族を小田原に連行するにあたり、秀吉から助命され、その迎えのため派遣された。戦後は徳川氏に仕えた。法名は幻庵。

■大藤栄永　生年未詳、天文二十年（一五五一）三月二十一日死去。[＊3] 相模中郡《なかぐん》郡代・諸足軽衆筆頭を務めた。実名は不明で、栄永《えいえい》は法名。金谷斎《きんこくさい》の斎号を称している。

もとは紀伊根来寺《ねごろじ》の衆徒《しゅと》で、北条氏の家臣になって諸足軽衆筆頭を務めた。鉄砲をもたらしたと伝えられ、足軽衆であったから、軍事専門の傭兵《ようへい》集団であったと思われる。また、

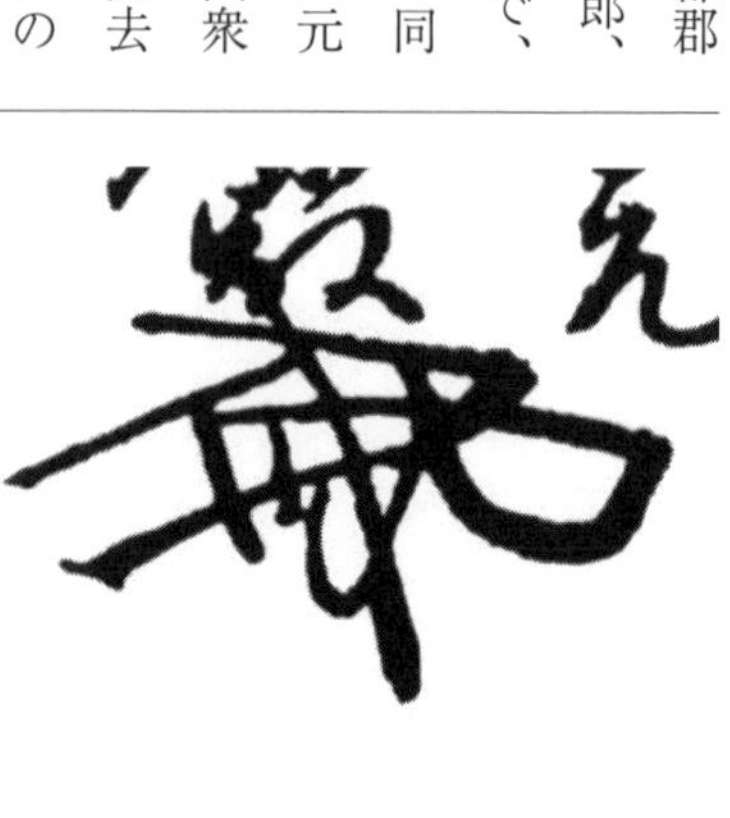
石巻康敬の花押

＊3・4・5「相州日牌帳」

本拠相模田原《たわら》を中心に中郡郡代を務めた。

享禄四年（一五三一）十月から史料にみえる。確実なところでは、天文十一年（一五四二）閏三月が終見。法名は旦公栄泉禅定門。同三年九月に栄永と連署している三郎景長《かげなが》が嫡子だったと思われる。同十年十一月には、その嫡子とみられる与次郎が北条氏康から感状を与えられている。その際、「老父」といわれているのが景長と思われるが、ともにその後はみえない。

同二十一年十一月七日死去の大藤兵部丞（法名実渓宗真禅定門）[*4]は、景長もしくは与次郎の後身であろう。栄永の死後、家督を継いでいた存在と思われる。しかし、その死去により嫡子筋が断絶したため、十二月に栄永の末子与七秀信《ひでのぶ》が、栄永の家督を継いでいる。

■大藤政信　生年未詳、元亀三年（一五七二）十一月二十八日死去。[*5] 相模中郡郡代・諸足軽衆筆頭を務めた。仮名与七、次いで官途名式部少輔を称した。
大藤栄永の末子。初め実名を秀信といい、天文十八年（一五四九）七月が初見。同二十年の父栄永死去の後、嫡子筋が断絶したため、同二十一年十二月に家督を継ぐ。弘治二年（一五五六）四月から官途名式部少輔を称している。元亀元年四月には、実名は政信を称している。北条氏政の偏諱を得て改名したのであろ

栄永—景長—与次郎（兵部丞カ）
栄永—政信—政信—与七
　　　　　　　政信—小太郎
（山角）康定—女子＝政信

系図41　大藤氏系図

大藤政信の花押

根来寺根本大塔　和歌山県岩出市

う。

永禄二年（一五五九）の「役帳」では諸足軽衆筆頭としてみえ、一二九貫文余の所領を有している。常に最前線に出陣する軍事専門であった。同四年三月、長尾景虎の相模侵攻においては数度の戦功を挙げ、特に北条宗哲からは、「父の名を再興するものだ」と賞されている。

同十一年末には伊豆郡代清水康英らとともに、今川氏真への援軍の大将を務め、翌十二年七月にその功を賞されて一五〇〇貫文余の所領を与えられている。その後、武田信玄の伊豆侵攻においては、伊豆韮山城や相模足柄城を守備している。元亀三年に武田氏への援軍を務め、遠江二俣《ふたまた》城攻めで戦死。法名は昌翁宗繁禅定門。

家督は、同じ通称・実名を称した嫡子政信が継いだ。妻は評定衆山角康定《やまかどやすさだ》の娘（花桂宗誉禅定尼）*6。なお、同人は天正十三年五月二十三日に死去、法名は傑叟林英。*7

■内藤康行　生没年不詳。相模津久井《つくい》城主を務めた。仮名九郎五郎、次いで官途名左近将監を称した。津久井城主内藤朝行《ともゆき》の嫡子。内藤氏はもと扇谷上杉氏の家臣で、朝行の父大和入道が津久井城主を務めていた。北条氏に従ってからも同城主の地位をはじめ、所領と家臣もそのまま認められた。本領は津久井地域一帯で、家臣は津久井衆と称された。

康行は、天文五年（一五三六）八月に津久井光明寺《こうみょうじ》に寺領を安堵しているのが初見。この時点で、父朝行は生存していたが、これより以前に家督を譲られていたと思われる。

---

*6　「北条家并家臣過去帳抜書」（杉山博『北条早雲』所収）

*7　「相州日牌帳」

津久井城跡　神奈川県相模原市

永禄二年（一五五九）の「役帳」では、津久井衆筆頭として、津久井地域一帯を所領としている。「役帳」を最後にしてみられず、天正八年（一五八〇）には、綱秀《つなひで》が家督としてみえている。なお、その前年の七年にみえている法讃《ほうさん》（法名）は、康行の後身の可能性がある。そうだとすれば、これが康行の終見になる。

■内藤綱秀　生没年不詳。相模津久井城主を務めた。仮名孫四郎、官途名左近将監、受領名大和守を称した。津久井城主内藤康行の嫡子。仮名は孫四郎を称し、内藤氏歴代の九郎五郎を称しておらず、通字の「行」字も用いていないから、庶家出身の養子であった可能性が高い。永禄十年（一五六七）五月に史料にみえるが、該当史料には問題もあるから確実ではない。

確実な所見は天正八年（一五八〇）閏三月で、家督としてみえている。同十四年正月から嫡子直行《なおゆき》がみえる。史料内容は、家督としての立場による可能性が高く、その場合はその間に隠居したことになる。同十八年の小田原合戦では津久井城に籠城、六月二十五日までに降伏した。戦後の動向はわかっていない。

■山中康豊　生没年不詳。相模三浦衆筆頭・評定衆を務めた。仮名彦十郎、官途名修理亮、受領名上野介を称した。天文年間（一五三二～五五）前半にみえる山中修理亮の嫡子だろう。弘治元年（一五五五）十一月、相模赤田村《あかたむら》八幡宮棟札銘にみえるのが史料上の初見。永

内藤康行の印判

内藤綱秀の花押

内藤綱秀の印判

禄二年（一五五九）の「役帳」では、三浦衆筆頭でみえ、知行高約一七〇貫文を領している。三浦郡支配の拠点の三崎城に在城していたと思われる。

また、永禄九年八月二十八日付けで、三浦郡内の寺院同士の相論について、北条家裁許朱印状に署判しており、評定衆も務めている。評定衆への参加は、三浦郡に限定されていたと思われるが、当時の領域支配において大きな役割を担っていたとみられる。

三浦郡支配は、翌十年から北条氏規が管轄するが、康豊はそのまま三浦衆筆頭、領域支配の担い手として、氏規の重臣になっている。天正十一年（一五八三）七月が終見。

五、武蔵で城将を務めた重臣

■笠原信為　生年未詳、弘治三年（一五五七）七月八日死去か。*8 武蔵小机城代を務めた。受領名越前守を称した。伊豆衆笠原美作守家の同族とみられるが、信為は、伊勢宗瑞の駿河時代以来の家臣であったから、綱信よりも年長であったと思われる。

享禄二年（一五二九）十二月、小机城下の雲松院《うんしょういん》に宗瑞追善の茶湯分を寄進しているのが史料上の初見で、すでに小机城代を務めている。同四年から、小机領は玉縄城主北条為昌の管轄になるが、引き続き城代を務め、これを補佐している。天文十一年（一五四二）に為昌が死去した後、小机領は北条宗哲が管轄するが、引き続き城代を務めている。

同十五年十二月に嫡子弥太郎（のち平左衛門尉・能登守）に所領の一部を譲っているから、

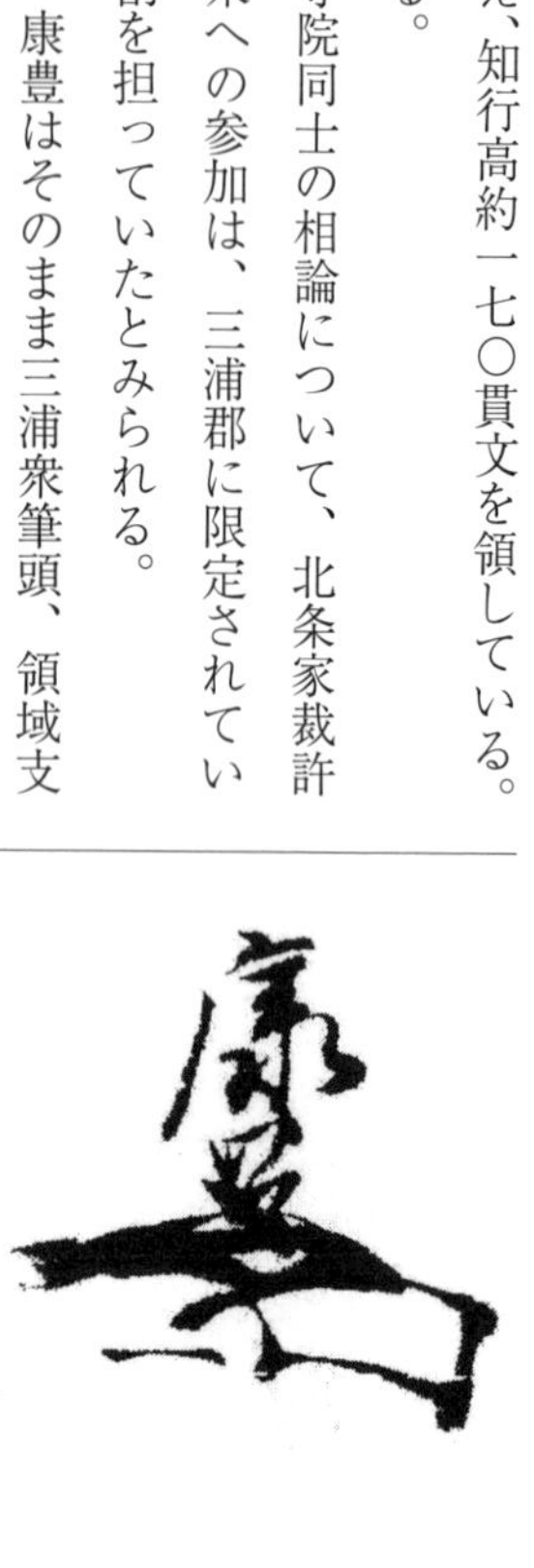
山中康豊の花押

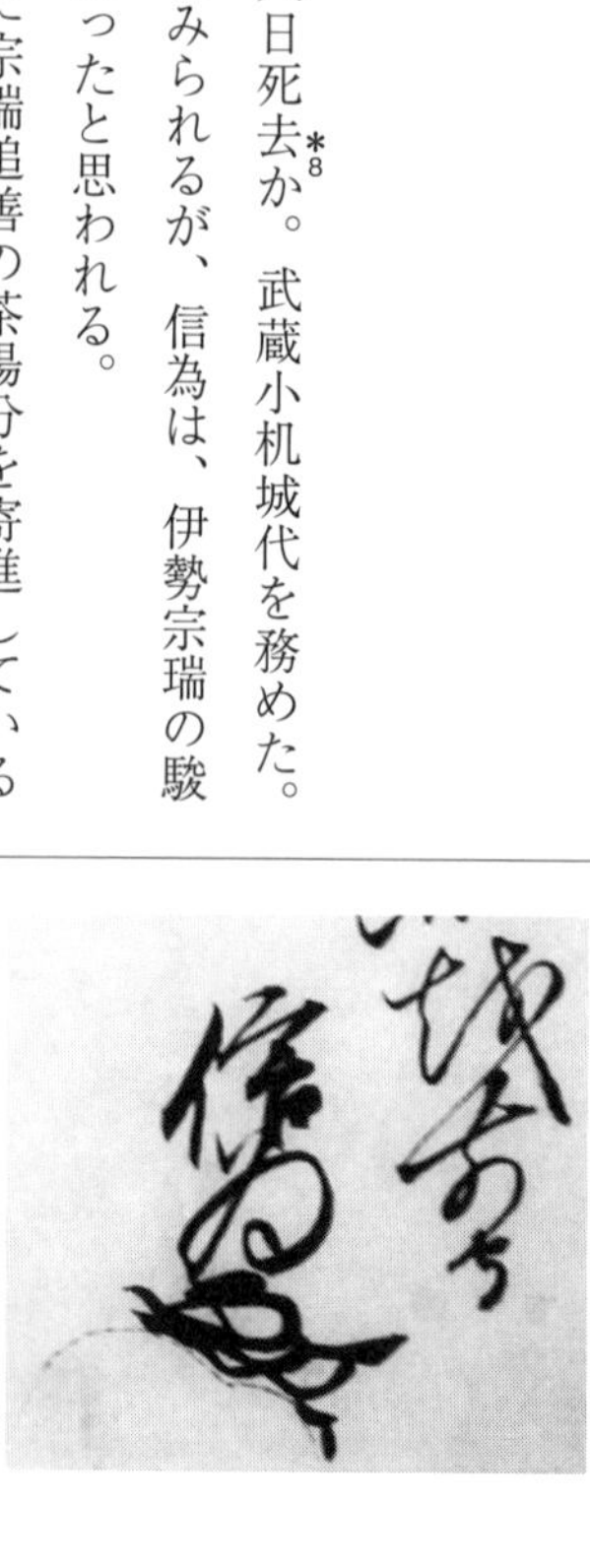
笠原信為の花押

＊8「異本小田原記」

その頃に家督を譲ったのかもしれない。なお、忌日については六月八日とする伝えもある。法名は乾徳院殿《けんとくいんでん》雲松道慶庵主。

■**富永康景**　天文九年（一五四〇）生まれか、永禄七年（一五六四）正月八日死去。武蔵江戸城将・江戸衆寄親を務めた。幼名亀千代《かめちよ》、仮名弥四郎を称した。四郎右衛門尉政辰《まさとき》の嫡子。富永氏は三河出身の室町幕府奉公衆で、堀越《ほりごえ》公方《くぼう》足利政知《あしかがまさとも》の奉公衆になった家系が、同氏滅亡後に伊勢宗瑞に仕えた。政辰は、大永四年（一五二四）の江戸城攻略後に、江戸城本城の城将を務めた。弘治二年（一五五六）までに死去していて、康景は幼名亀千代の時点で家督を継いでいて、同年四月の常陸海老島《えびがしま》・大島《おおしま》合戦で戦功をあげたという。その後に元服したとみなされる。永禄二年（一五五九）の「役帳」が明確な初見、江戸衆寄親として、所領一三八三貫文余を領している。同七年正月八日の第二次国府台《こうのだい》合戦で戦死。法名は学法院蓮心日正。妻の出自は不明だが、天正元年五月十日死去、法名は松林院貞心日法。家督は嫡子政家《まさいえ》が継承した。

■**富永政家**　天文二十三年（一五五四）生まれか。慶長十二年（一六〇七）七月十二日死去。武蔵江戸城将・江戸衆寄親を務めた。幼名亀千代か。仮名孫四郎、次いで受領名山城守を称した。

江戸城将富永康景《やすかげ》の嫡子。永禄七年（一五六四）正月の国府台合戦における康景の戦死

富永政辰の花押

富永政家の花押（1）

によって家督を継ぐ。同十二年五月に在番していた岩付城から直接、滝山城守備を命じられているのが史料上の初見。

富永氏は、もと室町幕府奉公衆で、堀越公方足利氏奉公衆を経て、北条氏の家臣になった。伊豆土肥《とい》を本拠に一三八三貫文余の所領を有した。政家で四代目にあたると思われる。軍事中心の役割を担い、江戸城では、基本的には本城《ほんじょう》在番を務めた。

小田原合戦では韮山城に加勢し籠城したとされるが、はっきりしていない。戦後は、嫡子直則《なおのり》が徳川氏に仕えた。法名は常仙院殿《じょうせんいんでん》日円大居士。

■太田越前守　生没年不詳。武蔵江戸城将・江戸衆寄親を務めた。仮名弥太郎、官途名大膳亮、受領名越前守を称した。

天文八年（一五三九）から江戸太田氏の同心としてみえる、太田越前守（法名宗真）の子であろう。宗真は三善《みよし》姓だから、鎌倉府奉公衆三善姓太田氏系の一流だったと思われる。初め江戸太田氏の同心だったが、同十二年十一月には、古河公方家への取次としてみえているから、北条氏の直臣になっている。また、江戸城の城将、寄親の一人に昇格されたとみられる。

子の越前守は、同十四年に父宗真とともに、仮名弥太郎でみえるのが初見。永禄二年（一五五九）の「役帳」では、大膳亮を称し、江戸衆の寄親の一人としてみえ、江戸芝崎《しばさき》を本領に所領五四四貫文余を領している。同三年末には、古河公方足利義氏の居城下総関

富永政家の花押（2）

富永氏の墓　静岡県伊豆市・清雲寺

宿城に派遣され、籠城している。[*9] 永禄期後半には越前守でみえ、父宗真同様に古河公方家への取次を務めた。天正五年（一五七七）に古河公方に年頭申上している。

同六年に、その役割は子とみられる弥太郎が務め、同八年からみえる越前守はその後身と思われるから、天正五年中に家督を弥太郎に譲った可能性が高い。なお、同十四年頃の「小田原一手役書立」で、江戸城将の一人としてみえる太田肥後守は、二代目越前守の地位を継承しているから、その後身か、子（三代目越前守の弟になるか）と考えられるが、詳しくは不明である。

■**太田康資**　享禄四年（一五三一）生まれ、天正九年（一五八一）十月十二日死去。武蔵江戸城将・江戸衆寄親を務めた。仮名新六郎、次いで武庵斎《ぶあんさい》を号した。

江戸城将太田資高の次男で嫡子。母は北条氏綱の娘（浄心院）。天文十六年（一五四七）の父資高の死去により家督を継ぐ。同二十年十二月が確実な初見。北条氏康の養女（遠山綱景の娘、法性院）を妻に迎える。

永禄二年（一五五九）の「役帳」では、江戸衆の寄親の一人としてみえ、江戸広沢《ひろさわ》を本拠に所領約一二〇〇貫文を領している。同六年末、北条氏から離叛して里見氏に属し、同七年正月の国府台合戦での敗北によって江戸地域から没落し、里見氏を頼った。以後は里見氏の有力武将の一人として活躍したが、天正九年（一五八一）の正木憲時の乱に連座《れんざ》して自害した。法名は武庵斎日高大居士。

＊9　「結城家之記」

太田康資の花押

■**山中頼次**　生没年不詳。武蔵河越衆寄親を務めた。仮名彦四郎、次いで官途名内匠助を称した。天文年間（一五三二～五五）後半にみえる山中近江守（実名は氏頼《うじより》か）の嫡子だろう。「小田原編年録」所収山中系図によって、実名は頼次、仮名は彦四郎と伝えられている。

天文十年（一五四一）十一月、武蔵河越城に籠城して戦功を挙げたという。同城に在城していたから、玉縄城主北条為昌の配下だったと思われる。為昌の死後は河越衆に編成替えされ、永禄二年（一五五九）の「役帳」では、その寄親の一人としてみえ、知行約六〇〇貫文を領している。同六年十二月には、ある城の守備を任されたという。その後の動向は不明である。

なお、「快元僧都記」に天文五年頃にみえる近江守（通称は後の記載か）、同九年にみえる大炊助は、父氏頼のことである可能性が高い。そこでは江戸衆の人々と同時にみえていることからすると、その時は江戸衆であった可能性がある。そうであれば、その後に河越衆に転じたことになろう。

■**山中頼元**　生年未詳、天正十八年（一五九〇）十一月十六日死去。御馬廻衆寄親を務めた。仮名彦四郎、次いで官途名大炊助を称した。武蔵河越衆山中頼次の嫡子。妻は北条氏照の娘（霊松院殿《れいしょういんでん》）。

永禄十二年（一五六九）に駿河薩埵山《さったやま》で戦功を挙げ、閏五月に北条氏政から感状を与え

薩埵峠　静岡市

られたという。父頼次は河越衆の寄親の一人だったが、頼元の代になると、天正十四年（一五八六）頃には独立した軍団になり、小田原城に配属されている。同十二年十月には上野小泉《こいずみ》城への援軍として派遣されている。

こうした編成替えは、氏照の婿になったからだろう。氏照からは相模溝《みぞ》上下を、おそらく化粧料《けしょうりょう》として譲られている。「役帳」には「今ハ山中彦四郎」と、後代のものとみられる注記があり、これが頼元を指していると考えられる。小田原合戦やその後の動向は不明である。法名は慈光院殿《じこういんでん》松岸永秀大居士。

■垪和氏続　生年未詳、天正八年（一五八〇）二月死去。[*10] 武蔵松山城将・松山衆寄親・駿河興国寺《こうこくじ》城代を務めた。仮名又太郎、次いで受領名伊予守を称した。松山城将垪和伊予守の子。

この垪和氏は、室町幕府奉公衆の美作垪和氏の一流にあたるとみられる。堀越公方足利政知の伊豆下向に従い、伊勢宗瑞の同家討滅により、宗瑞に従ったとみられる。北条氏家臣の垪和氏が初めて史料に現れるのは、天文十一年（一五四二）の垪和又太郎で、駿河御厨地域を支配していた。後に官途名左衛門大夫、次いで受領名伊予守を称した。氏続の父である。

父伊予守は、天文十五年四月に松山城を攻略し、同城将を務めたが、同年九月に扇谷上杉氏旧臣太田資正に同城を攻略されている。同十六年十二月に北条氏が再び松山城を攻略

---

*10　「北条家并家臣過去帳抜書」

松山城跡　埼玉県吉見町

すると、伊予守も再び同城将に据えられたとみられる。

氏続は、弘治三年（一五五七）七月三日に、北条氏康から父伊予守の一跡《いっせき》を安堵されているのが初見。その直前頃に、父伊予守は死去し、家督を継いだとみられる。永禄二年（一五五九）には受領名伊予守を称し、「役帳」では松山衆寄親としてみえ、所領は一〇二八貫文余を領している。

永禄十二年正月、駿河に侵攻してきた武田信玄に対するため、駿河薩埵峠に向かった。このとき、駿河富士郡南部の須津《すど》八幡宮多聞坊《たもんぼう》に判物を出している。この後、北条氏政から駿河興国寺城の在番を命じられるが、八月にあらためて「興国寺城主」に任じられ、恒常的に在城した。元亀二年（一五七一）正月には一族の善次郎とともに、武田氏の攻撃から興国寺城を死守し、氏政から戦功を賞されている。同城在城は同年七月まで確認される。

元亀三年正月、興国寺城は武田氏との同盟によって同氏に割譲されたから、氏続はそれにともない同城から後退したとみられる。その後では、御馬廻衆山角康定・松田康長らとともに伊豆三島護摩堂に竹木伐採禁止を保障する禁制を出しているから、御馬廻衆に編成替えされたか。

天正七年二月には、嫡子又太郎が北条氏直から偏諱を与えられている。氏続の死去はその翌年にあたる。法名は長寿《ちょうじゅ》寺殿《じでん》天桂宗昌。家督は嫡子又太郎が継ぎ、後に受領名伊予守を称している。

氏続は、北条氏の譜代家臣では、実名に唯一「氏」字を冠している人物である。当初は

垪和氏続の花押

北条氏と対等の立場にあったのではなかろうか。今川氏に属し、御厨地域を支配していた存在であった可能性が考えられる。そうすると、北条氏と今川氏が抗争した河東一乱を契機に、北条氏の家臣になった可能性もある。

■狩野介　生年未詳、永禄十二年（一五六九）十二月六日死去。駿河吉原城将・武蔵松山城将・松山衆寄親を務めた。伊豆狩野荘を本貫とする狩野氏の一族であることは間違いないが、戦国時代には伊豆だけでなく駿河・遠江にも一族が拡がっていたから、直接の系譜は不明。

天文五年（一五三六）閏十月から史料にみられる。同十四年には駿河吉原城の城将を務めている。同年八月から駿河今川氏の侵攻をうけ後退した。同十九年十二月には武蔵松山城将を務めている。永禄二年（一五五九）の「役帳」では松山衆筆頭でみえ、所領八二一貫文余を領している。

永禄十二年に駿河蒲原城に援軍として派遣されたが、十二月六日に武田氏の攻撃により、城将北条氏信らとともに戦死した。これ以降、狩野介の名はみられないため、家督継承者の名は不明。なお、永禄三年十二月の上野高山城で狩野介が戦死したとする史料がある。[*11] これが確かとすれば、同十二年にみえるそれは、その子ということになろう。

■太田泰昌　生年未詳、永禄六年（一五六三）八月四日死去。[*12] 武蔵松山城将・松山衆寄親

＊11　「清水正花戦功覚書写」
＊12　「相州過去帳」（『寒川町史10』所収）

を務めた。仮名又三郎、官途名弾正忠、受領名豊後守を称した。

この太田氏は藤原姓であったから、三善姓太田越前守家や源姓江戸太田氏らとは別系統。鶴岡八幡宮造営で奉行の一人を務めた、玉縄衆の太田兵庫助正勝《まさかつ》の系統が本家にあたるとみられる。

天文三年（一五三四）二月に鶴岡八幡宮造営の廻廊《かいろう》奉行の一人としてみえるのが初見。玉縄衆の一員であったとみられるが、同十年十一月に武蔵河越城で戦功を挙げているから、そのときまでに河越衆に配置換えされていたとみられる。さらに、同二十三年の下総古河城攻略で戦功を挙げており、同城攻略は松山衆によるというから、このときまでに松山在城衆に配置換えされたと考えられる。

永禄二年（一五五九）の「役帳」では、松山衆の寄親の一人として、相模千代《ちよ》を本領に所領五九二貫文余を領している。同五年六月が終見。最後まで松山城に在城していたらしい。法名は宗清《そうせい》。

なお、天文十八年十二月十七日死去（法名円宗浄悦）とみられる太田豊後守[*13]は、泰昌の父であろうか。そうだとすれば、それ以前にみえていた又三郎・弾正忠はともにその豊後守にあたるのかもしれない。また、家督は永禄十二年からみえる十郎に継承されたと推測される。

＊13　「相州過去帳」

六、評定衆を務めた重臣たち

■狩野泰光　生没年未詳。御馬廻衆（無役）で、評定衆を務めた。官途名大膳亮、次いで受領名飛驒守を称した。狩野介の一族と思われるが、系譜関係は不明。

弘治元年（一五五五）二月から史料にみられ、官途名大膳亮を称している。同年三月から評定衆としてみられ、永禄十一年（一五六八）二月まで、十一点の北条家裁許朱印状に署判しており、この時期の中心的な署判者になっている。弘治三年には武蔵勝沼三田氏への取次、北条氏照が継承した武蔵由井領の領域支配担当の奉行人としてみえている。永禄二年の「役帳」では、石巻家貞を筆頭にする無役の御馬廻衆に属し、所領五一三貫文余を領している。同九年から受領名飛驒守を称している。

永禄十一年二月以降、泰光の名はみられなくなるが、同十二年十一月から北条氏照の宿老としてみえる狩野一庵宗円《いちあんそうえん》は、その後身と考えられている。宗円は以後、氏照側近の宿老として活躍し、天正十八年（一五九〇）の小田原合戦では氏照の本拠武蔵八王子城に籠城、六月二十三日の落城に際し戦死した。法名は月山宗円法眼。子に源七郎（のち主膳か）照宗《てるむね》がある。また、宗円の書状などにみえる刑部大輔も、その子とみられる。

■笠原康明　生没年未詳。御馬廻衆で、評定衆を務めた。官途名藤《とう》左衛門尉、次いで受領

狩野宗円の花押

狩野泰光の花押

名越前守を称した。越前守を称しているから、笠原信為の子か。北条氏政の側近家臣。

弘治二年（一五五六）四月から史料にみられ、官途名藤左衛門尉を称している。永禄二年（一五五九）の「役帳」では、所領一九一貫文余を領している。北条家朱印状の奉者として多くみられる。武蔵岩付領の国衆太田氏への取次（小指南《こしなん》）を務め、同十年九月に同領が接収されると、その領域支配を担当する奉行人を務めた。天正三年（一五七五）二月に岩付領関係の北条家裁許朱印状に署判しており、評定衆も務めているが、評定衆への参加は岩付領に限定されていたとみられる。

天正三～五年頃、北条氏政の次男源五郎が岩付太田氏の名跡を継ぐと、その後見を務めている。同五年五月から受領名越前守を称している。同十五年二月頃から上野厩橋城に在城し、東上野支配の一部を担っている。

■垪和康忠　生没年未詳。御馬廻衆で、評定衆を務めた。官途名刑部丞、次いで受領名伯耆守を称した。垪和氏続の同族とみられる。北条氏政の側近家臣。
史料にみえるようになるのは、永禄十二年（一五六九）の越相同盟のときである。氏康側近の遠山康光とともに、上杉方との交渉にあたっている。元亀二年（一五七一）末からの甲相同盟でも交渉にあたっており、この頃はもっぱら他大名への取次を務めている。

また、北条家朱印状の奉者、評定衆としても活躍している。天正二年（一五七四）の下総関宿落城後は関宿領支配を担当し、同六年からは御馬廻衆笠原康明《やすあき》に替わって武蔵岩付

笠原康明の花押

垪和康忠の花押

＊14　「妙本寺大堂常什回向帳」

領支配を担当している。特に上野では、厩橋城に在番して、北条氏の東上野支配に大きな働きをしている。小田原合戦後の動向は不明。天正十四年に嫡子刑部丞が所見されている。弘治三年（一五五七）生まれであったが、所見があった天正十四年四月二十七日に三十歳で死去し、法名を宗顔《そうがん》といった。[＊14]

また、氏直の側近家臣としてみえる善七郎豊繁《とよしげ》も、その子とみられる。その他、某年二月十二日に十二歳で死去した娘（法名妙受《みょうじゅ》）の存在も知られる。[＊15]

■山角康定　生年未詳、天正十八年（一五九〇）七月十八日死去。[＊16] 御馬廻衆寄親・評定衆を務めた。官途名四郎左衛門尉、次いで受領名上野守・上野介を称した。山角氏は、山城国宇治郡山角の出身で、伊勢宗瑞に仕えた。史料上では、永正十五年（一五一八）から享禄三年（一五三〇）までみられる対馬入道性徹《しょうてつ》が初代にあたり、康定はその孫にあたる。父についての所見は、現在のところみられていない。

弘治元年（一五五五）二月から史料にみられ、官途名四郎左衛門尉を称している。永禄二年（一五五九）の「役帳」では、御馬廻衆筆頭で寄親を務め、所領二〇〇貫文余を領している。元亀三年（一五七二）三月から評定衆としてみられ、天正十七年（一五八九）まで十六点の北条家裁許朱印状に署判しており、この時期の中心的な署判者の一人になっている。天正四年四月から受領名上野守・上野介を称している。

小田原合戦では小田原城に籠城、開城後しばらくして死去している。法名は桑翁宗英禅

＊15「妙本寺大堂常什回向帳」

＊16「北条家并家臣過去帳抜書」

山角康定の花押

依田康信の花押

定門。天正八年から同十八年にかけて、嫡子とみられる四郎左衛門尉が所見されている。

■依田康信　生没年未詳。評定衆・御馬廻衆寄親を務めた。官途名大膳亮、次いで受領名下総守を称した。

永禄十年（一五六七）十二月に北条氏邦の朱印状奉者としてみえるのが初見。初めは氏邦の家臣であった可能性もあるが、該当文書は北条家の指示をうけて出されたものとみなされ、その場合は事柄担当者として奉者を務めたとも考えられる。こちらの方が妥当か。元亀三年（一五七二）五月には、当主氏政の側近家臣になっている。御馬廻衆に編成されたと思われる。

天正五年（一五七七）二月から、下総守康信の名で評定衆としてみえ、以後における主要署判者の一人になっている。同十年頃には、寄親の一人になっていたことがわかる。同十一年五月に「依田下総守」と署名していることにより、康信の名字が依田であることが確認される。[*17]

同十六年七月が終見で、同十八年の小田原合戦では、嫡子大膳亮が家督としてみえるから、その間の死去か。

七、側近家臣の有力者

＊17　「古文書花押写」『小田原北条氏文書補遺』一族・家臣発給文書三一

■遠山康光　生年未詳、天正六年（一五七八）三月二十四日死去。遠山直景《なおかげ》の次男、綱景《つなかげ》の弟とされる。妻は、北条氏康六男景虎の「伯母」といい、氏康側室で景虎母の姉妹にあたった。遠山綱景の妹も氏康の側室であった可能性があることからすると、康光は綱景の妹婿で遠山名字を与えられた存在であった可能性もある。左衛門尉、次いで丹波守を称した。永禄二年（一五五九）の「役帳」では、小田原衆に属し、所領五四一貫文を領している。天文十四年（一五四五）に駿府への使者として派遣されているのが初見。同二十二年から北条家朱印状の奉者としてみえ、氏康・氏政の側近家臣として存在した。その一方、永禄元年には相模浦賀《うらが》に北条綱成らとともに配備されており、武将としても活躍した。同十二年から越相同盟交渉において活躍した。元亀元年（一五七〇）三月、景虎の上杉氏養子入りに同行して、越後に移住し、景虎の付け家老になった。天正六年四月の時点で左衛門尉でみるので、その後に、江戸遠山氏歴代官途の丹波守に改称したとみなされる。同七年三月二十四日、越後御館の乱による景虎の滅亡とともに自害した。法名は常蓮[*18]。なお「相州過去帳」は忌日を「三月十□日」と記しているが、「二十四日」の誤記であろう。嫡子康英《やすひで》は、康光の越後行きののちも北条氏のもとに残った。娘（妙徳院）は景虎の側室になり一女を生んだと伝えられる。綱景嫡子であった隼人佑の後妻ないし側室を、隼人佑戦死後に養女に迎え、嫡子康英の妻にし、あわせて隼人佑の遺子（光吉・尾張局）を養育したとされる。

■間宮宗甫　生没年未詳。永禄八年（一五六五）五月二十八日付北条家朱印状の後補包紙に、

*18「相州過去帳」

遠山康光の花押

遠山康英の花押

宗甫について「間宮豊前守政光」と記されていることをもとにすると、玉縄衆間宮康俊《やすとし》と同じ受領名を称していることから、その父の可能性がある。永禄二年の「役帳」では、石巻家貞を寄親とする御馬廻衆のうちにみえ、所領三四貫文余を領している。康俊の父とすれば、隠居の立場にあったとみなされる。間宮氏は、武蔵久良岐郡杉田《すぎた》郷を本領にした領主で、宗甫の父の代頃に北条氏に仕えたと推定される。「寛政重修諸家譜」では、康俊の父の法名は光林と伝えられていて、異なっている。天文二十一年（一五五二）に鎌倉円覚寺に寺領に関して書状を出しているのが初見。氏康の側近家臣として存在していた。弘治三年（一五五七）から天正九年（一五八一）にかけて北条家朱印状の奉者を務め、その奉書数は六番目に多い。氏康・氏政の側近家臣として存在した。天正九年十一月十四日付北条家朱印状の奉者としてみえているのが終見。

■安藤良整　生没年未詳。豊前守を称す。実名は不明。安藤氏は相模西郡金子《かねこ》郷を本領とする領主。永禄十年（一五六七）三月二十一日死去の法名眼阿弥陀仏の子。[*19] 天文二十三年（一五五四）が初見。永禄二年の「役帳」には同史料の筆者としてみえる。嫡子清広《きよひろ》が、金子郷の領主として、石巻家貞を寄親とする御馬廻衆のうちにみえているので、すでに隠居の立場にあったとみなされる。同四年から北条家朱印状の奉者としてみえ、北条氏政の側近家臣として存在した。その奉書数は四番目に多い。また勘定奉行的な役割を果たしたとみなされる。天正元年（一五七三）七月から入道名でみえ、法名良整を称した。同十七

間宮宗甫の花押（1）

間宮宗甫の花押（2）

年十二月が終見。同十四年三月一日に逆修供養しており、法名は弥阿弥陀仏。[*20]

■**山角定勝**　享禄二年（一五二九）生まれ、慶長八年（一六〇三）五月八日死去。山角康《やす》定《さだ》の次弟。刑部左衛門尉、次いで紀伊守を称した。永禄二年（一五五九）の「役帳」が初見で、石巻家貞を寄親とする御馬廻衆のうちにみえ、所領八一貫文余を領している。同四年から北条家朱印状の奉者としてみえ、奉書数は三番目に多い。北条氏政の側近家臣として存在した。天正四年（一五七六）から紀伊守でみえている。武蔵江戸領・駿河駿東郡・下総佐倉領についての取次を担っている。また下総千葉氏に対する小指南を務めている。援軍や在番など軍事行動でも多くの役割を務めている。同十八年の小田原合戦ののち、北条氏直に従って高野山に隠棲したといい、同十九年に氏直の死去後、徳川氏に仕えた。法名宗覚。最初の妻は朝比奈氏、後妻は朝倉右京亮（政景《まさかげ》か）の娘という。永禄十二年八月十五日死去の妙正（父は元亀二年〈一五七一〉七月一日死去、法名高山宗明禅定門）は、前者にあたるか。[*21] 天正十一年三月に逆修している桂誉秋月は後者にあたるか。[*22] 同時に山角弥三郎妻・栄授妙富が逆修しているので、弥三郎は定勝の嫡子・政定《まささだ》（天文二十一年生まれ）にあたるか。天正元年に北条家朱印状の奉者でみえる弥三は、彼にあたるか。

■**板部岡融成**　天文五年（一五三六）生まれ、慶長十四年（一六〇九）六月三日死去。伊豆国田方郡田中《たなか》郷の領主で、伊勢宗瑞の伊豆侵攻以来の家臣であった田中越中守泰行《やすゆき》（文

＊19・20「相州日牌帳」

安藤良整の花押

＊21「相州過去帳」

＊22「北条家并家臣過去帳抜書」

山角定勝の花押

明十二年〈一四八〇〉生まれと伝えられる）の子と伝えられる。田中氏は永禄二年（一五五九）の「役帳」の時点では断絶していたらしく、融成《ゆうせい》は伊豆下田の真言宗の僧侶になっていたと伝えられる。能書であったため、北条氏政の直臣に取り立てられたという。江雪斎《こうせっさい》の斎号と法名融成を称した。のちに越中守を称した。永禄十一年から北条家朱印状の奉者としてみえ、奉書数は二番目に多い。北条氏政の側近家臣として存在した。天正十年（一五八二）に武蔵岩付城の在番を務め、長男房恒《ふさつね》・次男房次《ふさつぐ》はその後に岩付城主北条氏房の家臣になっている。同十二年二月に御馬廻衆板部岡康雄（石巻家貞の長男）の所見がみられなくなったのち、同十五年十月までの間に、その家督を継承し、また越中守を称した。同十八年の小田原合戦後は、羽柴秀吉の直臣になり、翌年に子の房恒・房次は徳川氏に仕えた。羽柴秀吉の死後、慶長五年（一六〇〇）の関ヶ原合戦以降、徳川氏に仕えた。

八、所領五〇〇貫文以上の有力者

■南条綱長　生没年未詳。小田原衆で、所領五五五貫文余を領した。相模西郡宮地《みやじ》郷を本領にした。南条山城守長吉《ながよし》の子と推定される。右京亮を称し、のちに山城守を称したと推定される。天文十二年が初見、右京亮でみえる。実名は「綱良《つなよし》」と記されているが、南条氏の通字は「長」ととらえられること、「良」は「長」と互いに誤記・誤読されることから、正しくは「綱長《つななが》」ととらえられる。「綱」は北条氏綱からの偏諱とみなされ、天文十年以

板部岡融成の花押

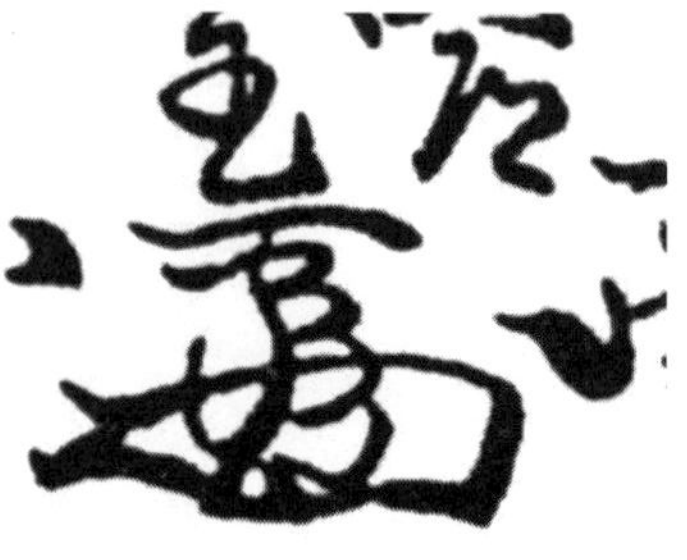
南条香玉の花押

前の元服であったことがわかる。元亀元年（一五七〇）からみえる山城守は、綱長の後身と推定される。天正七年（一五七九）九月が終見で、山城入道香玉と署名しており、法名香玉を称した。北条氏政・氏直の側近家臣として右京亮がみえ、綱長の子と推定される。

■花之木　生没年未詳。小田原衆で、所領七八九貫文余を領した。相模中郡小磯《こいそ》郷を本領とした。その父と推定される花木隠居が、玉縄衆に属し、買得所領九〇貫文を領し、また江戸衆朝倉平次郎の所領五〇貫文余を買得していて、その分の軍役は玉縄城主北条綱成が務めている。このことから綱成と親密な関係にあったと推定される。花之木氏の出自は判明しないが、八〇〇貫文近い所領を有していること、小田原衆に編成されていることから、伊勢宗瑞の相模西郡経略以前からの有力領主で、宗瑞に家臣化した存在と推定される。花之木の地名は、小田原近くの花之木蓮上院が想起され、同寺は小田原城主大森氏・箱根権現社と密接な関係にあったことから、大森氏一族の可能性も想定される。北条綱成の後妻と推定される花木殿があり、天正十五年（一五八七）十一月二十一日に逆修している。[*23]綱成後妻の花木殿は、花之木の姉妹と推定され、その関係から花木隠居は綱成と親密な関係にあったと考えられる。花之木の存在は、同十七年二月まで確認される。[*24]

■布施康能　生没年未詳。小田原衆で、所領五四四貫文余を領した。相模中郡寺手縄《てらてなわ》郷を本領とした。弾正左衛門尉、次いで佐渡守を称した。天文十三年（一五四四）所見の三河

*23・24「相州過去帳」

布施康能の花押

守（康貞《やすさだ》か）の子と推定される。布施氏は、室町幕府奉公衆の一族が堀越公方足利氏の奉公衆になり、同氏の滅亡にともなって伊勢宗瑞の家臣になったと推定される。同二十三年、安房真田弾正忠への使者を務めているのが初見。その頃から上総佐貫城の城将を務めたとみられ、永禄二年（一五五九）の「役帳」では、佐貫城在城時に同城普請を務めることを規定されている。同六年には武蔵崎西《きさい》城への後詰軍を務めている。同十一年から佐渡守でみえ、駿河駿東郡に進軍した軍勢に検使として派遣されている。軍事行動で多くの役割を務めている。天正三年（一五七五）十二月に、嫡子康朝《やすとも》とともに、鎌倉常住院に寺領を寄進しているのが終見。家督は嫡子康朝が継承した。「寛政重修諸家譜」では、父康貞を元亀二年（一五七一）八月二十五日死去、法名芳全、その子「康則《やすのり》」を天正十三年十二月三日死去、法名芳沢、と記している。しかし嫡子康朝は、同十五年までの所見が確認され、所見状況と合致していない。

■間宮康俊　永正十五年（一五一八）生まれ、天正十八年（一五九〇）三月二十九日死去。玉縄衆で、所領六九八貫文余を領した。武蔵久良岐郡杉田郷を本領とした。間宮宗甫の嫡子とみられる。豊前守を称した。永禄二年（一五五九）の「役帳」が初見。すでに豊前守でみえる。天正五年（一五七七）九月、北条氏政から玉縄衆朝倉景隆《かげたか》とともに、常陸佐竹氏の動向についての連絡を命じられているのが初見。この時は下総飯沼城に在城していたとみなされる。同十年八月十二日に嫡子康信《やすのぶ》が甲斐で戦死したことをうけて、氏政から子

布施康朝の花押

孫取り立てを約束する書状を送られている。その時、「豊前入道」とあり、出家していたことがわかる。同十八年三月二十九日、在城していた伊豆山中《やまなか》城で戦死した。法名は宗覚もしくは宗関。

■島津孫四郎　生没年未詳。江戸衆で、所領五三三貫文余を領した。相模西郡桑原《くわはら》郷を本領とした。江戸衆では、城代遠山氏の与力の立場にあったとみなされる。天文十二年（一五四三）所見の右衛門尉忠貞《ただ さだ》（天文八年・永禄七年〈一五六四〉所見の長徳軒の子か）の嫡子と推定される。島津氏はもと駿河今川氏の家臣と伝えられる。孫四郎については永禄二年の「役帳」が唯一の所見。それに続いてみえる島津又次郎・同弥七郎は弟と推定される。「浅羽本系図」「寛永諸家系図伝」では長徳軒の長男として「右衛門尉永久」をあげ、前者は永禄四年の武蔵長瀬《ながせ》合戦で戦死したと伝え、後者はその子主水《もんど》は江戸城代遠山綱景の娘婿になったことを伝えている。主水正については、天正四年（一五七六）から同五年に所見がある。「右衛門尉永久」は父忠貞にあたり、孫四郎は主水正にあたる可能性が想定される。なお天正四年に御馬廻衆として左衛門尉が、同十年に江戸衆として左近大夫が所見されるが、「浅羽本系図」では、左衛門尉は「永久」の弟（天文十四年生まれとされる）、左近大夫は主水正の子としてあげられている。しかし所見状況からすると、左衛門尉は孫四郎の弟、左近大夫は主水正の後身にあたるとも考えられる。「浅羽本系図」では、左近大夫と左衛門尉をともに遠山綱景の婿としていて、系譜関係に錯綜がみられている。なお「浅

島津忠貞の花押

羽本系図」は、主水正は天正十八年の小田原合戦後に駿河で死去、左近大夫は浪人して駿河もしくは加賀金沢で死去したと伝えている。

■**小幡源次郎**　生没年未詳。江戸衆で、所領六七三貫文余を領した。相模西郡太井《おおい》・山田《やまだ》郷を本領とした。江戸城代遠山綱景の「次男」とみえるので、綱景の三男で藤九郎・隼人佑の弟。小幡氏を養子継承した存在になる。永禄二年（一五五九）の「役帳」では、太田大膳亮と富永康景の間に記載されており、独立した寄親であった可能性もある。続いて記載されている小幡蔵人・勘解由左衛門尉は養家の一族とみなされ、勘解由左衛門尉は養父にあたり、源次郎の家督継承により隠居した立場にあったかもしれない。同四年に北条氏から離叛して上杉政虎方の武蔵松山城の八条上杉憲勝《のりかつ》に従った。その後、甲斐武田氏に仕え、足軽大将となり、真田幸綱《ゆきつな》の娘婿になり、遠山右馬助、次いで丹波守を称した。天正十年（一五八二）の武田氏滅亡後は、義兄真田昌幸《まさゆき》に仕え、同年六月に上野沼田城代を務め、丹波守でみえるのが終見。丹波守は江戸城代遠山氏の歴代官途であったから、同氏当主を標榜したとみられる。「浅羽本系図」所収遠山系図では、左太郎と真徳院の一男一女があったことが伝えられている。

■**秩父次郎左衛門**　生没年未詳。伊豆衆で、所領五七八貫文余を領した。相模中郡津古久《つこく》郷を本領とした。出自は不明だが、武蔵秩父領の有力領主であった可能性が想定される。

大永四年（一五二四）、北条氏綱が武蔵勝沼《かつぬま》領に進軍した際、北条方の先陣を遠山直景《なおかげ》とともに務めたものに秩父次郎がいる。山内上杉氏から離叛して北条氏に従った存在とみなされる。天文二年（一五三三）に山内上杉氏方として秩父孫次郎がみえ、次郎の子で、その間に山内上杉氏に帰参したものか。次郎左衛門はその孫次郎の後身の可能性を想定でき、その後に北条氏に従い、本領を離れて、北条氏領国で所領を与えられたとみなされる。他国出身とみられるにもかかわらず五〇〇貫文以上の所領を与えられているのは、もとが有力領主であったためとみなされる。次郎左衛門は永禄二年（一五五九）の「役帳」が初見、同七年まで所見がみられ、伊豆衆として存在している。御馬廻衆にみえる秩父孫四郎は弟にあたるか。北条氏当主の側近になっている。その後に北条氏当主の側近家臣としてみえる秩父右近・左近（孫四郎の後身か）・勝菊（その子か）はその子孫とみなされる。同五年に武蔵天神山領に在住し、北条氏邦の家臣になっているものに秩父左衛門尉がみえる。次郎左衛門との関係は不明だが、伊豆衆としての次郎左衛門は、その後も存在していることからすると別人で、秩父領に残留した一族であった可能性が高いか。天正二年（一五七四）から氏邦の家老として秩父孫次郎がみえる。次郎左衛門の仮名を襲名しているとみなされることから、その子か、秩父領残留の左衛門尉の子の可能性が想定される。次郎左衛門の子孫が確認されないことからすると、前者の可能性も十分にある。この孫次郎は、「寛政重修諸家譜」に、天文二十三年（一五五四）生まれの秩父重国《しげくに》（寛永七年〈一六三〇〉十一月五日死去、法名宗半）が孫次郎を称していることが記されており、それにあたるか。

【引用参考文献】

浅倉直美「北条氏邦の生年について」『戦国史研究』七四号、二〇一八年
浅倉直美『小田原北条氏一門と家臣』（中世史研究叢書37）岩田書院、二〇二三年
浅倉直美編『北条氏邦と猪俣邦憲』（論集戦国大名と国衆3）岩田書院、二〇一〇年
　田尻高樹「武蔵鉢形城における二、三の問題」
同『玉縄北条氏』（論集戦国大名と国衆9）岩田書院、二〇一二年
　黒田基樹「北条綱成の父母」
浅倉直美編著『北条氏照』（シリーズ・中世関東武士の研究31）戎光祥出版、二〇二一年
有光友學「葛山氏の系譜」同著『戦国史料の世界』（中世史研究叢書14）岩田書院、二〇〇九年
池上裕子「戦国時代の葛山氏」『小山町史第六巻』小山町、一九九六年
石橋一展編著『下総千葉氏』（シリーズ・中世関東武士の研究17）戎光祥出版、二〇一五年
　高橋健一「芳桂院―戦国期東国の一女性とその周辺―」
市村高男「戦国時代の小山」『小山市史通史編1』小山市、一九八四年
今福　匡『上杉景虎　謙信後継を狙った反主流派の盟主』宮帯出版社、二〇一一年
上野晴朗『定本武田勝頼』新人物往来社、一九七八年
大阪狭山市教育委員会編『さやまのお殿さま』二〇一九年
北島藤次郎『北条氏照とその周辺』鉄生堂、一九九一年
久保賢司「足利義氏の子供について」『戦国史研究』四四号、二〇〇二年
久保田昌希「懸川開城後の今川氏真と後北条氏」同著『戦国大名今川氏と領国支配』吉川弘文館、二〇〇五年
栗原　修「上杉謙信の姉―仙桃院」小和田哲男編『戦国の女性たち―16人の波乱の人生』河出書房新社、二〇〇五年
黒田基樹『戦国大名北条氏の領国支配』（戦国史研究叢書1）岩田書院、一九九五年

同　『戦国大名領国の支配構造』岩田書院、一九九七年
同　『戦国期東国の大名と国衆』岩田書院、二〇〇一年
同　『扇谷上杉氏と太田道灌』（岩田選書地域の中世１）岩田書院、二〇〇四年
同　『戦国北条氏五代』（中世武士選書８）戎光祥出版、二〇一二年
同　『古河公方と北条氏』（岩田選書地域の中世12）岩田書院、二〇一二年
同　『増補改訂 戦国大名と外様国衆』（戎光祥研究叢書４）戎光祥出版、二〇一五年
同　『北条氏康の妻　瑞渓院』（中世から近世へ）平凡社、二〇一七年
同　『北条氏政』（ミネルヴァ日本評伝選179）ミネルヴァ書房、二〇一八年
同　『戦国大名・伊勢宗瑞』（角川選書624）ＫＡＤＯＫＡＷＡ、二〇一九年
同　『戦国北条五代』（星海社新書149）星海社、二〇一九年
同　『北条氏綱』（ミネルヴァ日本評伝選209）ミネルヴァ書房、二〇二〇年
同　『戦国大名・北条氏直』（角川選書645）ＫＡＤＯＫＡＷＡ、二〇二〇年
同　『戦国「おんな家長」の群像』笠間書院、二〇二一年
同　『戦国関東覇権史　北条氏康の家臣団』（ＫＡＤＯＫＡＷＡ、二〇二一年）
同　『徳川家康と今川氏真』（朝日選書１０３３）朝日新聞出版、二〇二三年
同　「小田原落城後の北条氏一族」『日本歴史』七八五号、二〇一三年
同　「小山領没落後の小山氏」『栃木県立文書館研究紀要』一八号、二〇一四年
同　「伊勢盛時と足利政知」『戦国史研究』七一号、二〇一六年
黒田基樹編　『武蔵大石氏』（論集戦国大名と国衆１）岩田書院、二〇一〇年
　大石氏史跡調査研究会編　「大石氏の研究」
同　『伊勢宗瑞』（シリーズ・中世関東武士の研究10）戎光祥出版、二〇一三年

同　『北条氏房』（論集戦国大名と国衆19）岩田書院、二〇一五年
同　『北条氏綱』（シリーズ・中世関東武士の研究21）戎光祥出版、二〇一六年
佐脇栄智「北条早雲・氏綱の相武経略」
柴田真一「近衛尚通とその家族」
立木望隆「北条氏綱夫人養珠院殿と後室近衛殿について」
米原正義「室町幕臣の東下り」
同　『北条氏康』（シリーズ・中世関東武士の研究22）戎光祥出版、二〇一八年
長塚　孝「戦国武将の官途・受領名」
同　『北条氏政』（シリーズ・中世関東武士の研究24）戎光祥出版、二〇一九年
同　『北条氏直』（シリーズ・中世関東武士の研究29）戎光祥出版、二〇二〇年
同　『北条氏康とその時代』（戦国大名の新研究2）戎光祥出版、二〇二一年
同　『今川氏真』（シリーズ・中世関東武士の研究35）戎光祥出版、二〇二三年
黒田基樹・浅倉直美編『北条氏康の子供たち』宮帯出版社、二〇一五年
黒田基樹「北条氏康の子女について」
浅倉直美「北条氏邦」
長谷川幸一「早河殿」
長塚　孝「浄光院殿」
丸島和洋「桂林院殿」
桜井真理子「上杉景虎の政治的位置」『武田氏研究』二八号、二〇〇三年
佐藤八郎「武田信玄の娘たち」磯貝正義編『武田信玄のすべて』新人物往来社、一九七八年
佐藤博信『古河公方足利氏の研究』校倉書房、一九八九年

同　　　　「北条為昌と北条綱成」同著『中世東国足利・北条氏の研究』（中世史研究叢書7）岩田書院、二〇〇六年
同　　　　「古河公方足利義氏についての考察」同著『中世東国政治史論』塙書房、二〇〇六年
座間美都治『相模原の歴史』私家版、一九七四年
佐脇栄智『後北条氏の基礎研究』吉川弘文館、一九七六年
同　　　　『後北条氏と領国経営』吉川弘文館、一九九七年
同　　　　「北条氏房」『国史大事典』十二巻、吉川弘文館、一九九一年
早雲寺史研究会編『早雲寺―小田原北条氏菩提所の歴史と文化―』（かなしんブックス32・箱根叢書16）神奈川新聞社、一九九〇年
杉山　博『北条早雲』（小田原文庫4）名著出版、一九七六年
同　　　　『戦国大名後北条氏の研究』名著出版、一九八二年
杉山博・栗原仲道『大石氏の研究』（関東武士研究叢書2）名著出版、一九七五年
高橋健一「足利義氏の古河移座の時期に関して」『枝折』三号、一九九四年
竹井英文「上野国高山城の基礎的研究」（佐藤博信編『中世房総と東国社会』（中世東国論4）岩田書院、二〇一二年
武田庸二郎「「北条幻庵覚書」の作成年代について」『世田谷区立郷土資料館資料館だより』二七号、一九九七年
長塚　孝「北条氏秀と上杉景虎」『戦国史研究』一二号、一九八六年
同　　　　「江戸在番衆に関する一考察」戦国史研究会編『戦国期東国社会論』吉川弘文館、一九九〇年
萩原龍夫「後北条氏の文化」同著『中世東国武士団と宗教文化』（中世史研究叢書9）岩田書院、二〇〇七年
花ヶ崎盛明「越後長尾氏系図」同編『上杉景勝のすべて』新人物往来社、一九九五年
東島　誠「戦国時代の清水町」『清水町史通史編上巻』清水町、二〇〇三年
前田利久「後北条氏庇護下の今川氏真について」『地方史静岡』二九号、二〇〇一年
丸島和洋編『武田信玄の子供たち』宮帯出版社、二〇二二年
山口　博「幻庵宗哲使用『静意』印判に関する考察」同著『戦国大名北条氏文書の研究』（戦国史研究叢書4）岩田書院、二〇〇七年

関連年表（黒田基樹『図説 戦国北条氏と合戦』（戎光祥出版、二〇一八年）収録のものを改訂）

西暦（和暦）	月	事項
康正二年（一四五六）		京都において伊勢盛時が誕生する。父伊勢盛定、母伊勢貞国女。
文明元年（一四六九）		この頃までに、盛時の姉北川殿が駿河の今川義忠に嫁ぐ。
文明三年（一四七一）	六月	盛時が、荏原郷内に所在する菩提寺法泉寺に禁制を発給する。
文明五年（一四七三）		北川殿と今川義忠の間に龍王丸（のちの今川氏親）が誕生する。
文明八年（一四七六）	二月	今川義忠が、遠江国塩買坂（静岡県菊川市）において戦死し、今川氏の家督を義忠の従弟小鹿範満が相続する。
文明十五年（一四八三）		盛時が、室町幕府九代将軍足利義尚の申次衆に任命される。
長享元年（一四八七）	十一月	伊勢盛時が駿河に下向し、今川義忠の嫡男氏親を今川氏家督として擁立、小鹿範満を打倒する。盛時は以後、叔父として氏親を後見する。
		この年、盛時の嫡男として氏綱が誕生する。
延徳三年（一四九一）		これ以降、明応三年頃までに盛時は出家し、早雲庵宗瑞と名乗る。
明応二年（一四九三）		宗瑞が、伊豆に侵攻し、堀越公方足利茶々丸を攻撃する。
明応四年（一四九五）		宗瑞が、足利茶々丸を伊豆大島に追放する。
明応五年（一四九六）		この年、宗瑞が、武田信縄を頼って甲斐国へ逃れた茶々丸を追撃し、甲斐国に侵攻する。
明応七年（一四九八）	八月	宗瑞が、足利茶々丸を滅ぼし、伊豆国を平定する。
文亀元年（一五〇一）	三月	この頃までに、宗瑞が大森藤頼の居城小田原城（神奈川県小田原市）を攻略し、相模国小田原を支配下におく。
永正六年（一五〇九）	八月	宗瑞が、今川氏と協調関係にある扇谷上杉氏の領国への侵攻を開始する。以後、宗瑞は、戦国大名として今川氏からの自立を進める。
永正九年（一五一二）	八月	宗瑞が、扇谷上杉氏配下の国衆三浦道寸の拠点相模国岡崎城（神奈川県平塚市・伊勢原市）を攻略、三浦氏の本拠三浦郡を除く相模国の大部分を支配下に置く。
永正十一年（一五一三）	五月	扇谷上杉朝良が、三浦氏支援のため武蔵国荏原郡に出陣する。
永正十二年（一五一七）		この年、伊勢氏綱の嫡男として伊豆千代丸（のちの北条氏康）が誕生する。
永正十三年（一五一八）	七月	宗瑞が、相模国三浦郡の三崎城（神奈川県三浦市）を攻略、三浦氏を滅亡させ、相模国一国を支配下に置く。
	十一月	宗瑞が、真里谷武田氏支援のため上総国藻原（千葉県茂原市）に侵攻し、小弓原氏の真名城を攻撃する。
永正十四年（一五一九）	四月	宗瑞が、再度上総国真名城を攻撃し、これを攻略する。
永正十五年（一五二〇）	九月	この頃から、伊勢氏の領国において虎の印判の使用が開始される。

永正十六年（一五一九）	七月	宗瑞の嫡男氏綱が、真里谷武田氏支援のため上総国藻原に侵攻する。この頃までに宗瑞は、家督を氏綱に譲与したものと考えられる。
	八月	十五日、伊豆国韮山城（静岡県伊豆の国市）において宗瑞が死去する。享年六十四。
大永二年（一五二二）		氏綱が、相模国の一宮寒川神社（神奈川県寒川町）を再興する。
大永三年（一五二三）	七月～九月	氏綱が名字を「伊勢氏」から「北条氏」に改める。
		この年、氏綱が、相模国箱根権現（神奈川県箱根町）、同国六所明神（神奈川県大磯町）、伊豆国伊豆山権現（静岡県熱海市）を再興する。
		この頃までに、氏綱が扇谷上杉氏の領国であった武蔵国に侵攻、同国南部の久良岐郡を支配下に置き、周辺の国衆を服属させる。
大永四年（一五二四）	正月	氏綱が、扇谷上杉氏の重臣太田資高の内応により、武蔵国江戸城（東京都千代田区）を攻略する。
	二月	氏綱が、扇谷上杉氏の重臣太田資頼の内応により、武蔵国岩付城（さいたま市岩槻区）を攻略する。
	三月	氏綱が、関東足利氏一門渋川氏の本拠である武蔵国蕨城（埼玉県蕨市）を攻略する。
	四月	氏綱が、山内上杉氏の家臣毛呂顕繁の武蔵国毛呂城（埼玉県毛呂山町）を攻略する。
	七月	甲斐武田氏の支援を受けた扇谷上杉氏が、岩付城を奪還する。
	十月	氏綱が、扇谷上杉氏と和睦し、毛呂城を引き渡す。
大永五年（一五二五）	二月	氏綱が、扇谷上杉氏との和睦を破り、武蔵国岩付城を再度攻略する。
		この年、扇谷上杉朝興の工作により真里谷武田氏が氏綱と断交する。以後、山内・扇谷両上杉氏、甲斐武田氏、小弓公方を擁する真里谷武田氏・里見氏らによる氏綱包囲網が形成される。
	八月	氏綱が、江戸城奪還のために出陣した上杉朝興の軍勢と、武蔵国白子原（埼玉県和光市）で合戦し敗れる。
		この年、山内上杉氏の当主憲房が死去し、養子憲寛が家督を相続する。
大永六年（一五二六）	五月	真里谷武田氏・里見氏が江戸湾に侵攻する。
		この月、扇谷上杉朝興が武蔵国蕨城を奪還する。
	九月	山内上杉憲寛・扇谷上杉朝興が武蔵国小沢城（東京都稲城市・神奈川県川崎市）を攻略する。
		この月、氏綱が伊豆国三嶋大社（静岡県三島市）造営の勧進を指示する。
	十一月	上杉憲房・朝興が相模国玉縄城（神奈川県鎌倉市）を、里見義堯が同国鎌倉を攻撃する。
享禄二年（一五二九）		この頃、氏綱の嫡男伊豆千代丸が元服し、新九郎を名乗る。

享禄四年（一五三一）	九月	扇谷上杉氏が岩付城を奪還する。
		この年、山内上杉氏の内訌の結果、上杉憲寛が没落し、上杉憲房の実子憲政が家督を継承する。
天文元年（一五三二）	五月	氏綱が、相模国鶴岡八幡宮（神奈川県鎌倉市）の造営を開始する。
天文二年（一五三三）	八月	氏綱が、安房里見氏の内訌に介入、里見義堯を支援し、里見氏当主義豊の軍勢と戦う。
天文三年（一五三四）	四月	氏綱の支援する里見義堯が、里見義豊を滅ぼし、里見氏の家督を継承する。
	十一月	氏綱が、真里谷武田氏の内訌に介入、当主武田信隆を支援し、信隆の叔父信秋の勢力と戦う。
天文四年（一五三五）	八月	氏綱が、今川氏輝の要請に応じて甲斐国郡内山中（山梨県山中湖村）に侵攻、武田信虎の軍勢と戦う。
	九月	上杉朝興が相模国に侵攻する。
	十月	氏綱が、武蔵国入間川近辺で上杉朝興の軍勢と戦い、勝利する。
天文五年（一五三六）	三月	十七日、今川氏輝及びその弟彦五郎が相次いで死去する。以後、氏輝の弟善得寺殿承芳（のちの義元）と花蔵殿恵探との間で家督争いが発生、氏綱は承芳を支援する。
	六月	氏綱の支援する承芳が、恵探を滅ぼす。以後、承芳は今川氏の家督を継承し、義元を名乗る。
天文六年（一五三七）	二月	今川義元が、甲斐の武田信虎と同盟を結び、信虎の娘を正室に迎える。
		二十六日、今川氏・武田氏の同盟成立をうけて、氏綱が駿河国に侵攻、富士川以東の河東地域を支配下に置く。
	四月	扇谷上杉氏の当主朝興が死去し、嫡男朝定が家督を継承する。
	五月	氏綱の支援する武田信隆が、小弓公方足利義明の支持を得た叔父信秋に敗れる。
		里見義堯が、小弓公方足利義明に服属、氏綱に敵対する。
	七月	十五日、氏綱が、扇谷上杉氏の本拠である武蔵国河越城（埼玉県川越市）を攻略する。
		この年、氏康の長男新九郎（のちの北条氏親）が誕生する。
天文七年（一五三八）	正月	氏綱が、川越城奪還を図り侵攻した上杉朝定・憲政の軍勢と戦い、勝利する。
	二月	氏綱が、扇谷上杉氏の配下大石石見守が守る下総国葛西城（東京都葛飾区）を攻略する。
		この頃、氏綱が、古河公方足利晴氏と小弓公方足利義明の和睦の調停を図り、失敗する。
	十月	七日、氏綱が、足利晴氏の上意を受けて、下総国国府台（千葉県市川市）・相模台（松戸市）で足利義明と戦い、勝利する。足利義明及びその子らが戦死し、小弓公方家は滅亡する。（第一次国府台合戦）
		この年、氏康の二男松千代丸（のちの北条氏政）が誕生する。
		この年、氏綱が、足利晴氏の御内書により関東管領に任じられたという。

天文九年（一五四〇）	十一月	二十一日、氏綱が、鶴岡八幡宮上宮の正殿遷宮を実施する。
	十一月	この月、氏綱が、自身の娘（芳春院殿）を足利晴氏の正室とし、古河公方足利氏の外戚となる。
天文十年（一五四一）	七月	十七日、相模国小田原において氏綱が死去する。享年五十五。これをうけて、氏綱の嫡男である氏康が、北条家の家督を継承する。
天文十二年（一五四三）	三月	二十六日、足利晴氏と正室（氏綱の女芳春院殿）との間に梅千代王丸（のちの足利義氏）が誕生する。
天文十四年（一五四五）	四月	十七日、氏康が武蔵国忍城（埼玉県行田市）の成田長泰の服属を了承する。
	七月	今川義元が、駿河国の河東地域の奪還を図り、駿河国善徳寺に侵攻する。
	九月	この月、今川氏を支援する武田信玄（当時は武田晴信）が、駿河国河東地域に侵攻し吉原城（静岡県富士市）を攻略する。北条氏は伊豆国境の長窪城（静岡県長泉町）まで後退する。
		この月、山内上杉憲政・扇谷上杉朝定が、武蔵国河越城を包囲する。
	十月	二十二日、氏康が、武田信玄を介して、今川氏との和睦を申し入れる。
		二十七日、足利晴氏が、山内上杉憲政・扇谷上杉朝定の要請により北条氏康との断交し、武蔵国河越に出陣する。
	十一月	六日、氏康が駿河国河東地域の割譲を条件に今川氏と和睦する。
天文十五年（一五四六）	三月	氏康が、扇谷上杉氏重臣で岩付城主を務める太田全鑑を内応させる。
	四月	十七日、氏康が、上杉氏により包囲される河越城を救援するために、出陣する。
		二十日、氏康が、河越城付近の砂窪の地で山内上杉憲政・扇谷上杉朝定の軍勢と戦い、勝利する。この戦いで上杉朝定が戦死し、扇谷上杉氏は滅亡する。
	九月	氏康が、里見義堯の本拠である上総国佐貫城（千葉県富津市）を包囲する。
		二十八日、扇谷上杉氏の旧臣太田資正が、武蔵国松山城（埼玉県吉見町）を奪取する。
	十月	太田資正の蜂起を受けて、氏康が上総国から撤退する。
天文十六年（一五四七）	十二月	九日、太田資正が、武蔵国岩付城を、城主太田全鑑の死去に乗じて奪取する。以後、松山城には扇谷上杉氏旧臣の上田朝直が入城する。
		氏康が、太田資正に代わり武蔵国松山城に入った上田朝直を内応させる。
		十七日、氏康が、太田資正の拠る武蔵国岩付城を包囲する。
天文十七年（一五四八）	正月	十八日、氏康が、武蔵国岩付城の太田資正を服属させる。
	十月	二十六日、氏康が、山内上杉氏配下の上野国国峰城（群馬県甘楽町）城主小幡憲重を服属させる。
天文十八年（一五四九）		この年、氏康が、武蔵国天神山（埼玉県長瀞町）を本拠とする国衆藤田泰邦を服属させる。

天文十九年（一五五〇）	七月	足利梅千代王丸が下総国葛西城に入城する。
	八月	氏康が、山内上杉氏の領国である上野国西部に侵攻する。
	十一月	氏康が、山内上杉氏の本拠である上野国平井城（群馬県藤岡市）を攻撃する。
	十二月	氏康が、古河公方足利氏の重臣簗田晴助と起請文を取り交わし、足利晴氏と和解する。
		この頃までに、氏康が左京大夫に任官する。
天文二十一年（一五五二）	二月	氏康が、山内上杉氏の家臣安保全隆の拠る武蔵国御嶽城（埼玉県神川町）を攻略し、上杉憲政の嫡子竜若丸を捕縛する。
		これ以後、山内上杉氏配下の上野国国衆や憲政の馬廻衆が相次いで北条氏に服属する。これに伴い、上杉憲政が上野国平井城を退去し、同国白井城（群馬県渋川市）に没落する。
	三月	二十一日、氏康の嫡男新九郎氏親が死去する。これに伴い、氏康の二男松千代丸が嫡子と位置付けられ、歴代の仮名「新九郎」を称する。
	五月	この頃、上野国平井城を退去した上杉憲政が、長尾景虎を頼り越後国に没落する。
	五月	この月、上杉憲政の要請を受けた越後の上杉謙信（当時は長尾景虎）が、上野国に侵攻する。
	九月	この月、氏康が、上野国館林城（群馬県館林市）の国衆赤井氏救援のため、上野国に出陣する。
	十二月	十二日、氏康の意向により、足利晴氏が長男藤氏を廃嫡し、古河公方足利氏の家督を梅千代王丸（母芳春院殿、氏康の外甥）に譲与する。
		この年、氏康が、里見義堯の攻勢を受けた真里谷武田氏の支配領域を接収する。
天文二十二年（一五五三）	四月	氏康が、里見氏の領国である安房国へと侵攻する。
	六月	二十六日、北条氏に服属した内房正木氏が挙兵し、里見氏に敵対する。
天文二十三年（一五五四）	六月	この頃までに、氏康の嫡男新九郎（松千代丸）が氏政を名乗る。
	七月	二十四日、足利晴氏とその長男藤氏が下総国古河城（茨城県古河市）で挙兵し、北条氏に敵対する。
	七月	この月、氏康の娘である早川殿が今川義元の嫡男氏真に嫁ぎ、北条氏と今川氏の同盟が成立する。
	十月	氏康の軍勢が下総国古河城を攻略し、足利晴氏が降服する。氏康は、晴氏を相模国波多野（神奈川県秦野市）に幽閉する。
	十二月	この月、氏康の嫡男氏政が武田晴信の娘黄梅院殿を娶り、北条氏と武田氏の同盟が成立する。（駿甲相三国同盟の成立）

弘治元年（一五五五）		氏康が、里見義堯の拠る上総国佐貫城を攻略する。義堯は、同国久留里城（千葉県君津市）に撤退する。
	九月	氏康が、上総国金谷城（千葉県富津市）を攻略する。
	十一月	足利梅千代王丸が下総国葛西城で元服、以後義氏と名乗る。
		この年、氏康が上野国金山城（群馬県太田市）の横瀬成繁、同国桐生城の佐野直綱を服属させる。
弘治二年（一五五六）	四月	下総結城氏・常陸大掾氏・陸奥白川氏らの要請をうけた氏康が、常陸国海老島（茨城県筑西市）に派兵、同国小田城（茨城県つくば市）の小田氏との合戦に勝利する。
		この年、氏康が、下野国足利城（栃木県足利市）の長尾当長を服属させる。
永禄元年（一五五八）	二月	二日、足利義氏が従四位下・右兵衛佐に叙任される。
	四月	足利義氏が相模国鶴岡八幡宮へ参詣する。
	八月	下総国葛西城の足利義氏が、同国関宿城（千葉県野田市）に移転する。以後、関宿城が義氏の御座所とされる。
永禄二年（一五五九）	二月	氏康が「北条家所領役帳」を作成する。
	八月	氏康が、上野国沼田城（群馬県沼田市）を本拠とする国衆沼田氏の内訌に介入、同氏の名跡を義弟北条綱成の二男康元に継承させる。
	十二月	二十三日、氏康が、家督を嫡男氏政に譲与し、隠居する。以後、氏康は氏政の後見として北条氏権力を主導する。
永禄三年（一五六〇）	二月	家督を相続した氏政の名の下に、北条氏の領国全域に徳政令が発布される。
	五月	氏康が上総国久留里城を包囲する。
	九月	越後の上杉謙信が、関東管領上杉憲政を擁して、関東への侵攻を開始する。以後、北条氏の領国では、上野・武蔵両国を中心に服属国衆の離反が相次ぐ。
永禄四年（一五六一）	三月	上杉謙信が、北条氏の本拠である小田原城を攻撃する。
	閏三月	上杉謙信が、鶴岡八幡宮の社前において関東管領山内上杉氏の名跡を継承する。
	六月	上杉謙信が越後に帰国する。以後、北条氏は離反した服属国衆の平定に乗り出す。
	十一月	この月、北条氏の要請を受けた武田信玄が上野国西部に侵攻し、上杉氏を攻撃する。以後、永禄十一年まで、上野国および武蔵国北部を中心に、北条氏・武田氏による上杉氏に対する共闘態勢が構築される。
		この年、氏政が、領国内の在村給人を対象に徳政令を発布する。
永禄五年（一五六二）		この年、氏政が、領国内の職人衆を対象に徳政令を発布する。
		この年、氏政の長男として国王丸（のちの北条氏直）が誕生する。

永禄七年（一五六四）	正月	上杉氏の要請を受けた里見氏が武蔵国に侵攻する。これをうけた氏康・氏政は、下総国国府台において里見氏の軍勢と戦い、勝利する。
	七月	二十三日、武蔵国岩付城の太田氏資が、父資正を追放し、北条氏に服属する。
永禄九年（一五六六）	三月	上杉謙信が、関東の服属国衆を動員して下総国小金城（千葉県松戸市）・臼井城（千葉県佐倉市）を攻撃し、大敗する。これ以後、上杉氏方の国衆が相次いで北条氏に従属する。
永禄十一年（一五六八）	十二月	武田信玄が、今川氏との同盟を破棄し、駿河国に侵攻する。 十二日、氏政が、今川氏救援のため小田原を出陣し、伊豆国三島に着陣する。以後、北条氏は駿河国河東地域を制圧し、氏政は駿河国吉原城に入城する。 十九日、氏政が、弟氏照を介して越後の上杉謙信との通交を図る。
永禄十二年（一五六九）	正月	二日、氏康が、上野国沼田城に在城する上杉氏家臣を介して、上杉氏との同盟交渉を開始する。
	二月	氏政が、駿河国薩埵山（静岡市清水区）に布陣する武田氏の軍勢と戦い、これを破る。以後氏政は同地に陣を移し、駿河国興津城（静岡市清水区）の武田信玄と対峙する。
	四月	武田信玄が、甲斐国に帰国する。
	五月	十五日、氏政が、遠江国掛川城（静岡県掛川市）を包囲する徳川家康との交渉により、同城に籠城する今川氏真を保護し、相模国に帰国する。
	閏五月	氏政が、武田氏に対する防衛拠点として、甲駿国境の駿河国御厨地域に深沢城（静岡県御殿場市）を構築する。
	六月	北条氏と上杉氏の間に、越相同盟が成立する。これに伴い、北条氏康の六男三郎（のちの上杉景虎）が上杉謙信の養子となる。
	七月	武田信玄が再び駿河国に侵攻し、同国大宮城（静岡県富士宮市）を攻略する。
	九月	武田信玄が、北条氏の本拠である相模国小田原に侵攻する。
	十月	四日、武田信玄が小田原から退陣し、相模国津久井郡に移る。 六日、氏政の弟氏照・氏邦らが、甲斐へと帰陣する武田信玄と相模国津久井郡の三増峠（神奈川県愛川町）で戦うも、敗北する。
	十一月	武田信玄が、駿河国に侵攻し、北条氏信らの守る同国蒲原城（静岡市清水区）を攻略する。
元亀元年（一五七〇）	五月	武田信玄が、駿河国駿東郡及び伊豆国に侵攻し、駿河国興国寺城（静岡県沼津市）・伊豆国韮山城などを攻撃する。
	十二月	武田信玄が、北条綱成の守る駿河国深沢城を攻略する。
元亀二年（一五七一）	十月	三日、氏康が、相模国小田原において死去する。享年五十七。

	十二月	二十七日、氏政が、越相同盟を破棄し、再び武田氏と同盟を結ぶ。これに伴い北条氏・武田氏の間で「国分」が実施され、西上野を除く関東が北条氏の領国とされる。
天正元年（一五七三）	四月	十二日、武田信玄が死去し、その四男である諏訪勝頼が、武田氏の家督を相続する。
天正二年（一五七四）	閏十一月	十九日、氏政が、上杉氏に属して北条氏に敵対する簗田氏の下総国関宿城を攻略する。
天正三年（一五七五）	十二月	氏政が下野国の国衆小山氏の本拠小山城（栃木県小山市）を攻略する。
天正四年（一五七六）		この年の末頃、氏直の嫡男国王丸が元服し、歴代の仮名である新九郎を名乗る。
天正五年（一五七七）	九月	氏政が、安房国に侵攻し、里見氏配下の長南武田氏を服属させる。
	十一月	氏政が、里見氏の本拠である安房国佐貫城を攻撃する。これ以後、氏政は里見氏と和睦し、同盟を締結する。
天正六年（一五七八）	三月	上杉謙信が死去し､その養子である上杉景勝・上杉景虎（北条氏康六男）の間で家督争い（御館の乱）が発生する。 御館の乱発生を受けて、氏政が武田勝頼に、弟上杉景虎への支援を要請する。
	五月	氏政が、下総国北部に侵攻し、下総結城氏の結城城・山川城（ともに茨城県結城市）を攻撃する。以後、同年七月まで、結城氏を救援する常陸佐竹氏の軍勢と絹川を挟んで対陣する。
	八月	氏政が、上杉景虎支援のため、上野国に軍勢を派遣する。 この月、上杉景虎支援のため越後に在陣していた武田勝頼が、上杉景勝と同盟を締結し、甲斐に帰国する。これに伴い、北条氏と武田氏の同盟関係が事実上瓦解する。
天正七年（一五七九）	三月	上杉景勝が、上杉景虎を滅ぼし、上杉家の家督を継承する。
	九月	氏政が、遠江の徳川家康と同盟を結ぶ。この後、氏政は、遠江国で武田氏と戦う徳川氏と連携し、伊豆・駿河国境に出陣する。 この年、厩橋城（前橋市）の北条高広をはじめとする上野国国衆の多くが北条氏から離反し、武田氏に服属する。
天正八年（一五八〇）	三月	この月、氏政が京都の織田信長に使者を派遣する。氏政は、織田氏へ従属する意向を表明し、信長の娘を嫡男氏直の妻に迎えることが決まる。 この月、氏政が、遠江の徳川氏と連携して、伊豆・駿河国境に出陣する。
	七月	この月、氏政が、遠江の徳川氏と連携して、再び伊豆・駿河国境に出陣する。
	八月	十九日、駿河の陣中において、氏政が嫡男氏直に家督を譲与し、隠居する。以後、氏政は氏直の後見として後北条氏権力を主導する。 この月、武田氏の攻撃により、北条氏が上野における唯一の拠点であった沼田城を失う。 この年、壬生氏・佐野氏ら下野国の国衆が北条氏から離反し、佐竹氏に従う。

天正十年（一五八二）	二月	織田氏による武田氏領国への侵攻に伴い、北条氏が上野国・駿河国に侵攻する。
	三月	織田氏の侵攻により武田氏が滅亡する。織田信長は、旧武田領国の仕置を行い、上野国を滝川一益に、駿河国を徳川家康に宛行う。
	六月	二日、織田信長が、京都の本能寺において家臣明智光秀の襲撃を受け、死去する。（本能寺の変）十八日・十九日、織田信長の死去に乗じて上野国に侵攻した氏直が、神流川付近（群馬県上里町・本庄市）で滝川一益と戦い勝利する。これ以後、上野国の国衆の多くが北条氏に従う。この月、氏直が、滝川一益を追撃して信濃国東部に侵攻する。
	七月	信濃国東部に侵攻した氏直が、真田昌幸をはじめとする佐久・小県両郡の国衆、および諏訪郡の諏訪氏を服属させる。
	八月	諏訪氏の要請をうけた氏直が、信濃国諏訪郡に南下し、徳川氏の軍勢と戦う。これ以後、氏直は、徳川氏の軍勢を追撃して甲斐国に侵攻し、同国若神子（山梨県北杜市）に着陣する。
	十月	二十九日、氏直が、徳川家康と和睦する。これに伴い、北条氏・徳川氏の間で「国分」が実施され、上野国吾妻（群馬県吾妻町）・沼田の北条氏への割譲が約束される。また、氏直と家康の娘との婚姻が決まり、北条氏・徳川氏の同盟が成立する。
	十一月	氏直が、小田原城に帰陣する。
天正十一年（一五八三）	八月	十五日、氏直が徳川家康の娘督姫を娶り、北条氏・徳川氏の同盟が正式に成立する。
	九月	氏直が、上野国に出陣し、厩橋城の北条氏を服属させる。
	十月	氏直が、北条氏から離反した上野国の新田由良氏・館林長尾氏を攻撃する。
天正十二年（一五八四）	四月	氏直が下野国の佐野氏領藤岡（栃木県栃木市）に侵攻し、佐野氏を支援して同国沼尻（栃木県栃木市）に着陣した常陸佐竹氏らと対陣する。（沼尻の合戦）
	七月	氏直が、佐竹氏と和睦し、下野国藤岡から撤退する。
天正十三年（一五八五）	正月	氏直が、上野国の新田由良氏・館林長尾氏を服属させる。
	六月	北条氏が、徳川氏との合意に基づき上野国沼田の接収を図るも、同地を領する真田昌幸はこれを拒絶する。（沼田領問題の発端）
	十月	北条氏・徳川氏双方の家老・国衆らが起請文を取り交わし、同盟関係の強化が図られる。
天正十四年（一五八六）	三月	氏政が、伊豆・駿河国境で徳川家康と面会する。
	十月	徳川家康が、羽柴秀吉に出仕し、従属の意を表明する。以後、秀吉は家康を東国諸大名に対する取次役とし、関東・奥州の「惣無事」実現を命じる。

天正十五年（一五八七）		この年から翌年にかけて、羽柴秀吉による北条氏攻めの気運が高まる。これに伴い、氏直は北条氏領国全域に「人改め」を実施し、百姓を含めた軍勢の大動員を図る。
天正十六年（一五八八）	五月	徳川家康が、氏政・氏直父子に羽柴秀吉への従属を勧告する。これをうけた氏政・氏直父子は、秀吉への従属の意を表明する。
	六月	氏直が、羽柴秀吉への従属に伴う使者として、北条氏規（氏政の弟、氏規の叔父）を京都に派遣する。 これ以後、北条氏・羽柴氏間で氏直・氏政の上洛に関する協議が進められ、北条氏は交換条件として秀吉に沼田領問題の解決を要請する。
天正十七年（一五八九）	二月	羽柴秀吉が、北条氏・真田氏間の沼田領問題について、同地域の三分の二を北条氏領とし、残りは真田氏領として安堵する旨の裁定を下す。
	六月	沼田領問題の裁定を受けて、氏直が、父氏政を上洛させる旨を表明する。これ以後、氏直は、領国からの上洛費用の供出などの具体的な準備を開始する。
	八月	羽柴秀吉による裁定に基づき、北条氏による沼田城の受け取りが実現する。
	十月	二十七日、北条氏家臣猪俣邦憲が、羽柴秀吉の裁定に背いて、真田氏領上野国名胡桃城（群馬県みなかみ町）を攻略する。
	十一月	北条氏による名胡桃城攻略の報告を受けた羽柴秀吉が、氏政の上洛および名胡桃城攻略の責任者の成敗がなければ、翌春に北条氏を討伐する旨を周辺諸大名に表明する。 二十四日、羽柴秀吉が氏直に宛てて条書を送付し、翌春に北条氏を討伐する旨を正式に布告する。
	十二月	氏直が、羽柴秀吉の条書をうけて、父氏政の上洛遅延および名胡桃城攻略について弁明を図る。 四日、羽柴秀吉が諸大名に対し、北条氏討伐の陣触れを発する。 これ以後、北条氏は、秀吉との対決に向けて、領国内の家臣・国衆に対する軍勢動員を開始し、防衛体制の構築を図る。
天正十八年（一五九〇）	二月	羽柴氏配下の諸大名が、北条氏討伐のために出陣する。
	三月	一日、羽柴秀吉が、北条氏討伐のため、京都から出陣する。 三日、駿河・伊豆国境の黄瀬川において、羽柴氏配下の徳川家康・織田信雄・羽柴秀次らと北条氏との間で戦闘が行われ、小田原合戦の戦端が開かれる。 十五日、羽柴氏配下の前田利家・上杉景勝・真田昌幸らが、信濃・上野国境の碓氷峠を経て、北条氏の領国への侵攻を開始する。 二十七日、羽柴秀吉が駿河国三枚橋城（静岡県沼津市）に着陣する。

年	月	事項
天正十八年（一五九〇）	四月	二十九日、羽柴氏の軍勢が伊豆国山中城（静岡県三島市）を攻略する。 四日、徳川家康が小田原城付近に着陣する。 五日、羽柴秀吉が北条氏の菩提寺である箱根湯本の早雲寺（神奈川県箱根町）に本陣を構える。また小田原城の向かい城として石垣山城（神奈川県小田原市）の構築を開始する。 これ以後、同月中旬頃までに、羽柴氏の軍勢による小田原城包囲陣が完成する。 六日・七日、氏直が、織田信雄・徳川家康を仲介として羽柴氏との和睦交渉を開始し、小田原城内で信雄の家臣岡本利与と面会する。
	六月	二十四日、羽柴氏の使者として滝川雄利・黒田孝高が小田原城内に派遣される。 二十七日、羽柴秀吉が石垣山城に本陣を移す。 この月の下旬頃までに、羽柴氏配下の諸軍勢が、小田原城と武蔵国忍城（埼玉県行田市）を除く北条氏方の諸城の攻略を完了する。
	七月	一日、氏直が羽柴秀吉の下への出頭に合意する。 五日、氏直が、弟氏房と共に小田原城を出て、滝川雄利の陣所に投降する。これを受けた羽柴秀吉は、氏政とその弟氏照、および宿老大道寺政繁・松田憲秀の四名を合戦の責任者と位置づけ、切腹を命じる。 十日、徳川家康が、小田原城を接収し、同城に入城する。 十一日、氏政が、弟氏照とともに切腹し、死去する。享年五十二。 十五日、氏直の紀伊国高野山への追放が決定する。これにより、戦国大名としての北条氏が事実上滅亡する。 二十一日、氏直が、紀伊国高野山へ向けて、小田原を出立する。
	八月	十二日、氏直が紀伊国高野山に入る。
天正十九年（一五九一）	二月	七日、羽柴秀吉が、徳川家康らの取り成しをうけて、氏直の赦免を決定する。
	五月	氏直が、羽柴秀吉により大坂への移住を命じられる。
	八月	十九日、氏直が、大坂城において羽柴秀吉に謁見し、正式な赦免をうける。この時、一万石の知行を拝領し、秀吉の旗本家臣となる。
	十一月	四日、北条氏直が疱瘡の病により死去する。家督は、叔父氏規の嫡子氏盛が相続する。

増補改訂版あとがき

このたび『戦国北条家一族事典』の増補改訂版を刊行することになった。同書の刊行は二〇一八年のことであったが、幸いにも五年のうちに品切れになった。そこで再版するにあたって、内容の補訂、さらに若干の増補をおこなうことになった。小田原北条家についての研究は、その間も着実に進展をみせていて、同書刊行後も重要な基礎的事実の解明がすすんでいる。再版にあたっては、単純な誤記・誤植のほか、それら重要な事実関係の訂正についても反映させることにした。

本書は、北条家一族についてまとめた書物であり、それについては十分に役割を達成しているものと自認している。そもそも戦国大名家の一族だけを取り上げて一冊の書物が刊行されているのは、この小田原北条家だけであり、それだけ同家の研究が豊富であることを示していよう。そうしたなかでこれからの北条家研究を進展させていくにあたって、重要な課題になるのが譜代家臣についての研究の蓄積であろう。そこで増補にあたって、新たに一五人の略伝を追加した。これによって北条家朱印状の奉者を多く務めた当主の側近家臣、多くの所領を有した大身家臣について、概要を把握することができることになろう。もっとも北条家の譜代家臣で有力な動向をみせたものを把握するには、これらだけでは十分ではない。その追究は今後における大きな課題といえるであろう。

ともあれ今回の増補改訂版の刊行によって、北条家一族と有力家臣の動向を把握するための書物が、再び読者の目に容易に触れることができる状態が確保された。それにより小田原北条家への関心がさらに高まることを期待したい。

二〇二三年十一月

黒田基樹

【著者略歴】

黒田基樹（くろだ・もとき）

1965年生まれ。早稲田大学教育学部卒。駒沢大学大学院博士後期課程満期退学。博士（日本史学、駒沢大学）。

現在、駿河台大学教授。

著書に、『図説 享徳の乱』『戦国期関東動乱と大名・国衆』『増補改訂 戦国大名と外様国衆』『太田道灌と長尾景春』（いずれも戎光祥出版）、『戦国大名・伊勢宗瑞』『戦国大名・北条氏直』『戦国関東覇権史　北条氏康の家臣団』（いずれもKADOKAWA）、『北条氏綱』（ミネルヴァ書房）、『増補 戦国大名』『今川のおんな家長 寿桂尼』（いずれも平凡社）、『戦国「おんな家長」の群像』（笠間書院）、『下剋上』（講談社）、『徳川家康の最新研究』『徳川家康と今川氏真』（朝日新聞出版）など多数。

編著に、『足利高基・晴氏』『徳川家康とその時代』『今川義元とその時代』『北条氏康とその時代』『長尾為景』『今川氏真』『戦国武将列伝２ 関東編 上』『戦国武将列伝３ 関東編 下』（いずれも戎光祥出版）ほか多数。

増補改訂《ぞうほかいてい》 戦国北条家一族事典《せんごくほうじょうけいちぞくじてん》

2024年1月10日 初版初刷発行

著　者　黒田基樹
発行者　伊藤光祥
発行所　戎光祥出版株式会社
〒102-0083 東京都千代田区麹町1-7 相互半蔵門ビル8F
TEL:03-5275-3361（代表）　FAX:03-5275-3365
https://www.ebisukosyo.co.jp

編集協力　株式会社イズシエ・コーポレーション
印刷・製本　モリモト印刷株式会社
装　丁　山添創平

ISBN978-4-86403-496-8